Nelson Pereira da Costa

# Administrador Pragmático

## *Os conhecimentos básicos que constroem uma administração baseada no pragmatismo*



EDITORA CIÊNCIA MODERNA

***Administrador Pragmático: Os conhecimentos básicos que constroem uma administração baseada no* pragmatismo**



**Editor:** Paulo André P. Marques
**Produção Editorial:** Dilene Sandes Pessanha
**Capa:** Daniel Jara
**Diagramação:** Daniel Jara
**Copidesque:** Equipe Ciência Moderna



**FICHA CATALOGRAFICA**

***COSTA, Nelson Pereira da.***

***Administrador Pragmático: Os conhecimentos básicos que constroem uma administração baseada no* pragmatismo**

Rio de Janeiro: Editora Ciência Moderna Ltda., 2024.

1. Administração de empresas
I — Título

ISBN: **978-65-5842-393-5** CDD 658

**Editora Ciência Moderna Ltda.**
**R. Alice Figueiredo, 46 – Riachuelo**
**Rio de Janeiro, RJ – Brasil CEP: 20.950-150**
**Tel: (21) 2201-6662/ Fax: (21) 2201-6896**
**E-MAIL: LCM@LCM.COM.BR**
**WWW.LCM.COM.BR** **06/24**

*A*
*Manoel Fernandes (In Memoriam)*
*Meu pai, maior amigo que tive na vida.*
*Uma pessoa de cujo vocabulário*
*nunca ouvi a palavra não.*

# Prefácio

Após ter escrito dezessete livros sobre Administração de Negócios e Gestão de Recursos, resolvi construir um projeto de fácil leitura. Também há o aspecto pragmático (corrente filosófica que enfatiza aspectos práticos). A administração é fator-chave neste momento, como, aliás, sempre foi. O ser humano está começando a perceber sua importância, na medida em que observa a falta de conhecimento administrativo dos homens públicos e a necessidade de gerir a própria vida e os próprios negócios

Hoje todo administrador tem que agir com rapidez e aproveitar o conhecimento histórico para não cometer os mesmos erros de seus antecessores. A concorrência é cada vez mais feroz, sem falar do governo com sua sanha arrecadadora de tributos.

Quem desenvolveu uma equipe gerencial sabe o que custa. Além disso, o que garantirá à empresa uma real capacidade de ajustar-se ao presente e desenvolver o futuro senão administradores capazes? Que posição assumir em relação a esta questão é o desafio estratégico a enfrentar, sem prejuízo do amanhã.

Conhecer leis, premissas, princípios, regras, práticas, recomendações, características, regulamentos, técnicas, processos, procedimentos, rotinas, teorias, considerações, estudos, métodos, metodologias, hábitos, políticas, planos, modelos, por exemplo, já desenvolvidos e aplicados anteriormente por outros administradores será de grande valia.

Administrar significa disciplina, sucesso e fracasso. Cada realização da administração é a realização de um administrador. São os administradores que conseguem o bom desempenho. Mas, é a administração que determina o que fazer. Como trabalho, a ação administrativa tem as suas próprias ferramentas. Assim, o administrador é sempre visto como paradigma, porque o que ele faz é importante no ambiente empresarial. Mas, o seu relacionamento tem uma abrangência muito maior.

Este livro tem o propósito de ajudar o administrador com exemplos de ferramentas, isto é, recursos que darão ao dirigente condições de decidir qual a mais aplicável hipótese de solução de um problema, função dos recursos existentes e do tempo disponível, tendo em vista o alto grau de incerteza em todos os mercados.

O sistema econômico, ao adquirir novas dimensões, muda a sua estratégia e organização. Da mesma forma o crescimento das empresas pressupõe novas estruturas organizacionais, exigindo do empresário uma nova capacidade gerencial, novas aptidões de chefia e liderança e uma atualização das habilidades do Mundo Corporativo.

A obra foi estruturada em 9 capítulos e seus objetivos principais são os seguintes:

**Capítulo 1 – Administração:** Mostrar a importância de bem administrar um negócio.

**Capítulo 2 – Ferramentas de Administração:** Mostrar as principais ferramentas que norteiam as ações administrativas.

**Capítulo 3 – Programa e Programação:** Mostrar que programa e programação ajudam na ação administrativa.

**Capítulo 4 – Planejamento e Plano:** Mostrar que qualquer negócio precisa do conhecimento de planejamento e plano, para ter um futuro assegurado.

**Capítulo 5 – Método e Metodologia:** Mostrar as semelhanças entre estas ferramentas na resolução de um problema.

**Capítulo 6 – Processo e Procedimento:** Mostrar que o processo detalha o que fazer, enquanto o procedimento define quem e como é executado.

**Capítulo 7 – Política:** Mostrar que o conhecimento de tais ferramentas ajuda muito o administrador na gestão de seus negócios.

**Capítulo 8 – Teoria:** Mostrar que a teoria é baseada em um conjunto de conhecimentos científicos que ajudam na solução de problemas.

**Capítulo 9 – Modelo:** Mostrar que os modelos representam de forma simplificada um processo.

É sempre bom lembrar que para ser um administrador pragmático é preciso, antes de mais nada, ser um emérito conhecedor da História da Administração e sempre levar a Pesquisa & Desenvolvimento em alta conta, A falta de pessoas preparadas em gestão empresarial é um dos fatores que impede o maior crescimento das pequenas empresas e que dificulta a sua competição com as grandes.

Gostaria de agradecer a todos os professores exigentes que passarão pela minha vida. Agradecer, especialmente, ao meu filho Alexandre, meu maior incentivador a escrever livros didáticos. Infelizmente, não está mais entre nós.

*Nelson Pereira da Costa*

# Sumário

**Capíttulo 1 - ADMINISTRAÇÃO ........................................ 1**

Objetivos do Capítulo ........................................ 1
1.1 Administração ........................................ 1
1.2 Tipos de Administração ........................................ 4
1.3 Administrador ........................................ 9
1.4 Tipos de Administrador ........................................ 10
1.5 Ação Administrativa ........................................ 14
1.6 Leis Aplicadas à Administração ........................................ 16
1.7 Legislação ........................................ 22

**Capíttulo 2 - FERRAMENTAS de ADMINISTRAÇÃO ........................................ 27**

Objetivos do Capítulo ........................................ 27
2.1 Ferramenta ........................................ 27
2.2 Conhecimento ........................................ 29
2.3 Princípio ........................................ 33
2.4 Premissa ........................................ 43
2.5 Consideração ........................................ 56
2.6 Característica ........................................ 64
2.7 Requisito ........................................ 71
2.8 Regra ........................................ 77
2.9 Regulamento ........................................ 80
2.10 Regimento ........................................ 89
2.11 Regulamentação ........................................ 92
2.12 Técnica ........................................ 94
2.13 Manual ........................................ 97
2.14 Experiência e Prática ........................................ 100
2.15 Norma e Normatização ........................................ 102

**Capíttulo 3 - PROGRAMA e PROGRAMAÇÃO ........................................ 107**

Objetivos do Capítulo ........................................ 107
3.1 Programa ........................................ 107
3.2 Características dos Programas ........................................ 108

3.3 Tipos de Programa ..... 109
3.4 Programação ..... 136
3.5 Tipos de Programação ..... 137

**Capíttulo 4 - PLANEJAMENTO e PLANO ..... 141**

Objetivos do Capítulo ..... 141
4.1 Planejamento ..... 141
4.2 Tipos de Planejamento ..... 142
4.3 Plano ..... 146
4.4 Questões Básicas de um Plano ..... 148
4.5 Elementos do Plano ..... 150
4.6 Classificação dos Planos ..... 151
4.7 Fases de um Plano ..... 153
4.8 Estrutura do Plano ..... 155
4.9 Tipos de Plano ..... 157

**Capíttulo 5 - MÉTODO e METODOLOGIA ..... 161**

Objetivos do Capítulo ..... 161
5.1 Método ..... 161
5.2 Desenvolvimento Histórico do Método ..... 162
5.3 Tipos de Método ..... 163
5.4 Metodologia ..... 169
5.5 Tipos de Metodologia ..... 170

**Capíttulo 6 - PROCESSO e PROCEDIMENTO ..... 185**

Objetivos do Capítulo ..... 185
6.1 Processo ..... 185
6.2 Tipos de Processo ..... 186
6.3 Procedimento ..... 191
6.4 Tipos de Procedimentos ..... 191
6.5 Rotina ..... 193

**Capíttulo 7 - POLÍTICA ..... 197**

Objetivos do Capítulo ..... 197
7.1 Política ..... 197
7.2 Desenvolvimento de uma Política ..... 198

7.3 Relações da Política ... 199
7.4 Tipos de Política ... 201

**Capíttulo 8 - TEORIA ... 213**

Objetivos do Capítulo ... 213
8.1 Teoria ... 213
8.2 Considerações sobre Teoria ... 214
8.3 Elementos da Teoria ... 215
8.4 Tipos de Teoria ... 216

**Capíttulo 9 - MODELO ... 227**

Objetivos do Capítulo ... 227
9.1 Modelo ... 227
9.2 Elementos do Modelo ... 229
9.3 Construção de Modelos ... 229
9.4 Tipos de Modelo ... 230

**Referências Bibliográficas ... 251**

# Introdução

Um país como o Brasil, com os recursos que tem, não é exatamente um país com problemas econômicos. Somos, sim, uma sociedade muito mal gerenciada. Não sabemos administrar estados, municípios e a federação. Também não sabemos gerenciar nossas próprias vidas. Nossos governantes e ministros, normalmente, não têm, em sua formação, conhecimentos de Administração. A maioria destes dirigentes nunca trabalhou em grandes empresas, nem como presidente e nem como diretor.

Ao contrário, os EUA país que foi o primeiro governo a se estruturar, intencionalmente, como um órgão administrativo. Os últimos presidentes dos EUA vieram da iniciativa privada com larga experiência administrativa. Quando Busch, que possui mestrado em Administração, parabenizou Lula pelo resultado da eleição para a presidência do Brasil, levou quinze minutos de conversação (metade gasto para traduções) e aproveitou a ocasião para vender aviões fabricados no Texas. Infelizmente, ele fez uma guerra para vingar o pai e para se manter no poder, ou, talvez, porque precise da guerra para governar. Bill Klinton, presidente que o antecedeu, é formado em Administração e presidiu empresas. Donald Trump, que foi também presidente dos EUA, dirige vários negócios próprios e diversificados.

Os Estados Unidos é a maior potência econômica do mundo não pela qualidade de suas teorias econômicas, mas sim pelas teorias administrativas que desenvolveu. Segundo Drucker, "a maior invenção do Século XX foi a Administração e não o *Chip* utilizado em computadores". Um outro fato curioso é que 40% dos colunistas americanos são "gurus" de gestão empresarial e negócios e não de economia.

Conhecer realmente a Administração é tarefa urgente que se coloca para todo administrador, seja público ou privado. Desafio para cujo enfrentamento não faltam tecnologias e ferramentas adequadas, mas que fracassam, se os dirigentes a ele não dirigirem o melhor de seus esforços, sabendo que é preciso construir o futuro e sobreviver no presente. Dessa forma, as imposições de mudanças, ditadas por um processo de crescimento acelerado, adquirem, na área das pequenas e médias empresas, proporções acentuadas.

Entende-se também que a mudança da economia impõe permanente elevação da produtividade. Por outro lado, o progresso tecnológico, ao expandir e diversificar as linhas de produção e distribuição, exige uma ação complementar mais eficiente da empresa, mormente no que diz respeito ao conhecimento administrativo. Daí, a necessidade de fazer com que o administrador esteja sempre questionando sobre si e sobre sua organização, tomando, para tal, as seguintes questões:

A organização cumpre a sua missão para a qual foi criada?
Está havendo na organização uma subordinação dos fins aos meios?
As atribuições são bem definidas?
Os níveis hierárquicos são corretos?
A estrutura existente é a que mais bem corresponde aos objetivos?

Os recursos existentes são suficientes e otimizados?

Tornou-se, cada vez mais, possuir educação superior apropriada à profissão. As habilidades conceituais, humanas e técnicas permanecem no topo de contratação de mão de obra. A distinção entre administração e liderança é preocupante, porque coloca a liderança acima de tudo, em detrimento da boa administração. Há o mito de que é mais importante ser líder do que administrador. Pensamento que tem levado muita empresa para o buraco. É preciso as duas coisas juntas.

Durante o Século XX, fomos inundados por uma onda de informações em crescimento contínuo. Mas só recentemente uma configuração total da informação, propriamente dita, transformou a economia como um todo. As organizações estão engajadas em um grande programa para aumentar, ampliar, intensificar e estender as relações entre todos os seres e os objetos.

Os feitos da tecnologia causaram modificações no desempenho industrial e comercial das empresas, principalmente, no mercado, tornando-se extremamente difícil conservar a coordenação de todas as etapas administrativas da organização.

Mas, não teria sido a moderna tecnologia possível sem a cooperação de todos. A tecnologia em larga escala requer uma correspondente habilidade de integrar os recursos humanos e técnicos para tornar as organizações eficientes, eficazes e efetivas.

O futuro será cada vez mais desafiador para as empresas. As novas práticas de gestão empresarial têm enfatizado os recursos em modelos participativos de administração. Como consequência, as empresas não têm outra alternativa para a sobrevivência, senão através de estratégias que lhes permitam atingir níveis elevados de produtividade, competitividade e excelência. A questão fundamental é que tais empresas começam a perceber que já não é possível ser competitivo atuando isoladamente, isto é, verticalizando todas as etapas de operação do negócio.

A competitividade e a sobrevivência das empresas dependerão cada vez mais da sua capacidade em estabelecer e manter relações de parceria com outras empresas que complementem as suas atividades ou com as quais compartilhem investimentos em tecnologia, infraestrutura de produção e/ou de distribuição, ou em outras operações conjuntas relacionadas ao âmbito do negócio de ambas as parcerias.

O bem-estar futuro da civilização depende da habilidade de viver e trabalhar em harmonia com as pessoas. As aptidões são tão importantes quanto desenvolver habilidades técnicas. Deve-se observar a importância de se compreender a organização e o papel que o administrador desempenha. Também estimular a confiança e a franqueza. O líder que criar uma atmosfera onde as opiniões diferentes sejam bem-vindas produzirá mudanças.

A característica talvez mais notável entre os que tiveram êxito em passar da estrutura burocrática à organização de resultados é, sem dúvida alguma, a capacidade gerencial. Somos de opinião que a filosofia gerencial, desde que aplicada com critério e honestidade de propósito, pode trazer surpreendentes resultados positivos no longo prazo, notadamente no que tange à motivação, criatividade, produtividade, desenvolvimento pessoal e profissional, com sensíveis benefícios para as pessoas e para as organizações.

Os dirigentes do Brasil precisam começar a dar valor à Administração para o país poder voltar a crescer a níveis compatíveis com os de sua classe. Um país não vive somente de Política e Economia. Outros segmentos do conhecimento humano são importantes para ajudar a sociedade a progredir. Portanto, trate de saber o que é Administração, suas teorias, funções, práticas, técnicas, princípios, premissas, leis, conhecimentos, processos, procedimentos, modelos, normas, regras, rotinas, recomendações, requisitos, políticas, programas, planos, métodos, metodologias e aplicações, porque é por meio desta que você aprenderá a gerir seus negócios e sua vida.

Devemos observar que as grandes obras da civilização humana não teriam sido possíveis, se não houvesse um grupo de pessoas capacitadas a gerenciar projetos. Sem administração, como seria possível atingir objetivos colossais, alimentar e vestir milhões, organizar e otimizar recursos? Manter ordem e disciplina? Como tudo isso seria possível sem o Conhecimento Administrativo?

Portanto, a Administração é uma arte muito antiga, que somente foi valorizada, estudada e aplicada, a partir do Século XX.

# Capítulo 1
# ADMINISTRAÇÃO

*"O progresso tecnológico, ao expandir e diversificar as linhas de produção e distribuição, exige uma ação complementar eficiente da empresa, mormente no que diz respeito ao conhecimento administrativo."*

Harold Koontz

## Objetivos do Capítulo

- Mostrar ao leitor que a administração se aplica não só às organizações, mas, também, a nossa própria vida.
- Mostrar o que seja ação administrativa e suas derivações.
- Apontar os diversos tipos de administração e de administrador.
- Mostrar as principais leis aplicadas à administração.

## 1.1 Administração

A administração se apresenta como um conjunto de conceitos, princípios, regras, métodos, funções e técnicas isoladas, cujo conhecimento auxilia o dirigente, no alcance dos objetivos da organização, utilizando recursos próprios ou adquiridos. A palavra administração vem do latim *ad* (direção para) e *minister* (subordinação ou obediência) e significa aquele que realiza uma função abaixo do comando de alguém, isto é, aquele que presta um serviço a outro.

Hoje, a administração é considerada como uma arte, que evolui com a prática. Na verdade, ainda não se tem uma ciência da administração, principalmente, porque não conseguimos uma teoria geral cujo maior obstáculo é o comportamento humano.

O que distingue o trabalho de administração dos outros tipos de atividades, executadas no seio de uma organização, é o fato de o mesmo concentrar-se em manter a organização, facilitando atingir seus fins, tentando moldar o cenário, planejar mudanças, transformar o desejável no possível e o possível no efetivo.

Portanto, administrar uma organização é tirar o melhor partido das circunstâncias (externas e internas), de modo a utilizar o mais eficientemente possível os recursos que dispõe para sua sobrevivência. O objeto de estudo da administração é a organização como um sistema composto de subsistemas que interagem entre si e com o ambiente.

A administração é necessária em todas as organizações modernas. De fato, logo percebemos que ela é até mais necessária em organizações que não são empresas privadas, sejam não lucrativas ou não governamentais. Essas organizações precisam até mais de administração, porque não dispõem da disciplina do resultado financeiro sob a qual a empresa opera.

Hoje, a administração é aceita em todos os países, como um importante apêndice da sociedade do conhecimento.

Diante de quem a administração da empresa é responsável? De acordo com a lei, a administração deve gerir os negócios no melhor interesse dos sócios (cotistas, acionistas). Aqueles que se opõem acham que a administração deve ter responsabilidade para com a sociedade, os consumidores, os empregados, os fornecedores e os governos. Muitos executivos defendem que a administração deve ser responsável para com a empresa e todos os grupos interessados.

Um dos traços mais característicos da nossa moderna sociedade é a preponderância do esforço grupal organizado. Dificilmente a consecução de vários objetivos é buscada através de esforços individuais. Realmente, refletir o processo básico e os princípios da administração diz respeito a todo o grupo, cuja finalidade é obter os melhores resultados possíveis. Isto só se consegue por meio de uma cooperação organizada.

A administração tornou-se importante na condução da sociedade, porque ela deixa marcas na vida das pessoas, à medida que lhes ensina como executar as funções administrativas e conhecer as funções organizacionais da empresa, como, também, que comportamento deve ter junto a: consumidores, fornecedores, funcionários, usuários, pacientes e demais organizações humanas.

O despontar da administração como uma instituição é um evento crítico na história da humanidade. Poucas vezes, ele foi contestado, e ainda mereceu uma aceitação geral. Talvez a administração permaneça ainda por muitos anos, pois ela conseguiu fundamentar o sistema industrial e estabelecer as crenças básicas da sociedade de negócios, tais como: Possibilidade de organizar a existência humana; as transformações administrativas podem ser o catalizador do desenvolvimento humano e da justiça social.

Vale lembrar Jonathan Swift que, há duzentos e cinquenta anos, disse: "Quem quer que faça crescer duas folhas de capim onde antes crescia apenas uma, merece mais louvores da humanidade do que qualquer filósofo especulativo ou criador de sistemas metafísicos".

A prática da administração, como todas as outras artes, se utiliza de conhecimento organizado. Assim, a prática deve projetar uma solução que será alcançada pelo trabalho, isto é, atingir resultados desejados. Aqueles que administram por intuição, negligenciarão as realidades práticas.

Portanto, com exceção da própria ciência, a arte é a mais criativa das atividades humanas. A arte é sempre baseada num conhecimento da ciência em que ela se baseia. Ciência e arte não são excludentes, mas complementares. O administrador sem uma teoria, terá de confiar na sorte, na intuição ou o que fez no passado.

Já aquele que possui conhecimento, terá condições de mais bem ler o cenário e buscar uma solução inteligente para uma situação inusitada. Mas mesmo assim, não basta ter conhecimento e sim saber bem utilizá-lo. Também não existe uma ciência onde tudo é conhecido. É preciso saber dosar teoria e prática para ter sucesso. E esta capacidade é a essência da arte.

C. P. Snow argumenta que a administração não se encaixa nem na classificação de humanista e nem na de científica. Ela trata de ação e aplicação. Seu teste são os próprios resultados. Segundo Drucker, a administração é aquilo que tradicionalmente se costuma chamar de "Arte Liberal".

A administração não pode ignorar os interesses dos consumidores, sócios, empregados, fornecedores de recursos, concorrentes, outras empresas e a sociedade. Seus poderes discricionários não são, de forma alguma, absolutos. Ela é obrigada a se adaptar, inteligentemente, às forças ambientais, de acordo com a situação presente, mas também é ameaçada por restrições potenciais politicamente impostas.

Porém, este campo de conhecimento vai além da reação passiva e da adaptação. Administrar implica tentar moldar o cenário e planejar mudanças. Como é difícil dominar o ambiente, sua tarefa básica é trabalhar para que haja o mínimo de risco. A essência da administração está em tornar o conhecimento em algo produtivo.

A análise contemporânea da Teoria da Administração constitui uma tarefa mais complexa do que sua análise histórica. A perspectiva passada facilita a compreensão da validade ou relevância da mesma, pois, muitas vezes, é só com sua aplicação prática que se delimitam seus aspectos positivos ou negativos. A dúvida sobre resultados concretos permanece em função da impossibilidade de considerar variáveis que equacionem o problema e que só a prática revela.

Segundo Gunnar Myrdall, "o efeito da transferência se deve ao fato de a ação, a pesquisa e a teoria estarem num circuito fechado, onde a ação tende a se deteriorar por falta de bases científicas. A pesquisa é deficiente por falta de fundamentação teórica. A teoria dá margem a diversas interpretações por falta de comprovação científica".

A Teoria Geral da Administração, tanto buscada, pode ser considerada como um conjunto integrado de teorias, processos, princípios, leis, conceitos e ideias para se considerar a administração como uma: ciência ou arte. Não existe, até agora, uma visão universal da administração. Tal teoria talvez seja impossível de ser concebida. O mínimo que se pode induzir é de que não existem modelos de soluções para resolver novos e complexos problemas administrativos.

É impossível estabelecer atualmente uma teoria que incorpore a totalidade das forças que agem sobre uma situação organizacional, mesmo que simples. Estudos e pesquisas ajudam a criar um certo grau de certeza num mundo que é caracterizado pela incerteza. Mas, é bom que se diga que muitos dos princípios e premissas referentes à administração influenciaram o comportamento humano, e vice-versa.

Ainda resta a pergunta: É possível se chegar a uma Teoria Geral da Administração? Existem conceitos pouco aceitos universalmente. Falta uma terminologia própria e há uma forte tendência à normalização. As experiências válidas para determinadas empresas não surtiram efeito nas outras. Pode-se ensinar ao administrador o que deve fazer, mas isto não o capacitará, efetivamente, a fazê-lo em todas as organizações.

Algumas expressões usadas no desenvolvimento das teorias da administração foram retiradas da organização militar, tais como: estrutura organizacional linear, princípio da unidade de comando, estrutura hierarquizada, centralização do controle, descentralização da execução, estado maior (assessoria) e princípio de direção (explicação do objetivo da ordem).

## 1.2 Tipos de Administração

**Administração Ambiental:** Administração que perpassa todos os setores da organização, adotando regras de respeito ao ambiente, sem colocar em risco a viabilidade, rentabilidade e sobrevivência da organização.

**Administração Burocrática:** Administração baseada no mando por meio do conhecimento e experiência.

**Administração Casuística:** Administração baseada na consulta a especialistas, visando estudos de rentabilidade, viabilidade e sustentabilidade de uma ideia inovadora.

**Administração Científica:** Administração que aplica métodos científicos, a fim de alcançar elevada eficiência.

**Administração Colegiada**: Administração em que a decisão é tomada por consenso do grupo de trabalho.

**Administração Competitiva:** Administração baseada no nível de produtividade. Administração da eficiência, por meio da adequação dos recursos humanos às novas tecnologias.

**Administração Corporativa:** Administração realizada por um grupo de empresas que atuam em mercados comuns, desde que seus objetivos sejam os mesmos.

**Administração da Cadeia de Suprimentos:** Administração que envolve compras, produção, produtos, movimentação de materiais e consumidores.

**Administração da Complexidade:** Administração voltada a desenvolver sistemas mais sutis e velozes, para respostas a problemas muito complexos.

**Administração da Distribuição:** Administração voltada para a otimização da satisfação do consumidor com o produto que recebe.

**Administração da Informação**: Administração voltada a transformar dados em informações úteis e relevantes, por meio da utilização de filtros no canal de comunicação.

**Administração da Mudança:** Administração voltada ao equilíbrio entre a mudança e o conflito que toda mudança causa.

**Administração da Produção:** Administração voltada a evitar que sejam cometidos erros na produção, que comprometam a qualidade dos produtos e o atendimento da carteira de pedidos.

**Administração da Qualidade:** Administração orientada para padrões superiores de desempenho, pela aplicação dos melhores recursos disponíveis.

**Administração de Cargos:** Administração que define e configura a hierarquia dos cargos, numa organização. Determina as atribuições, direitos, deveres e responsabilidades, nominando quem é quem na organização.

**Administração de Condomínio:** Administração voltada à manutenção, segurança e sustentabilidade do imóvel.

**Administração de Conflito:** Administração orientada para ver no conflito quais as oportunidades de mudanças e inovações.

**Administração de Contrato:** Administração que trata do cumprimento das cláusulas estabelecidas em um contrato de prestação de serviço, desde a proposta inicial até o término do período de garantia.

**Administração de Dados:** Administração que procura identificar e modelar (estruturar) os dados que representem a empresa.

**Administração de Empresas:** Administração voltadas a gerir os recursos da empresa e também no seu plano de negócios.

**Administração de Marketing:** Administração de atribuições, fundamentadas na noção de troca, produzindo satisfação para as partes envolvidas, também conhecida como administração da demanda.

**Administração de Materiais:** Administração que diz respeito a tudo que envolve materiais, como: compra, recepção, movimentação, custo, armazenamento, expedição.

**Administração de Pessoas:** Administração voltada a obter o máximo de cada funcionário da organização. Base de todos os esforços para desenvolver competências, habilidades e conhecimentos.

**Administração de Projeto:** Administração e antecipação de futuras possibilidades de falhas e desvios daquilo que foi planejado nas fases de construção do projeto.

**Administração de Recursos:** Administração que demanda capacidades diversas e complexas, sobretudo num mundo em que a mudança e a incerteza são as duas únicas constantes.

**Administração de Recursos Humanos:** Administração interdisciplinar que envolve necessariamente conceitos de: Psicologia Industrial; Sociologia Organizacional; Engenharia Industrial; Direito do Trabalho; Segurança no Trabalho; Medicina do Trabalho; Higiene e Limpeza.

**Administração de Rotinas:** Administração por grupo dedicado ao apoio burocrático, especificamente às atividades de pessoal, processamento de dados, suprimentos, sistemas de informação e comunicação.

**Administração de Salários:** Administração de princípios e regras que refletem a orientação e a filosofia da organização, no que tange aos assuntos de remuneração de seus empregados, em função dos cargos ocupados.

**Administração de Shopping:** Administração de amplos espaços de venda de produtos e de prestação de serviços.

**Administração de Sistema:** Administração que trata da criação de planos para o sistema, determina as finalidades dos componentes, procede à alocação de recursos e controla o rendimento do sistema.

**Administração de Vendas:** Administração voltada a desenvolver estratégias para atender vendedores em treinamento, novos vendedores, antigos vendedores, supervisores, gerentes e diretores do departamento de vendas.

**Administração do Ambiente:** A administração ambiental não é uma atividade isolada. Passa por todos os setores da organização. Então a questão é como uma empresa pode adotar critérios de respeito ao ambiente sem colocar em risco sua viabilidade e rentabilidade.

**Administração do Canal de Distribuição:** Administração voltada a otimizar a rota (caminho) que o produto terá de percorrer até o consumidor final.

**Administração do Conhecimento:** Administração de processos e fluxos de informação que precisa ser compartilhado com as pessoas certas, no momento adequado.

**Administração do Estoque:** Administração que monitora o valor (inventário), o nível e o giro do estoque.

**Administração do Tempo** – Administração de princípios, premissas e práticas voltadas a mais bem fazer uso do tempo. O tempo é, cada vez mais, um recurso escasso, inelástico, não estocável. Mas ele não é importante apenas como recurso. De todos os recursos ao alcance de um administrador, o tempo é o mais pessoal e o mais comumente desperdiçado.

**Administração Econômica:** Administração de operações praticadas por alguém com o objetivo de conservar e tornar produtiva determinada riqueza.

**Administração Estratégica:** Administração evolutiva, porque seus princípios se adaptam às constantes mudanças ambientais. Administração mais bem exercitada, quando o nível de competição existente no mercado é elevado, o que leva os dirigentes a serem mais criativos. Um enfoque sistemático à determinação de mudanças a serem feitas nas estratégias e nas potencialidades internas da empresa, para garantir êxito em seu ambiente futuro

**Administração Familiar:** Administração em que os membros da família tomam conta do negócio, sendo exigido, cada vez mais, um alto nível de habilidade conceitual para se dirigir uma organização.

**Administração Financeira:** Administração do capital de giro de um negócio, por meios de princípios, regras, terminologias e premissas que valorizem o aspecto econômico da organização.

**Administração Heroica:** Administração em que os superiores ficam com toda a responsabilidade, retirando de seus subordinados toda a motivação para um trabalho sério.

**Administração Mercadológica:** Administração que trabalha para que a empresa tenha produtos para atender a demanda de mercado.

**Administração Participativa**: Administração baseada no consenso das pessoas e no seu envolvimento na decisão. Considera os focos de liderança, as responsabilidades compartilhadas, as noções de conjunto e de diferença, bem como o processo integrativo para o alcance dos objetivos estabelecidos. Administração que leva em consideração as bases da organização, ouvindo, estudando, negociando e aproveitando iniciativas, inovações e ideias.

**Administração por Agenda:** Administração regida por uma agenda de trabalho, atualizada e priorizada diariamente.

**Administração por Análise:** Administração que propõe, antes de uma decisão, um estudo de viabilidade.

**Administração por Atividade:** Administração cujos objetivos não levam em conta o longo prazo e as medidas, que deverão modificar a estrutura da empresa, não são programadas de forma metódica, lógica, científica e sequencial.

**Administração por Carteira**: Administração central que cobra uma performance constante dos resultados, especificando como a carteira deve evoluir com o tempo, quais as mudanças nas áreas de negócio e liquidações de posições. Divisão da empresa em áreas estratégicas de negócios, cobrando resultados, conforme postulado pela direção da empresa

**Administração por Crise:** Administração em que todo esforço é dirigido para solucionar o problema, sem análise e avaliação das causas. Administração do tipo apaga incêndio.

**Administração por Experiência:** Administração do tipo ensaio e erro, onde as experiências do passado, tanto os erros quanto os acertos, constituem os ingredientes básicos de uma vida de crescimento pessoal e profissional.

**Administração por Impulso:** Administração que não leva em consideração as funções administrativas e organizacionais.

**Administração por Objetivos:** Administração que preconiza, a todos os setores da organização, o dever de saber os objetivos propostos. Administração por resultados.

**Administração por Reunião:** Administração que reúne pessoas para buscar cooperação, para um trabalho específico.

**Administração por Sistemas:** Administração que procurará estabelecer, onde for apropriado, um conjunto programado de regras de decisão, para serem aplicadas num grande volume de tipos repetitivos de transações.

**Administração por Tarefa:** Administração do dever cumprido.

**Administração por Telefone:** Administração muito comum na administração de condomínio ou de construções, onde não há a necessidade física do síndico ou do construtor, respectivamente.

**Administração Profissional:** Administração que utiliza meios científicos para conduzir uma organização.

**Administração Prospectiva:** Administração que olha para o futuro, estabelecendo alternativas para a empresa, de forma a possibilitar a avaliação contínua dos cursos de ação e sua rápida e adequada alteração conforme novos obstáculos ou oportunidades.

**Administração Pública:** Administração de meios e movimentos para a consecução de políticas governamentais.

**Administração Tradicional:** Administração baseada no passado da empresa, cujos objetivos não levam em conta o longo prazo e as medidas que deverão modificar a estrutura da empresa não são programadas de forma metódica, lógica, científica e sequencial. Superior e subordinado confundem suas posições, debatendo sobre o trabalho a ser realizado.

Assim, como as metas não são passadas para baixo, os resultados não são comunicados para cima. A empresa não possui mecanismos de correção dos desvios constatados e o ciclo mercadológico termina no fim do ano.

## 1.3 Administrador

O administrador é o elemento dinâmico e vital de qualquer empresa, pois a qualidade e o desempenho de seus administradores são as únicas vantagens efetivas que uma empresa pode ter, dentro de uma economia competitiva.

O administrador é aquele que não só dá solução aos problemas da organização (empresa), como também os descobre. Na qualidade de dirigente, empresário, diretor ou gerente, o administrador tem a responsabilidade de atingir objetivos através de sua equipe.

A figura do administrador é imprescindível para a existência, sobrevivência e sucesso das organizações, pois, geralmente, baseia seu trabalho (suas atividades) em função de regras e procedimentos já desenvolvidos e estabelecidos. Quanto aos problemas, o administrador precisa identificar aqueles que merecem sua atenção e os que precisam ser delegados.

Os administradores são calculistas cuidadosos de prós e contras, homens que merecem confiança por seu equilíbrio mental. Embora possam ter grande conhecimento, autoconfiança e energia, estes talentos têm pouca probabilidade de aplicar-se a novos empreendimentos, altamente arriscados. Seus talentos, em geral, se aplicam a uma situação existente.

O administrador tem que saber o que as metas da empresa esperam dele em termos de desempenho, e seu superior deve saber que contribuição pode exigir e esperar dele. Os objetivos propostos devem ser fruto de uma equipe de trabalho, visando um resultado global e ajustado para curto e longo prazos. Desta maneira a empresa os define e verifica quais os recursos e alterações são necessários para atingi-los.

A chave do administrador é delegar tarefas a outras pessoas para que lhe sobre mais tempo para poder pensar, criar, inovar.

Segundo Idalberto Chiavenato, "um administrador pode marcar a vida de seus funcionários, à medida que muda seus destinos e à medida que influi no comportamento dos consumidores, fornecedores de recursos, organizações concorrentes e instituições governamentais".

## 1.4 Tipos de Administrador

**Administrador Competitivo:** Indivíduo que absorve mudanças, assume riscos com cautela, resolve problemas, através de modelos e políticas conhecidas. É hábil na coordenação, no diagnóstico e no controle de atividades complexas. Não é um aventureiro.

No mundo de hoje, e como sempre, o diferencial competitivo está nas pessoas. Portanto, não devemos ser tolos e confiantes naquilo que estamos fazendo, porque sempre existirá uma pessoa que estará realizando o mesmo do que você, com mais qualidade.

Competitividade é a palavra-chave que define o sucesso, ou o fracasso, de qualquer negócio. É uma espécie de adequação do empreendimento ao seu microambiente, consiste no bom atendimento das necessidades dos clientes, na diferenciação desse atendimento em relação aos concorrentes, no bom relacionamento com os fornecedores e também na existência de barreiras à entrada de novos concorrentes no setor.

**Administrador da Produção:** Aquele que é responsável pela produção de bens, na qualidade exigida e a tempo de satisfazer as datas estipuladas para entrega. As quantidades a serem fabricadas serão afetadas pela magnitude da demanda dos produtos.

Os prazos, nos quais devem ser fabricados os produtos, dependerão das exigências de entrega por parte dos elementos da empresa e modificados, se possível, apenas para fabricação em lotes de tamanho econômico e a um ritmo bastante uniforme. O produto fabricado será afetado pela natureza da linha de produção da empresa. As quantidades a serem fabricadas serão afetadas pela magnitude da demanda do produto.

Para ser um bom administrador da produção, você deve ser responsável:

- Pela qualidade da produção, seu planejamento e controle.
- Pela fabricação dos produtos nas quantidades exigidas, nos prazos estabelecidos.
- Pela escolha do método de produção, pois quase sempre um produto pode ser fabricado de várias maneiras.
- Pelo arranjo físico da fábrica e pela movimentação de materiais.
- Por determinar o lote econômico de fabricação.
- Pela redução dos custos e pela otimização dos recursos disponíveis e aplicados à produção.

**Administrador de Contrato:** Elemento coordenador de diversos especialistas da empresa, para que as cláusulas contratuais sejam cumpridas em tempo hábil. Defensor do contratante no âmbito da empresa e representante desta junto ao contratante, compatibilizando os justos interesses de ambos os lados.

O grupo gestor do contrato é interdisciplinar (estrutura organizacional matricial), formado por diversos especialistas dos departamentos da empresa, sob a coordenação de um administrador de contratos que é o defensor do cliente no âmbito da empresa e o representante desta junto àquele, compatibilizando os justos interesses de ambos.

**Administrador de Dados:** Pessoa que identifica, descobre, estrutura, modela e comunica os dados relevantes e pertinentes aos usuários dos bancos de dados. O administrador de dados não exige um tecnólogo em processamento de dados, mas alguém que dê os dados necessários às áreas de negócio da empresa.

A administração de dados é que permite que as diferentes versões dos mesmos dados possam ser consolidadas, de modo que eles possam ser armazenados em um único lugar, nos bancos de dados, ficando à disposição das áreas interessadas. Ao administrador de dados cabe:

- Identificar, descrever e estruturar os dados.
- Determinar as necessidades de informações da empresa.
- Criar e manter os modelos de dados empresariais, assegurando que eles fiquem tão estáveis quanto possível.
- Obter concordância entre usuários sobre a definição e formato de itens de dados.
- Assegurar que os analistas e programadores obedeçam aos modelos de dados, tanto quanto possível.
- Resolver os conflitos sobre incompatibilidade de representações de dados.

**Administrador do Tempo:** Aquele que utiliza o tempo para pensar sobre os problemas, descobrindo novos meios para o êxito da organização. Segundo Peter Drucker, "o administrador que utiliza bem seu tempo também se dedica a pensar bastante sobre os problemas e sobre o que pode fazer para que o mesmo tenha êxito em suas ações".

**Administrador Efetivo:** Aquele que sabe onde gastar o próprio tempo; concentra esforços em resultados mais do que em atividades; baseia-se nas qualidades pessoais mais fortes de cada um; concentra-se nas tarefas chaves; toma decisões que otimizam resultados; atua como agente de mudança; avalia estratégias e táticas.

**Administrador Eficaz:** Aquele que faz as coisas certas, dando ênfase aos resultados; elabora alternativas e diz quais resultados pode trazer; otimiza a utilização dos recursos; distingue quais problemas devem ser tratados; dá prioridade de abordagem àquilo que é importante e urgente; aumenta lucro e receita com vendas; desenvolve recursos humanos, explicando os objetivos.

**Administrador Eficiente:** Aquele que faz as coisas de maneira certa, dando ênfase aos meios; resolve problemas; diz como as coisas são executadas; cuida dos recursos; preocupa-se com o controle; cumpre com suas obrigações; reduz custos em processos de produção; treina os subordinados.

**Administrador Empreendedor:** Aquele que é inovador e criativo, aproximando-se do papel de empresário; capaz de vislumbrar novas oportunidades e iniciar novos negócios. O administrador empreendedor recebe da organização recursos para colocar, na prática, suas ideias. Também inventa novos fatores de sucesso e pode jogar pelo simples prazer da novidade.

**Administrador Estratégico:** Aquele que tem a habilidade de perceber as tendências subjacentes que moldarão o futuro. Tem a habilidade de identificar aquelas variáveis que são críticas para o sucesso, num negócio pouco conhecido e complexo.

O administrador estratégico não tem qualquer capital emocional ou intelectual investido no passado ou no futuro. Portanto, o administrador estratégico não tem vínculo sentimental com "nossos mercados", "nossos produtos" e "nossos clientes", típico do executivo de marketing.

O administrador estratégico difere do administrador criativo em sua prontidão para reconhecer que o pensamento (ou ideia) de outra pessoa é legítimo e pode trazer uma contribuição importante para a empresa.

Dirigir estrategicamente é saber pensar sobre o futuro. É, sobretudo, perder a crença nos determinismos: econômico, político, social e histórico. É compreender a variação intensa do mundo contemporâneo. A falta de visão estratégica (longo prazo) agrava negativamente os resultados da empresa. O dirigente que não tem este tipo de visão se valerá da sorte.

**Administrador Executivo:** Administrador situado no nível institucional da empresa. Geralmente, é um diretor ou superintendente, podendo, em algumas empresas, ser um gerente. Também pode ser definido como aquele que recebe delegação superior de poderes dentro de uma empresa, ou todo e qualquer dirigente postado no nível institucional da empresa, ou, ainda, todo dirigente marcado pela ousadia, racionalidade e criatividade.

Segundo Drucker, "executivo é todo aquele que, em virtude de sua posição, precisa tomar decisões que influem no destino da empresa". O executivo pode ser um engenheiro, um economista, um administrador. Sempre será bom que, mesmo não tendo formação em administração, tenha conhecimentos desse campo.

**Administrador Financeiro:** Indivíduo que, numa empresa, desempenha a função principal no levantamento e planejamento das necessidades de fundos e aplicações efetivas dos mesmos, tendo como principais funções: manter a liquidez da empresa, otimizar o lucro, levantar fundos, manobrar orçamentos, fazer investimentos, imobilizações e aplicações.

**Administrador Líder –** O administrador moderno, se quiser sobreviver, terá de se transformar em líder de seus subordinados.

**Administrador Objetivo:** Administrador que deve ter presente a ideia de finalidade, poder observar e delinear as causas dos eventos sem se influenciar por emoções, determinar as causas reais dos resultados, saber chegar sem se perder a meio caminho, distinguir o essencial do acidental, ter concisão (clareza e precisão), ter inteligência treinada para resolver problemas, não confundindo rapidez com pragmatismo e objetividade, porque são coisas diferentes.

**Administrador Organizado:** Aquele que evita fazer várias coisas ao mesmo tempo, pois isto estimula a dispersão, a baixa produtividade e a ineficiência, além de favorecer o esquecimento e a confusão que causam estresse e tensão.

A chave para ser organizado não está nas anotações, mas na autodisciplina e nunca se desviar por muito tempo do plano. A desorganização pessoal e a falta de autodisciplina são instrumentos que as pessoas usam para se sabotarem e não atingirem seus objetivos.

Habitue-se a fazer uma lista diária do que fazer e procure estendê-la para uma semana e depois um mês. Não se esqueça de deixar um tempo disponível para imprevistos. Respeite suas prioridades e observará que, com o tempo, o urgente diminuirá de proporção. Com isso você ficará menos tenso e se sentirá menos oprimido e mais competente.

**Administrador Profissional:** Pessoa que detém conhecimento adquirido em uma faculdade de administração. O número de administradores profissionais que atuam na empresa cresceu muito devido aos seguintes fatores: falta de criatividade para inovações, falta de estratégias para criar novos mercados, esgotamento do modelo familiar, crescimento explosivo sem suporte de gestão, aumento da vulnerabilidade, baixo desempenho da empresa familiar e prejuízos.

Algumas ações fizeram com que as empresas mudassem o modelo familiar para o modelo profissional, tendo em vista que recorreram, algumas vezes, a profissionais de administração, equacionaram a situação jurídica da sucessão, preparando os herdeiros. Também contrataram executivos no mercado, informatizaram operações e controles gerenciais, introduziram o planejamento estratégico, definiram com clareza os cargos de diretores, gerentes, supervisores e subordinados.

Ao profissional de administração cabe como tarefas mais importantes, as seguintes:

- Criar suporte tecnológico para um crescimento sustentável.
- Garantir a perenidade da organização (sobrevivência).
- Equilibrar os interesses da família com os interesses dos controladores.
- Profissionalizar e modernizar a estrutura organizacional.

## 1.5 Ação Administrativa

Ação é o ato que ocorre dentro de uma operação, transformação ou criação. Também pode ser considerada como ato de agir.

Dentro de uma organização podemos ter diversos tipos de ação, tais como:

**Ação Administrativa –** Ação pragmática que faz acontecer aquilo que foi preestabelecido, visando atingir resultados concretos e positivos, através de métodos, princípios, teorias, técnicas, modelos e recursos; Ação que envolverá as funções administrativas, sob a forma de um processo.

A ação administrativa, para ser efetiva, envolverá as funções administrativas.

É comum se confundir administrador com aquela pessoa capaz de organizar e executar diversas atividades na organização, o que não é verdadeiro, pois cabe ao administrador, como tarefa principal, pensar e planejar a ação administrativa.

Os fatores básicos a orientar a ação administrativa são:

| | |
|---|---|
| Missão | É a finalidade pela qual a organização foi criada. |
| Filosofia | É a orientação que fundamenta a ação administrativa. |
| Objetivos | São os fins, metas e resultados que devem ser atingidos. |
| Decisão | É fazer uma apreciação sobre uma linha de conduta a ser adotada. |
| Políticas | São condutas preestabelecidas para tratar de problemas semelhantes. |
| Ambiente | É o espaço externo que envolve a organização. |
| Recursos | São meios auxiliares que permitem a organização alcançar os objetivos preestabelecidos. Os recursos podem ser: físicos, materiais, humanos, financeiros, administrativos, tecnológicos, mercadológicos, sistêmicos... |
| Estratégia | É um conjunto de instruções e premissas coordenadas para alcançar um determinado objetivo. |
| Estrutura | É o desenho organizacional que reúne cargos e funções que a organização terá de desenvolver, através dos recursos disponíveis. A estrutura diz quem é quem na organização. |
| Função | É o conjunto de técnicas, processos e práticas que ajudam o administrador a fazer acontecer os objetivos pretendidos. |
| Tática | É a atividade utilizada para corrigir desvios da estratégia implantada. |
| Tarefa | É o detalhamento do que fazer. |
| Processo | É o detalhamento de como fazer. |

**Quadro 1.1:** Fatores da Ação Administrativa.

**Ação Gerencial:** Expressão individual de autonomia, de reflexão, de segurança, de conhecimento e de seu papel na organização. Ação que reflete o comprometimento, a autodisciplina e a adaptabilidade pessoal na consecução de uma missão. Ação, totalmente, apoiada no conhecimento administrativo, na busca de novos cenários.

A ação gerencial, muitas vezes, é baseada em informações incompletas sobre problemas graves e inéditos. No mundo de hoje, quando se lê relatos de dirigentes, descobre-se que métodos de previsão e planejamento acabam por ser tão valiosos quanto os métodos intuitivos e criativos.

As novas habilidades gerenciais têm de ser desenvolvidas dentro de uma perspectiva de simplicidade, com base tanto na arte do julgamento quanto no conhecimento dos fatos. A moderna Teoria Gerencial tem trilhado o planejamento estratégico, a descentralização e a ação integrada das diversas unidades organizacionais.

**Ação Empresarial –** A ação empresarial é para garantir o futuro da empresa, que não pode fugir ao fato de que seu êxito exige a criação e manutenção de clientes (consumidores, usuários, pacientes, colaboradores, fornecedores, distribuidores, funcionários).

**Ação Empreendedora –** A ação empreendedora faz com que as coisas aconteçam, transformando ideias em operações e produtos. Esta ação persegue com vigor novas oportunidades, combinando intuição, perspicácia, disposição para o trabalho e uma dose recheada de audácia e sofisticação administrativa e mercadológica.

Os empreendedores precisam buscar, com propósito deliberado, as fontes de inovação, as mudanças e seus sintomas que indicam oportunidades para que uma inovação tenha êxito. J. B. Say, economista do Século XIX, dizia que o empreendedor transfere recursos de um setor de baixa produtividade para um de alta produtividade e de maior rendimento.

**Ação Disciplinar** – A ação disciplinar, geralmente, é executada pelo superior imediato de quem cometeu a falta. O dirigente não deve encarar a medida disciplinar como um castigo ou como meio de ajuste de contas. Em vez disso, deve usá-la como meio construtivo para obter desempenho satisfatório do subordinado.

Antes de se decidir sobre qualquer medida disciplinar, é importante que obtenha a versão do infrator sobre o que aconteceu. Antes de punir o subordinado o dirigente deve questionar sobre o comportamento dele e sobre o seu próprio. Lembrar que deve, tanto quanto possível, ter equilíbrio na punição, porque punição excessiva agrava o subordinado e punição branda não corrige comportamento.

Se decidir que houve infração deliberada, talvez queira tomar uma ou mais das seguintes medidas disciplinares: dê conselho construtivo; faça com que o subordinado corrija o trabalho; retenha ou adie recomendação para aumento salarial, transferência ou promoção; mude as responsabilidades do indivíduo; recomende a demissão.

A ação disciplinar é a ação corretiva realizada sobre o comportamento de pessoas. Seu propósito é diminuir a discrepância entre os resultados atuais e os resultados projetados. Se o comportamento humano pode ser traduzido como uma conduta, maneira de agir, uma reação, uma atitude diante de uma pessoa, grupo, organização ou ambiente, como mudar o comportamento não havendo um sistema de comunicação que funcione?

Disciplina é um processo ou forma de pensar que ajuda o ser humano a desenvolver autocontrole, tornando-se alguém mais efetivo. A disciplina, em geral, é vista de forma pejorativa e está associada a recompensas e punições (sanções).

Na realidade a disciplina é uma habilidade do administrador que o ajuda a analisar situações (problemas) e determinar qual decisão (solução) tomar.

Todos os dirigentes devem estar preparados para lidar com situações desagradáveis. Esta fase do trabalho é conhecida como ação disciplinar, que é uma ação corretiva do comportamento de uma pessoa ou de um grupo.

A disciplina é necessária aos administradores, porque aqueles que não correspondem às recompensas ameaçam aqueles que correspondem. Independentemente do nível de responsabilidade do dirigente, este pode adotar medida disciplinar para infrações sérias e/ou repetitivas, como: não obedecer a programas, políticas e procedimentos; não cooperar, utilizando letargia, negligência e mau exemplo; revelar informações confidenciais; promover insubordinação.

**Ação da Propaganda –** A ação da propaganda de grandes empresas é potencializada em épocas de não vendas, porque é então que as companhias maiores crescem com mais facilidade sobre terreno alheio. Em meio aos tropeções da economia, muitos empresários nem se atrevem a pensar nos lucros, no médio e no longo prazo. Empenham todas as forças para salvar o caixa (liquidez).

Um esforço agressivo de propaganda, mesmo que reduza o lucro no curto prazo, compensa. Auxilia as empresas a enfrentar a crise, sem ter de jogar os preços no chão para atrair os consumidores, ajuda a ganhar participação de mercado, fortalecendo as marcas anunciadas, e permite que as empresas gerem maiores lucros depois do fim da crise.

## 1.6 Leis Aplicadas à Administração

Lei é uma constatação empírica de uma realidade. Ela permite prever acontecimentos e resumir uma grande quantidade de fatos. Os fatos ou fenômenos são apreendidos por meio de suas manifestações. Duas são as principais funções de uma lei específica: resumir grande quantidade de fatos e permitir prever novos fatos.

Se um fenômeno se enquadra em uma lei, ele se comportará conforme o estabelecido pela autoridade estatal. As leis englobam certas entidades admitidas que não podem ser diretamente observadas ou medidas.

A seguir, estão relacionadas às principais leis aplicadas à administração:

**Leis da Mudança de Murphy:**

- Antes de modificar qualquer coisa é preciso conhecer tudo sobre ela.
- Antes de modificar qualquer coisa deve-se ignorar ao máximo tudo o que se refere a ela.
- Uma mudança perturba a regularidade atual, de cuja eficácia depende o futuro.
- Uma mudança, cuja expectativa é negativa, acaba dando errado.

**Leis da Mudança de W. Bennis:**

- É falso o pressuposto de que para serem feitas grandes mudanças operacionais há também necessidade de grandes mudanças organizacionais.
- A mudança requer uma preparação cuidadosa.
- Políticas rígidas ou repressivas podem fomentar passividade ou atitudes de ressentimentos entre os empregados.
- Escalões excessivos de administração e cadeias de comando e comunicação, exageradamente estruturados, podem causar sentimentos de isolamento, impotência ou despersonalização.
- Os sentimentos das pessoas é parte fundamental da dinâmica de qualquer processo de trabalho em grupo.
- Em algumas organizações, especialmente aquelas que necessitam de alta criatividade, a livre expressão de emoções pode encorajar a livre expressão de outros processos criativos, mas, também pode exacerbar conflitos.

**Leis do Resultado de Pareto:**

- 20% dos eventos/acontecimentos/recursos respondem por 80% dos resultados.
- 20% dos consumidores/vendedores respondem por 80% da receita da empresa.
- 15% do tempo dos funcionários nas organizações são dedicados aos seus próprios interesses.
- Num evento social, 20% dos fatos são críticos para 80% dos resultados. Se você tem esses fatos, é absurdo esperar por mais.

**Leis da Probabilidade:**

- Todo gerente sabe que, quando ocorre uma vaga acima de seu cargo, há a probabilidade de dois para um contra a sua possibilidade de ser indicado.
- O projeto mais seguro é o fracassado, porque dura mais tempo.

- É menos provável que cortem um empregado se houver incerteza quanto às suas funções.
- Se algo pode dar errado, dará errado.
- Quando deixamos a si mesmas, as coisas sempre vão de mal a pior.
- A natureza sempre está do lado da falha oculta.
- A probabilidade de uma dimensão ser omitida num conjunto de instruções é diretamente proporcional à sua importância.
- A probabilidade de fracasso é diretamente proporcional ao número e importância das pessoas que observam o ensaio.
- A probabilidade de uma coisa acontecer é inversamente proporcional à sua desejabilidade.
- Se você precisa de cálculos sofisticados para justificar uma ação, provavelmente ela está errada.
- Faça qualquer plano ambicioso e esteja certo de que o inesperado, ou o trivial, irá destruí-lo.

**Leis da Organização de Victor Thompson:**

- Uma comissão não é uma estrutura, mas uma planta que cresce, floresce, murcha e morre, espalhando as sementes que farão nascer outras comissões.
- A perfeição da estrutura planejada só é alcançada quando a instituição está no ponto de colapso.
- Quanto mais complexa for a organização, mais cedo morre.
- A preocupação principal da administração é a sobrevivência.
- Num dado tempo, qualquer organização perde a sua capacidade de sobreviver.
- Comitê é uma reunião de pessoas erradas, escolhidas por incompetentes, entre as que não querem, para fazer o que não é necessário.
- Comitê é um grupo de pessoas que, individualmente, não podem fazer nada, mas que, coletivamente, podem decidir que nada pode ser feito.
- Comitê é um grupo que consegue fazer alguma coisa apenas quando ele consiste de três membros, um dos quais está doente e o outro ausente.
- Se houver muitas reuniões num certo período de tempo, as mesmas se tornam mais importantes do que o problema que elas deviam resolver.
- As empresas consomem, em geral, 40% a mais do tempo administrativo que seria necessário, tornando-se, portanto, mais lentas e menos competitivas, em decorrência dos elevados custos e da morosidade no processo decisório.
- Os mecanismos burocráticos cresceram de uma forma descontrolada, passando a representar uma ameaça à eficácia das empresas.

**Leis do Chefe de Anthony Jay:**

- O chefe deve lembrar-se de que sua habilidade como profissional não é um certificado para sua defesa, mas uma barreira para seu avanço.
- O chefe deve buscar sempre a evidência inquietadora.
- O chefe deve permanecer, durante a maior parte do tempo, junto ao mais poderoso grupo da orga-

nização.

- O chefe deve conseguir a adesão dos opositores ou, pelo menos, levá-los à neutralidade.
- O chefe deve lembrar-se de que a reflexão é o prelúdio da ação e não uma alternativa.
- O chefe deve procurar com um telescópio, e não com um microscópio, os problemas de que se ocupará.
- O chefe deve ligar para o seu próprio escritório para ver como funciona o sistema de comunicação da organização.
- O chefe da organização não sendo dos melhores, tratará de se cercar de empregados que sejam ainda piores, haverá logo uma verdadeira competição de estupidez, em que as pessoas fingem ser ainda mais estúpidas do que realmente são.
- O chefe que seja bom demais para manejar as crises é porque ele procurará garantir que você viva num estado de caos perpétuo. Tome cuidado.

**Leis do Trabalho de Parkinson:**

- O trabalho aumenta a fim de preencher o tempo disponível para sua execução.
- O tempo despendido na discussão de cada item de uma agenda de trabalho está na razão inversa da soma discutida.
- A quantidade de informação que um gerente precisa varia inversamente com a sua posição na organização.
- Um trabalho é tão bem-sucedido quanto os meios para medi-lo.
- Quando um trabalho é trapaceado, tudo o que é feito para melhorá-lo só o torna pior.
- A estrutura organizacional só chega a um nível ótimo, quando está próxima do colapso.
- Quando uma questão é urgente, ela exigirá uma solução, que custa acontecer, porque estará em função da pessoa de quem a hipótese de solução se originou.

**Leis da Competência de Lawrence J. Peter:**

- Numa hierarquia todo empregado tende a subir até o seu nível de incompetência.
- Todo cargo tende a ser ocupado por um funcionário que é incompetente para cumprir seus deveres.
- O trabalho é feito por aqueles funcionários que ainda não atingiram o seu nível de incompetência.
- As organizações parecem presas irreparáveis da mediocridade e da incompetência.
- Aquele que passar mais de cinco anos no mesmo cargo, desempenhando as mesmas funções, é um incompetente.
- A generalização da incompetência é diretamente proporcional à altura da posição hierárquica.

**Leis do Comportamento de Rensis Likert:**

- O comportamento humano, em geral, revela uma busca de justificativa para o desempenho ineficiente.
- Ao considerar nossos subordinados, devemos lembrar as suas boas qualidades e notar que os seus

defeitos só provam que eles são humanos.

- Um grama de imagem é mais do que um quilo de desempenho.
- A seleção natural encorajou a existência de mecanismos sociais que só existem para produzir antagonismo, conflito e excitação.
- Verifique a resposta que você preparou uma vez mais, antes de transmiti-la aos outros.
- O homem que pode sorrir, quando as coisas vão mal, está pensando em alguém a quem culpar.

**Leis do Comportamento de Newman:**

- A experiência é diretamente proporcional ao volume de projetos fracassados.
- O tempo necessário para um sábio influenciar um ignorante é inversamente proporcional ao hiato do conhecimento mútuo.
- A criatividade varia inversamente com a quantidade de pessoas no grupo.
- Abençoado aquele que atingiu o ponto de não retorno e sabe disso, porque ele pode gozar a vida.
- Abençoado aquele que não espera gratidão, porque ele não será desapontado.

**Leis do Conhecimento de Katz e Kahn:**

- Quanto mais alto for o seu conhecimento, menores possibilidades de emprego existem.
- A experiência é diretamente proporcional ao volume de projetos fracassados.
- O tempo necessário para um sábio influenciar um ignorante é inversamente proporcional ao hiato no seu conhecimento.
- A criatividade varia inversamente com o número de participantes do projeto.
- Abençoado aquele que atingiu o ponto de não retorno e sabe disso, porque ele pode gozar a vida.
- Abençoado aquele que não espera gratidão, porque ele não será desapontado.

**Leis do Menor Esforço:**

- Nós trabalhamos, porque temos uma série de necessidades a satisfazer.
- É importante lembrar que uma coisa para ser considerada um bem deve exigir de nós interesse e esforço.
- O maior ou menor esforço depende da escassez ou da abundância daquilo de que necessitamos.
- Procuramos sempre obter o máximo de tudo com o mínimo de esforço, dinheiro e tempo.
- Buscamos um equilíbrio entre as nossas necessidades e os bens que conseguimos com o nosso trabalho.
- Pelo mau uso dos recursos uma grande parte do que conseguimos, além de exigir maiores gastos do que seriam necessários, ainda não é na quantidade e na qualidade requerida.
- É verdade que, às vezes, precisamos fazer um pouco mais de esforço e renunciar a algumas coisas, porque as circunstâncias assim podem exigir.

**Leis da Situação de Mary Parker Follet:**

- O papel da psicologia administrativa deve ser o de reconciliar os indivíduos com a organização.
- O objetivo da ação administrativa é conseguir integrar pessoas.
- Uma pessoa não deve dar ordens a outra pessoa, mas ambas devem concordar em receber ordens da situação.
- A situação deve ser tal que as pessoas cooperem para buscar objetivos comuns.
- Se a autoridade e a responsabilidade derivam da função, pouco tem a ver com a hierarquia da posição.

**Leis da Economia:**

- O preço de um produto varia conforme a demanda e a oferta do mesmo. Assim, se a demanda é alta e a oferta baixa, o preço tende a aumentar, e vice-versa.
- Aumentar a produção não significa maior produtividade necessariamente.
- Ao procurarmos obter as coisas, todos nós desejamos consegui-las com o mínimo de esforço.
- Toda a equipe deve unir-se para cortar pela raiz qualquer sugestão que prometa uma melhoria além do custo marginal.
- A oferta cria a sua própria procura (Lei de Say).
- A quantidade procurada de determinado produto varia inversamente com relação a seu preço.
- Se a renda dos consumidores aumenta, a demanda por produtos aumenta.
- A oferta de um bem é afetada pelos custos dos fatores de produção, por alterações tecnológicas e pelo aumento do número de empresas no mercado.
- A oferta mostra uma correlação direta entre quantidade ofertada e nível de preços.

**Leis dos Rendimentos Decrescentes:**

- Não adianta aumentar a produção (Economia de Escala) indefinidamente para que o custo do produto atinja um patamar que ajude a solapar a concorrência, pois existe um limite para isso.
- Tudo o que se sabe é que há mais probabilidade de variarem os rendimentos do que de permanecerem constantes.
- A divisão do trabalho, muitas vezes, permite conduzir a produção mais eficientemente, quando o seu volume se torna muito grande.
- Num determinado ponto do volume de produção, os custos crescem novamente.
- Aumentar a produção não significa, necessariamente, maior produtividade

**Leis da Persuasão de Bousquié:**

Lei do Agrado ("Quanto maior for a satisfação mais eficaz será a persuasão").

- Lei da Compenetração ("Quanto mais completa for a compenetração mais forte a persuasão").

- Lei da Identificação ("Quanto maior for a identificação maior será o grau de persuasão").
- Lei da Representação ("Quanto mais nítida for a representação maior será a força de persuasão").

**Leis do Tempo:**

- Os assuntos operacionais têm prioridade sobre os essenciais (Louis Allen)
- A moeda ruim expulsa a moeda boa (Lei de Gresham)

**Leis Complementares:**

- **Lei Antitruste:** Lei que atua na formação de preços em mercados, evitando abusos de monopólios e oligopólios.
- **Lei Administrativa:** Lei que se aplica ao comportamento da organização.
- **Lei das Sociedades Anônimas:** Lei que protege o melhor interesse dos acionistas de uma empresa de capital aberto.
- **Lei de Conway:** A estrutura de um sistema reflete a estrutura organizacional da empresa que o construiu.
- **Lei de Kelvin:** É necessário encarar a manutenção tão seriamente como qualquer área produtiva, porque é muito claro que, sem uma boa manutenção, não pode haver produção eficiente, o que determina a vida de uma máquina.
- **Lei de Patentes:** Lei de patentes é destinada a proteger o inovador. As leis de patentes, criadas em 1836, atuam em duas direções: como uma recompensa pelos esforços de pesquisa e como penalidade pela imitação de algum outro trabalho patenteado, ainda que desconhecido do imitador.

## 1.7 Legislação

Legislação é o conjunto de leis acerca de determinado assunto. Qualquer que seja a legislação, ela estabelece basicamente: quem é o responsável; como fazer; onde atuar; com que frequência acompanhar; por que das precauções; quais produtos são autorizados; quanto de obrigatoriedade assumir; qual documentação utilizar; quais as boas práticas de obediência; quando é preciso mudar; o que fazer.

A seguir, abordaremos as principais legislações, que afetam a vida empresarial e que são, cada vez mais, restritivas para a livre iniciativa:

**Legislação Ambiental:** Legislação que objetiva conciliar crescimento econômico com preservação do ambiente. A maior parte das vezes, o governo atravanca o crescimento econômico por omissão. Mas há momentos em que a administração pública atrapalha o progresso não pela omissão, mas pela ação. É exatamente isso que está acontecendo no manejo do meio ambiente, em que as autoridades responsáveis pela aprovação dos projetos criam dificuldades em nome de causas nobres.

Hoje, por pressão de grupos verdes, de ONGs e de alguns setores do governo, obras importantes para o crescimento do país estão paralisadas, fazendo com que o Brasil tenha um dos mais baixos índices de concessão de licenças ambientais do mundo.

Outro fator que prejudica a liberação dos investimentos é a atuação excessivamente combativa de alguns procuradores da república. Entre as nações, a questão ambiental é vista como uma preocupação, mas não como um impeditivo. Então, o problema maior é: Como conciliar crescimento econômico com preservação do ambiente?

**Legislação Comercial:** Legislação que visa proteger: as empresas da concorrência desleal; os consumidores de práticas comerciais injustas; os interesses da sociedade contra o comportamento desenfreado das empresas; os consumidores dos abusos da propaganda enganosa; os agentes do governo da corrupção. Um importante propósito dessa legislação é cobrar das empresas os custos sociais gerados por seus produtos.

Esta legislação restringe as horas de trabalho dos empregados e limita, por exemplo, o horário dos estabelecimentos comerciais. Seria aceitável se, para a sua promulgação, se estudasse devidamente o equilíbrio a estabelecer entre as concessões legítimas a fazer aos empregados e as necessidades, não menos legítimas, da produção e do consumo.

**Legislação de Franquia:** Legislação que regula os procedimentos entre franqueadores e franqueados, para que o acordo entre eles aconteça da melhor forma possível. É bom lembrar que, embora elaborado por profissionais de franquia, o contrato deverá garantir a situação de insolvência de cada parceiro.

A experiência nos ensina que a legislação de franquia deve conter alguns dispositivos, tais como:

- O franqueado deve se obrigar a acatar, sem quaisquer reservas, todas as instruções e orientações que lhe der o franqueador.
- É vedado ao franqueado utilizar suas instalações para atividades que não sejam objeto do contrato.
- É preciso ficar esclarecido se será permitido ao franqueador ter seus próprios pontos de vendas, ou que trabalhe com outros produtos que não os listados no contrato de franquia.
- O franqueado se obriga a guardar absoluto sigilo sobre suas negociações com o franqueador.

Alguns cuidados específicos devem ser adotados por franqueadores e franqueados para que o acordo entre eles aconteça da melhor forma possível, quanto à licença do uso da marca, assistência técnica e compromisso de fornecimento. Assim, é preciso que a licença de concessão de uso seja acompanhada de uma série de normas e de procedimentos.

Não existe uma generalização para contratos de parceria, porque as características e peculiaridades dos componentes da franquia são inteiramente diversas.

O sistema de franquia utilizará, no futuro, como ferramentas de trabalho, a tecnologia da informação e o relacionamento em rede (estratégia multicanais). Também está havendo uma revolução no tamanho das instalações das franquias para ter maior presença em vários locais.

As franquias que sobreviverão serão aquelas que conseguirem se reinventar, em função das mutações ambientais e mercadológicas. Vai se dar melhor ainda, aquele que conseguir se antecipar às mudanças.

**Legislação do Comércio Eletrônico:** A legislação sobre o comércio eletrônico ainda está sendo definida. Não há consenso sobre assuntos como a natureza dos contratos eletrônicos, a distribuição de material protegido por direitos autorais, a pornografia, a indevida divulgação.

**Legislação Protecionista:** Legislação que, quando sabiamente orientada, consegue realmente proteger e animar a indústria nacional e proteger o consumidor, minimizar os conflitos entre produtores e consumidores, bem como direcionar as ações dos órgãos fiscalizadores do poder público. E, se estes interesses se equilibram, não se trata de uma lei restritiva, porém de uma simples medida econômica sem caráter especial.

As leis protecionistas só podem se dizer restritivas, quando resulta uma proibição evidente. São as leis desta ordem que caem dentro do nosso estudo, e é a elas que se aplicam as considerações acima feitas.

O protecionismo é frequentemente excessivo e daí resulta o afastamento do consumidor e um consequente prejuízo para a própria indústria que se pretendeu beneficiar. A indústria protegida gera um caráter parasitário, que a desvitaliza e assim a desprepara para as contingências econômicas do futuro.

A globalização, motor do crescimento mundial no decorrer dos últimos dez anos começou a engasgar no protecionismo. As negociações comerciais têm a infeliz tendência de se arrastar, porque, embora o mundo tenha mudado, infelizmente, as regras do jogo diplomático continuam, as mesmas do Século XVIII, isto é, brigar pela plena abertura naquilo que somos mais eficientes e proteger, a qualquer custo, os menos competitivos.

Em vez de buscar a falsa solução do protecionismo, os países em desenvolvimento fariam muito melhor se adotassem as únicas políticas capazes de lhes proporcionar progresso, como por exemplo, a política agrícola. Para tal solução é preciso trabalhar as variáveis: educação, pesquisa, tecnologia, infraestrutura, logística, assistência técnica, respeito aos direitos de propriedade e organização das associações rurais.

**Legislação Trabalhista:** Legislação que trata da contratação e não contratação e se baseia inteiramente na regulação criada por lei e na negociação entre empregado e empregador. Isso significa que as despesas geradas pelas leis não podem ser negociadas entre as partes, mesmo que elas queiram.

Ao criar um novo emprego formal, as empresas têm de arcar com despesas que podem chegar a 100% do salário líquido do empregado. Nenhum dos itens pode ser negociado. As despesas, altas e rígidas, até podem ser eventualmente toleradas pelas grandes corporações, mas são inviáveis para micros, pequenas e médias empresas.

Um questionamento se faz necessário:

Qual o prazo que o empregado tem para entregar o requerimento do seguro-desemprego? O empregado aposentado por invalidez pode ter seu contrato de trabalho rescindido? Quando o empregado faz jus ao recebimento do salário-família? Todo empregado tem direito a horas extras? Como deve proceder a empresa quando o dia do vencimento do pagamento da rescisão contratual cair em sábado, domingo ou feriado? As férias podem se iniciar em dia não útil? A quem compete o pagamento do salário-família quando o empregado está afastado por auxílio-doença? Como deve ser calculada a remuneração referente aos primeiros 15 dias de afastamento do empregado por motivo de doença? No caso de falecimento de algum parente, o empregado tem direito a se ausentar do trabalho? O empregador pode conceder férias ao empregado em dois períodos consecutivos? O empregado que vier a ser convocado para a prestação do serviço militar obrigatório fará jus aos avos de 13º salário referente ao período trabalhado? A alimentação fornecida ao empregado será considerada salário *in natura*? O aviso prévio integra o tempo de serviço para todos os efeitos legais? Existe o chamado aviso prévio domiciliar? O empregador pode descontar assistência médica, odontológica, seguro e associação de empregados? Qual o prazo que o empregador tem para o pagamento das férias? Qual são os direitos a que não faz jus o empregado doméstico? A rescisão contratual de empregado doméstico precisa ser homologada? O empregador pode descontar do empregado quebra de material utilizado para a realização do seu trabalho? Quando deve ser iniciada a contagem do aviso prévio? O empregado que presta serviço eleitoral tem algum benefício?

Na busca por maior eficiência e competitividade, grandes companhias optam por arcar com despesas adicionais. É o caso da previdência privada, dos seguros de saúde e de vida, dos bônus por produtividade. Essa é, porém, uma atitude inimaginável para empresas como uma barbearia, que emprega oito pessoas e vive uma realidade completamente diferente.

A legislação trabalhista, como está formatada, não consegue proteger os trabalhadores e nem a esmagadora maioria das empresas. É isso que gera o desestímulo para empregar e estímulo para contratar na informalidade, reduto da mão de obra nacional não especializada. Quando isso ocorre, todos perdem.

A conclusão disso tudo é óbvia: a "lei tamanho único" não consegue proteger os trabalhadores e nem a esmagadora maioria das empresas. É isso que gera o desestímulo para empregar e estímulo para contratar na informalidade, reduto de 60% dos trabalhadores do país.

**Legislação Tributária:** Legislação que regulamenta a aplicação e recolhimento de tributos. Entende-se como tributo à prestação monetária compulsória devido ao poder público ou, de forma mais simples, o somatório de impostos mais taxas. O empreendedor deve saber, de antemão, qual a carga tributária a incidir sobre o seu negócio, pois um país, como o Brasil, desanima qualquer investidor.

Se você não tiver conhecimento das exigências tributárias ou se por qualquer outro motivo deixar de pagar impostos nos prazos e valores corretos, poderá ter sérios transtornos em sua empresa, vários anos mais tarde, porque a cobrança de impostos passados fatalmente será executada em algum momento. Pior ocorre, quando se desconsideram as notificações oficiais de tributação, se não levadas a sério, podem encerrar sua empresa.

As autoridades tributárias são como lobos à sua porta. Independente da honestidade da sua informação, uma consulta ou preparação de impostos desleixada e de baixa qualidade pode destruir a empresa. Assim, ao planejar os impostos observe:

- O regime jurídico apropriado.
- As melhores formas de integralizar capital.
- As melhores alternativas para o financiamento.
- As melhores maneiras de distribuir lucros.
- Como acelerar ou adiar receitas.
- Quando e como incorrer em despesas.
- Os melhores métodos para aplicar depreciação e valorizar estoque.

Tais impostos guardam proporcionalidade com o preço de venda, mesmo que o respectivo montante integre a base de cálculo, como: imposto sobre circulação de mercadorias e serviços; imposto sobre serviços; imposto de exportação; imposto único sobre energia elétrica; imposto único sobre combustíveis e lubrificantes; parcela de contribuição para programa de integração social, que incide sobre o faturamento; cota de retenção cambial e outros tributos, em função do setor que ocupe a empresa.

O conselho é se informar sobre impostos e taxas antes de se aventurar num empreendimento. Os tributos podem ser:

- Direto (tributo que incide sobre a renda da pessoa).
- Indireto (tributo que incide sobre o preço dos produtos).
- Progressivo (tributo diretamente proporcional ao tempo de não pagamento).

# Capítulo 2
# FERRAMENTAS de ADMINISTRAÇÃO

*"A coisa mais importante a ser considerada por um administrador não é nem a formalidade nem a informalidade de uma organização, mas sim sua capacidade de decidir sobre o trabalho a ser feito."*

Peter F. Drucker.

## Objetivos do Capítulo

- Mostrar que o administrador só será bem-sucedido se mostrar certos conhecimentos e habilidades.
- Mostrar as ferramentas básicas do administrador pragmático.
- Mostrar que o pragmatismo vem ganhando relevância cada vez maior, devido as exigências de decisões rápidas e efetivas.
- Mostrar as sutilezas que existem entre as ferramentas administrativas.

## 2.1 Ferramenta

Ferramenta é um recurso apoiado em leis, teorias, regras, princípios, premissas, procedimentos e políticas, que dará ao dirigente administrador condições de não só decidir, como também solucionar um problema, desenvolver um projeto ou montar uma estratégia.

Alguém, com a ferramenta certa no tempo certo, tem condições de resolver um determinado problema? É bem provável. Pode-se dizer que a ferramenta ajuda a diminuir a complexidade de como tudo se apresenta aos olhos do ser humano e, principalmente, de uma empresa, tendo em vista um alto grau de incerteza em todos os mercados que atua.

Todas as funções administrativas e organizacionais de uma empresa utilizam ferramentas para apoiar, no seu dia a dia, as diversas decisões e soluções a serem implementadas. Ferramentas são instrumentos de uma arte ou ofício, que tornam mais econômica, rápida e confiável a execução de uma atividade, operação, processo, solução ou decisão.

Programas de computador, sistemas de informação, sistemas de gerenciamento, sistemas de suporte à decisão e metodologias são exemplos de ferramentas.

Apesar de sua grande utilidade, as ferramentas administrativas devem ser escolhidas e operadas, tendo em vista a resolução dos problemas da organização. A solução do problema é que deve determinar a ferramenta que melhor se aplica ao caso.

Um dos graves erros que se pode cometer é acreditar que uma ferramenta de gestão substitui o ato de pensar e dispensa o ser humano.

A seguir, exemplos de ferramentas:

**Ferramenta de Análise –** Ferramenta que ajuda a apontar alternativas e sugestões para buscar a melhor solução para um problema.

**Ferramenta de Avaliação** – Ferramenta que serve para confrontar o resultado obtido com o resultado esperado. Esta ferramenta ajuda a avaliar o processo aplicado, para não se cometer os mesmos erros que causam desperdício de esforço, investimento, recurso e tempo. As ferramentas de avaliação serão utilizadas, em função dos recursos disponíveis e do avaliador.

**Ferramenta de Decisão** – Ferramenta que ajuda o empreendedor a tomar a decisão mais inteligente para o momento. Em última análise, todas as decisões se resumem num sim ou não. Todavia, o cuidado com que toma essas decisões determinará seu êxito, como administrador e quão importantes estará contribuindo para a sua organização, agora e no futuro.

**Ferramenta de Direção** – Ferramenta utilizada pelo empreendedor para administrar sua equipe de trabalho. As ferramentas de direção mais utilizadas são: motivação, influência, manipulação, ordem, envolvimento, compromisso, remuneração, estímulo, interação, integração, incentivo, recompensa, persuasão, coação, relacionamento, cooperação, participação, adaptação, mudança, treinamento, dinâmica de grupo, administração de conflito, feedback, delegação, disciplina, expectativa, moral, método, flexibilidade, conhecimento, informação, modelo, objetividade, gráfico, documentação, arquivo, reunião, por exemplo.

**Ferramenta de Solução** – Ferramenta utilizada na solução do problema. Vale observar que é o problema que deve determinar a ferramenta e não o contrário. Embora sejam muitas as ferramentas de solução, a seguir, listamos as mais importantes: dinâmica de grupo, curva, gráfico, diagrama, reunião, análise, avaliação, valor, cenário, oportunidade, brainstorming, estudo de caso, procedimento, manual, diretriz, matriz, teoria, computador, informação, banco de dados, processo, modelo, rotina, pacote, programação, rede, regra, princípio, premissa, política, programa.

**Ferramenta de Comunicação** – Ferramenta de comunicação utilizada para comunicar um produto, tais como: propaganda, publicidade, promoção, relações públicas, marketing direto, telemarketing, anúncios, encartes em revistas e jornais, cartazes, displays, material audiovisual, concursos, sorteios, amostras grátis, exposições, feiras, convenções, demonstrações, cupons, descontos, juros baixos, adesivos, seminários, relatórios, doações, patrocínios, publicações, catálogos, folhetos, anuário, eventos, incentivos, televisão, rádio, internet, telefone...

Algumas categorias de produtos solicitam muito pouca persuasão por parte dos vendedores. Mas, em geral, há a necessidade de muita persuasão antes que seja efetuada a troca. Muitas vezes, a combinação oferta do vendedor (fabricante, distribuidor) e desejo do consumidor não é tão óbvia quanto parece. Por esta razão, há a necessidade de todo um trabalho de venda, que começa com a persuasão.

Assim, fica a dúvida: Como uma empresa comunica, naturalmente, os seus produtos? Por diversos aspectos, tais como: utilidade de forma, satisfação do consumidor, realização do comprador, marca de sucesso, qualidade assegurada, embalagem elucidativa, rótulo adequado, preço de venda, desconto, garantia, serviço pós-venda, sistema de distribuição, utilidade de tempo, utilidade de lugar.

**Ferramenta Eletrônica** – Ferramenta que utiliza tecnologia da informação.

## 2.2 Conhecimento

Conhecimento é o ato, ou processo, pelo qual o sujeito se coloca no mundo e, com ele, estabelece uma relação. Entender e fazer são duas faces do mesmo ato de conhecer. Sem o conhecimento de métodos, de técnicas de racionalização e de otimização de recursos você será pego no contrapé. O conhecimento capacita o indivíduo a ter novas ideias, criar leis, princípios, teorias e abstrações. Só quem possui conhecimento tem o poder da análise, maior ferramenta na solução de problemas.

Como entendimento do mundo, não é, pois, um enfeite ou uma ilustração da mente e da memória, mas um mecanismo fundamental para tornar a vida mais desejável e mais plenamente realizada. Só tem seu sentido pleno quando há um relacionamento com a realidade. Entender e fazer são duas faces do mesmo ato de conhecer. Teoria e prática, ação e reflexão são elementos indissociáveis de um todo, que só didaticamente podem ser distinguidos

O conhecimento não é impessoal, como o dinheiro. Não reside em: um livro, um banco de dados, um programa de software. Estes contêm apenas informações. O conhecimento está sempre incorporado a uma pessoa, é levado por ela, criado, aumentado e aprimorado.

O desconhecimento magnetiza o medo. Sair da ignorância é um dos modos de libertar-se desta submissão, já que o conhecimento tem o poder que permite ao homem agir com certeza, segurança e previsão razoável. Seus objetivos são a descoberta e o domínio da realidade.

É a partir da capacidade de reflexão crítica a respeito dos problemas que o administrador procura interpretar e descobrir as suas causas e efeitos. O fracasso na resolução de um problema vai revelar quais pontos se acham as dificuldades e as condições mínimas que uma solução deve satisfazer. Assim, na ciência, não é tão importante resolver os problemas como descobri-los e bem formulá-los.

Em todas as sociedades anteriores, a pessoa de grande conhecimento era um ornamento. Hoje, a instrução é um emblema, um símbolo e um arquétipo social. O fato de o conhecimento se tornar "o" recurso, e não "um" recurso é de vital importância para entendermos o progresso das organizações.

A função do conhecimento é o crescimento intelectual, moral e espiritual da pessoa, além de capacitá-la para inúmeras habilidades. A aplicação do conhecimento se faz necessária para mais bem atingirmos resultados positivos, porque cada vez mais é aplicado na tomada de decisão, havendo uma linha tênue entre conhecimento específico e informação técnica.

Produzir conhecimento é uma capacidade e uma necessidade humanas. Certos princípios devem orientar aqueles que se dedicam a descobrir, discutir e divulgar o conhecimento. Assim, devem orientar-se pelo espírito crítico, pelo senso de realidade, pela humildade, pela moralidade, pela participação, pela cooperação, pelo questionamento criativo, pela perseverança e pela tenacidade.

A seguir, os principais tipos de conhecimento:

**Conhecimento da Empresa –** Ter uma força de trabalho fundamentada no conhecimento é uma grande vantagem competitiva. Por isso, que o administrador terá de encarar esta aquisição como um desafio a ser perseguido, diariamente, porque precisará fazer pessoas comuns realizarem coisas extraordinárias. O segredo é descobrir o potencial das pessoas e ajudá-las a desenvolver-se.

**Conhecimento do Mercado –** Conhecimento que trará à baila as análises: da situação, das fontes de recursos, da influência governamental, das inovações (próprias e concorrentes) e das condições ambientais. Análise da situação envolverá as variáveis interdependentes da economia e do mercado (previsão e demanda). Conhecimento que permite viabilizar um determinado empreendimento, por meio de pesquisa, análise, avaliação, qualificação e custeio.

Um efetivo conhecimento do mercado onde a empresa vai atuar trará benefícios a seu favor, assim como possibilitará a tomada de decisão em nível estratégico. Portanto, um estudo, ou uma análise, do mercado deve, tanto quanto possível, ser o mais completo, não apenas com o objetivo de viabilizar um determinado empreendimento, mas servir de subsídio concreto à administração da empresa, antes, durante e depois da operação de compra e/ou venda.

**Conhecimento Administrativo –** Conhecimento que é produzido pelos administradores, por meio de: experiências, observações, análises, avaliações, demonstrações, práticas, técnicas, métodos, princípios, regras, ensaios e erros. Este conhecimento está sempre incorporado a uma pessoa, é criado, aumentado e aprimorado. É aplicado, ensinado, transmitido, usado, empregado, mudado.

**Conhecimento Científico –** Conhecimento que procura substituir o conhecimento empírico, utilizando, para tanto, explicações objetivas para os fenômenos verificados na esfera da experimentação. É transmitido por intermédio de treinamento apropriado, sendo um conhecimento obtido de modo racional, conduzido por meio de procedimentos científicos.

Tal conhecimento lida com ocorrência ou fato, isto é, com toda forma de existência que se manifesta de algum modo, procurando sempre explicar e comprovar as experiências em termos de suas causas e efeitos imediatos.

Este conhecimento ocupa-se de: fenômenos da natureza (física, química, biologia); fenômenos do raciocínio (lógica e matemática); fenômenos sociais (cultura, arte, história, relacionamento). Pode ser: descritivo, explicativo, implicativo, compreensivo e crítico. Seu objetivo é estabelecer uma forma de conexão entre os elementos identificados nas ciências, por meio de métodos lógicos e heurísticos.

**Conhecimento da Situação –** Reunião de todas as análises possíveis do cenário em que está inserida a empresa, sendo protagonista ou não.

**Conhecimento do Administrador –** Conhecimento voltado para o estudo, análise e avaliação de: mercados; ambientes; produtos; inovações; fornecedores de recursos; política governamental; funções organizacionais, funções administrativas; estratégias e táticas; processos de decisão; modelos de solução; políticas e diretrizes; técnicas de análise, pesquisa e previsão de vendas; sistemas de informação e comunicação; tecnologias da informação; relacionamentos com pessoas; técnicas de negociação.

Cada administrador precisa aperfeiçoar-se, tanto quanto possível, à empresa e à sociedade. Ele deve ter uma atitude proativa em relação ao conhecimento, a informação, a educação, ao estudo e a pesquisa. Deve se sentir constantemente desafiado; deve adquirir, hoje, habilidades que lhe farão falta no futuro. Precisa ter a oportunidade para pensar, para projetar o seu futuro.

Administradores que se dedicam inteiramente ao trabalho, achando que com isso terão uma maior performance naquilo que fazem estão redondamente enganados, pois é muito importante pensar e teorizar para melhorarem a prática.

**Conhecimento do Consumidor –** Conhecimento que ajuda a empresa na sua ação estratégica. Assim, é preciso saber: o perfil do consumidor, por meio dos níveis de: intelectualidade, educação, percepção, cultura, instrução e informação.

Pesquisar tendências sobre o comportamento e o hábito do consumidor ficou complicado. Hoje, o consumidor é menos rígido, mais propenso a experimentar novidades, mais educado, esperto e seletivo. São difíceis de persuadir e agem de maneira contraditória. Foi-se o tempo em que era possível dividir a população entre engajados, constantes e alienados.

Apesar de se esforçarem ao máximo, muitas empresas continuam a desperdiçar o que talvez seja seu ativo mais precioso no atual contexto: aquilo que o consumidor conhece, isto é, quais são seus níveis de intelectualidade, educação, percepção, cultura, instrução e informação, por exemplo. Hoje, mais do que nunca, o conhecimento adquiriu caráter estratégico.

**Conhecimento do Negociador** – Conhecimento das habilidades conceituais que devem facilitar o processo de negociação. Ele precisa estar bem informado, não perder o rumo da conversa, sendo objetivo. Também precisará administrar o conflito, a mudança e o poder. Ter em sua bagagem os conceitos de: compreensão, comunicação, cooperação, empatia, argumentação, construção e emoção.

**Conhecimento Especializado –** Conhecimento técnico que dá ao seu detentor os métodos, as técnicas e as especificações para construir (fabricar) um produto.

**Conhecimento Filosófico –** Conhecimento que se fundamenta num esforço da razão pura para questionar os problemas humanos, para poder discernir entre o certo e o errado. É sempre insatisfatório ao homem como ser racional. Este conhecimento emprega o método racional e não exige confirmação experimental, mas somente coerência lógica.

Trata-se de um conhecimento, essencialmente, metafísico, pois procura conhecer as causas em si e não apenas as manifestações dos fenômenos.

**Conhecimento Financeiro:** Conhecimento que elabora e interpreta o fluxo de caixa, registro de toda a movimentação das entradas e saídas de capital da empresa.

**Conhecimento Histórico –** Conhecimento que resulta de um longo processo, para cujo crescimento é fundamental atitudes, tais como: interesse profundo por um problema; busca do sentido da prova; oposição ao dogmatismo; aptidão na consideração de alternativas; liberdade de imaginação; firmeza nas conclusões. O espírito crítico de um indivíduo não nasce com ele, é fruto de uma conquista ao mesmo tempo pessoal e histórica.

**Conhecimento Humanístico –** Conhecimento das relações humanas, sob os aspectos: lógico, ético e social.

**Conhecimento Interdisciplinar –** Conhecimento de várias disciplinas que fundamentam o administrador, empresário, empreendedor, gestor, dirigente. Será que a falta de um conhecimento interdisciplinar não tirará de nós a melhor forma de administrar o tempo? Pior mesmo são as pessoas que não têm tempo para nada e que acham uma tolice fazer uma autoanálise do uso do tempo.

**Conhecimento Popular –** Conhecimento que advém das experiências da vida, transmitido de geração a geração por meio da educação informal, portanto empírico. Ele é o meio mais prático e espontâneo de se conhecer as coisas, as pessoas, os objetos e os ambientes. Também chamado de vulgar.

**Conhecimento Tecnológico –** Conhecimento que descreve o avanço da tecnologia. Desde que o homem confeccionou as primeiras ferramentas e armas que lhe possibilitaram controlar a natureza para sua sobrevivência e proteção, até os dias atuais, os desenvolvimentos da tecnologia e da sociedade moderna são duas faces de uma mesma moeda.

Na organização moderna, a gerência da tecnologia passou a ser um fator crítico na consecução das atividades empresariais. A própria manutenção da organização repousa na sua capacidade de fazer escolhas de tecnologia adequadas às atividades que desenvolve, isto é, de tecnologias que assegurem a produção de bens e serviços de qualidade igual, ou melhor do que a concorrência.

A mudança tecnológica é um desafio para as empresas. Impõe-se a necessidade crescente de atualização, se não para manter uma posição de vanguarda, pelo menos para acompanhar de perto as transformações. Em resumo, pode-se dizer que a tecnologia tem a propriedade de determinar a natureza da estrutura e do comportamento organizacionais das empresas.

**Conhecimento Teológico –** Conhecimento que se apoia em doutrinas que contêm proposições sagradas. Este conhecimento se fundamenta na revelação divina, como experiência e autoridade, que são aceitas pela fé.

**Conhecimento Tradicional:** Conhecimento que se espera ter uma pessoa instruída. Este conhecimento dá a pessoa que o detém o entendimento de quase tudo que existe, mas não dá o suficiente para fazer acontecer. Durante muito tempo, utilizamos a eletricidade, sem saber a sua real origem.

## 2.3 Princípio

Princípio é uma verdade fundamental, genérica, que serve de base às normas (regras). Princípios são, portanto, regras básicas para o trabalho e conduta do administrador. Princípios são verdades fundamentais, ou que se crê serem verdades, num determinado tempo, que explicam as relações entre variáveis.

Os princípios, bem como os princípios de qualquer outro ramo de atividade, necessitam ser adaptados a casos concretos para adquirirem utilidade prática. Esse ajustamento e essa adaptação a uma ideia geral a uma situação específica são de grande importância na arte de administrar.

Como os princípios são muitos, é preciso classificá-los, segundo seu campo de atuação:

**Princípios de Administração:**

**Princípios de Taylor:**

- Planejamento – Substituir a improvisação pelo método científico.
- Preparação – Selecionar os funcionários de acordo com suas aptidões, prepará-los e treiná-los para produzirem mais e melhor.
- Controle – Controlar o trabalho para se certificar de que o mesmo está sendo executado, segundo o plano previsto.
- Execução – Distribuir distintamente as atribuições e as responsabilidades para que a execução do trabalho seja bem mais disciplinada.
- Exceção – Salientar as exceções (desvios) sobre os padrões e não o desempenho normal.
- Especialização – A eficiência administrativa aumenta com a especialização do trabalho.

**Princípios de Ford:**

- Velocidade – Diminuir o tempo de produção e alocar rapidamente o produto no mercado.
- Economia – Reduzir ao mínimo o volume de estoque.
- Produtividade – Aumentar a capacidade de produção através da especialização e da tecnologia.

**Princípios de Fayol:**

- Divisão do Trabalho – Especialização das tarefas e das pessoas para aumentar a eficiência.
- Autoridade – É o direito de dar ordens e o poder de esperar obediência.
- Responsabilidade – É uma consequência natural da autoridade e significa o dever de prestar contas.
- Disciplina – Depende da obediência, aplicação, comportamento e respeito à autoridade.
- Unidade de Comando – O subordinado deve receber ordens de apenas um superior (princípio da autoridade única).
- Unidade de Direção – Uma cabeça e um plano para atividades que tenham o mesmo objetivo.
- Interesse – O interesse geral da organização deve sobrepor-se aos interesses particulares das pessoas.
- Remuneração – Deve haver justa e garantida satisfação para os empregados em termos de remuneração e para a organização em termos de retribuição.
- Centralização – A decisão final cabe à alta administração.
- Cadeia Escalar – É a linha de autoridade que vai do escalão mais alto ao mais baixo, em função do princípio da unidade de comando.
- Ordem – Um lugar para cada coisa e cada coisa em seu lugar.
- Equidade – Amabilidade e justiça para alcançar a lealdade do pessoal.
- Estabilidade – A rotatividade do pessoal é prejudicial para a eficiência da organização. Quanto mais tempo uma pessoa permanecer no cargo, tanto melhor para a empresa.

- Iniciativa – A capacidade de visualizar um plano e assegurar pessoalmente o seu sucesso.
- Espírito de Equipe – A harmonia e a união entre as pessoas são grandes forças para a organização.
- Benefício – O benefício deve trazer contribuição para a empresa, pelo menos de maneira a ser igual aos seus custos.

**Princípios de Weber:**

- Formalização – Todas as atividades (rotinas, procedimentos) da organização são definidas por escrito.
- Divisão do Trabalho – Cada participante tem um cargo, ou posição definida, com esfera específica de competência.
- Hierarquia – Cada funcionário é submetido a ordens impessoais que guiam suas ações de modo a assegurar sua obediência.
- Impessoalidade – O funcionário ideal desempenha com impessoalidade o relacionamento com outros ocupantes de cargos.
- Competência Técnica – Seleção e escolha dos participantes são baseadas na competência técnica e na qualificação profissional dos candidatos a um pretendido cargo.
- Separação entre Propriedade e Administração – A administração está separada da propriedade dos meios de produção, pois o dirigente, ou administrador, não precisa ser, necessariamente, o dono da organização.

**Princípios de Drucker:**

- Pessoa – Uma empresa é criada e dirigida por pessoas e não por forças.
- Lucro – O lucro não é a causa e sim o resultado de um negócio.
- Propósito – O propósito de qualquer negócio é criar consumidores.
- Mudança – As pessoas, em geral, não gostam de fazer a mesma coisa sempre e desejam mudar.
- Empreendedor – O administrador é também um empreendedor. Ele deve deixar o ontem e criar o amanhã.
- Estrutura – A estrutura mais simples é a melhor.
- Performance – O que determina a boa saúde de uma organização é a performance do seu pessoal.
- Recursos – É preciso aprender a encarar os funcionários mais como fonte de recursos do que como custo ou problema.
- Habilidade – É preciso aprender a liderar mais do que administrar, a dirigir mais do que controlar.
- Problema – Um dos maiores problemas da organização é a reunião da informação com a comunicação.
- Desafio – A necessidade de inovações é o maior desafio para a administração de uma organização.
- Tempo – O administrador deve saber bem usar o seu tempo.
- Resultado – O administrador deve concentrar esforços nos resultados, mais do que nas atividades. O resultado de uma empresa é um cliente satisfeito. O resultado de um hospital é um paciente curado.

O resultado de uma escola é um aluno preparado para a vida.

- Qualidade – O administrador deve basear-se nas qualidades pessoas mais fortes, quando designar alguém para uma tarefa.
- Tarefa – O administrador deve capacitar pessoas a funcionar em conjunto, efetivar suas forças, tornar irrelevantes suas fraquezas e concentrar o trabalho nas tarefas chaves.
- Cultura – A administração está inserida na cultura, porque ela trata da integração das pessoas em um empreendimento comum.
- Compromisso – Toda organização requer compromisso com metas comuns e valores compartilhados. Sem esse compromisso não há organização.
- Desenvolvimento – A administração deve também capacitar a empresa e cada um de seus componentes a crescer e se desenvolver à medida que mudem as necessidades e oportunidades. Toda organização é uma instituição de aprendizagem e de ensino.
- Conhecimento – Toda empresa é composta de pessoas com diferentes capacidades e conhecimentos, que desempenham muitos tipos diferentes de trabalho. Deve estar ancorada na comunicação e na responsabilidade individual. Todos os componentes devem pensar sobre o que pretendem alcançar.
- Mercado – Posição no mercado, inovação, produtividade, desenvolvimento do pessoal, qualidade, resultados financeiros, todos são cruciais ao desempenho de uma organização e à sua sobrevivência.
- Capacidade de Pagamento – As famílias e as empresas devem contribuir com impostos em função de sua capacidade de pagamento.

**Princípios de Deming:**

- Missão – O administrador não pode esquecer a missão da empresa.
- Longo Prazo – O administrador corre riscos, se agir com imediatismo em detrimento do crescimento no longo prazo.
- Avaliação – Sistema de avaliação por mérito é injusto e arbitrário, desmoralizando o empregado e incentivando o imediatismo.
- Habilidades Conceituais – A falta de habilidades conceituais pode ser fatal para os dirigentes das empresas.
- Visão Estratégica – A falta de uma visão estratégica pode ser a causa do fracasso de muitas empresas.

**Princípios de Organização:**

- Economia de Movimento – Um arranjo físico (layout) ótimo tende a encurtar a distância entre os funcionários e as ferramentas (equipamentos e máquinas) nas diversas operações de produção de bens e serviços.
- Fluxo Progressivo – Quanto mais contínuo for o movimento entre uma operação e a subsequente, sem paradas, voltas ou cruzamentos, tanto para homens quanto para os equipamentos, mais correto

estará o arranjo físico.

- Flexibilidade – Quanto mais flexível for o layout, com o fim de proporcionar rearranjos econômicos, mais úteis ele será para a empresa.
- Integração – A integração entre os diversos fatores indispensáveis a um bom arranjo físico, deve ter preferência.
- Orientação – Um bom arranjo físico deve escolher um lugar para o equipamento, de modo que a sua localização seja orientada para facilitar o processo produtivo.
- Localização – Quanto mais bem definido for o local de ferramentas, máquinas e materiais mais bem será a sequência de movimentos e a utilização de controles.
- Percepção Visual – A boa iluminação é o primeiro requisito para a percepção visual satisfatória. A altura do local de trabalho deve proporcionar a visão de todo o processo, quer esteja o funcionário em pé ou sentado.
- Estética – Quando se pode combinar as exigências técnicas com as estéticas, de modo que o ambiente tenha uma disposição harmônica e agradável, isso deve ser feito.
- Separação do Controle – As atividades de controle devem ser autônomas, independentes e separadas das atividades que estão sendo controladas.
- Supressão da Concorrência – Estabelece a necessidade de eliminar a concorrência entre departamentos, agrupando atividades correlatas em um único departamento.
- Maior Interesse – O departamento que mais interesse tiver por uma atividade deve ter o poder de sua supervisão.
- Maior Uso – O departamento que mais uso fizer de uma atividade deve ter a mesma sob seu controle.

**Princípios da Organizacão:**

- Ação – Toda organização utilizará a ação administrativa para gerir suas atividades e maximizar o uso de seus recursos.
- Ambiente – Toda organização pode ignorar, temporariamente, o ambiente que a cerca, mas, não por muito tempo.
- Automação – Toda organização deve buscar a automação de seus processos, sem desconsiderar o aspecto humano.
- Coordenação – Toda organização deve trabalhar as diferentes atividades de maneira coordenada, buscando uma sinergia capaz de facilitar o objetivo máximo da própria organização. Entende-se por sinergia o resultado que é maior quando conseguido em conjunto do que o somatório das partes isoladas.
- Delegação – Toda organização necessita que seus administradores deleguem trabalho e poder a outros para que os objetivos sejam mais rapidamente alcançados. Não esquecer que a responsabilidade é compartilhada entre delegado e delegante.
- Divisão – Toda organização deve decompor suas atividades em tarefas e operações.
- Equilíbrio – Toda organização deve aplicar métodos e técnicas de maneira equilibrada, sem exageros e gastos desnecessários. A autoridade será dada, em função das tarefas.

- Esforço – Toda organização deve buscar o bem-estar com o mínimo de esforço.
- Evolução – Toda organização deve incentivar seus recursos humanos a estudar, pesquisar, analisar e desenvolver novos e melhores produtos.
- Finalidade – Toda organização precisa, como um todo, bem como cada uma de suas partes, contribuir para a sua sobrevivência e cumprir a sua finalidade.
- Flexibilidade – Toda organização deve ser estruturada e dinamizada, em função das condições e circunstâncias que caracterizam o ambiente em que ela opera. A forma obedece a função.
- Funcionalidade – Toda organização busca uma melhor performance e desempenho a fim de justificar a própria existência.
- Integração – Toda organização deve construir elos ou canais para melhor integrar seus recursos, quaisquer que sejam.
- Liderança – Toda organização deve incentivar lideranças.
- Percepção – Toda organização deve entender que as pessoas têm níveis de percepção diferentes.
- Relacionamento – Toda organização deve sua origem e existência à facilidade que o ser humano tem de se relacionar.
- Resultado – Toda organização deve buscar eficiência, eficácia e efetividade.
- Crescimento – Toda organização deve crescer com cautela, porque, nem sempre, o gigantismo é certificado de garantia de sobrevivência.
- Dificuldade – Toda organização, em períodos de dificuldades, pode obter apoio externo.
- Tamanho – Toda grande organização tem melhores condições de maximizar o poder, a renda, o prestígio e a segurança do emprego e de status social de seus gerentes.
- Racionalidade: Toda organização deve ter suas atividades executadas com inteligência e lógica.
- Funcionalidade: Toda organização, quando na montagem de sua estrutura deve primar por clareza e alta economia; tornar fácil a cada um compreender sua própria tarefa; ter alta estabilidade, mas pouca adaptabilidade.
- Orçamento: Toda organização tem por obrigação mostrar onde o dinheiro é aplicado e quais são suas fontes de recursos.
- Disciplina: Toda organização deve ter pessoas que terminam aquilo que começaram e fortaleçam sua autodisciplina, senso ético e Íntegro.
- Meta: Toda organização deve fixar metas objetivas, qualificadas, quantificadas e claras.
- Tarefa: Toda organização deve ter pessoas que procurem ser designados para tarefas excitantes, desafiantes e estimuladoras.
- Oportunidade: Toda organização de buscar oportunidades.
- Erro: Toda organização deve encarar o programa *Zero Defeito* como aquele que visa a melhoria da qualidade. Qualidade: Toda organização deve verificar a qualidade do seu próprio trabalho, antes de passá-lo adiante.
- Padrão: Toda organização deve se certificar que as pessoas confiam no seu trabalho e esperam que seja isenta de desvios do padrão estabelecido.
- Valor: Toda organização deve ter o valor como um sistemático processo de trabalho para questionar se está fazendo a coisa certa.

- Previsão: Toda organização deve prever a relação saída/entrada do sistema, o custo, o resultado, as vantagens e as desvantagens.
- Otimização: Toda organização deve otimizar seus recursos para ter mais qualidade e menor custo.

**Princípios das Relações Humanas:**

- Explicar, cuidadosamente, os deveres do indivíduo diante do grupo.
- Evitar discussões intermináveis, quanto aos direitos e deveres de cada um.
- Dar salários proporcionais à produtividade e ao mérito.
- Apresentar os novos companheiros a todos os membros do grupo.
- Evitar de magoar um chefe, passando por cima de sua autoridade.
- Mostrar critérios objetivos para promoções.
- Evitar admissões de pessoas que não tenham as qualidades necessárias para a função.
- Criar comissões para propor soluções objetivas para problemas de relacionamento.
- Diminuir a distância social entre chefes e subordinados.
- Dar valor a quem merece.
- Tomar em consideração todo esforço do outro para melhorar.
- Falar enquanto o assunto está "quente".
- Falar sobre mudanças, explicando seus motivos.
- Respeitar o próximo como ser humano.
- Não tratar o outro por diminutivos.
- Evitar cortar a palavra de quem fala, esperando a sua vez.
- Controlar as suas reações agressivas, evitando ser indelicado ou mesmo irônico
- Evitar o "pular por cima" de seu chefe imediato, quando o fizer, dar uma explicação.
- Procurar conhecer melhor os membros do seu grupo, a fim de compreender e se adaptar à personalidade de cada um.
- Evitar criar barreiras de comunicação.
- Evitar assumir a responsabilidade atribuída a outro, a não ser a pedido deste ou em casos de emergência.
- Procurar as causas das antipatias, a fim de superar as mesmas.
- Evitar expressões de arrogância, como, por exemplo: "Presta atenção" e "Meu filho".
- Procurar definir bem aquilo que fala, no caso da discussão em grupo, para evitar mal-entendidos.
- Procurar estar sempre sorridente mesmo na adversidade.
- Ser modesto nas discussões.
- Pensar que talvez o outro tenha razão, procurando, humildemente, compreender os seus argumentos.
- Procurar compreender como se estabelecem as relações entre as pessoas que trabalham juntas.
- Procurar compreender a natureza dessas relações humanas e suas causas.
- Procurar compreender os tipos de relações que prejudicam o trabalho.
- Estudar como estabelecer e manter boas relações humanas.

**Princípios da Comunicação:**

- O comunicador que mais usar determinado tipo de comunicação deve deter o seu controle.
- O comunicador não deve se desviar do tema em pauta.
- O comunicador deve manter atenção em quem fala.
- O comunicador deve encorajar o outro a pensar.
- O comunicador deve aprimorar, a todo instante, a qualidade do processo de comunicação para que o outro entenda o valor da mensagem.
- O comunicador não deve se desviar do motivo da comunicação.
- A comunicação deve ser encarada como uma ferramenta de trabalho.
- O comunicador não deve perder tempo com comunicações sem real significado.
- O comunicador deve usar meios e modos de comunicação que sejam adequados ao momento.
- O comunicador não deve se perder em meandros e prolixidades da linguagem.
- A comunicação deve conter o essencial. O belo se traduz pelo simples.
- A comunicação deve expressar a verdade sobre o fenômeno analisado.
- A comunicação deve apresentar valores exatos, sempre que possível.
- A comunicação não deve exagerar no tamanho, apresentando coisas que nada têm a ver com o assunto.
- O comunicador deve sempre aceitar que o outro pode duvidar do que está dizendo.
- O comunicador deve, sempre que possível, usar de exemplos, exercícios, referenciais, modelos para permitir a comparação.
- A comunicação deve usar padrões (metodologias, nomenclaturas, terminologias) de conhecimento comum.
- A comunicação deve retratar o momento de sua construção.
- O comunicador deve se ater ao objeto da comunicação.
- O comunicador deve se dirigir a um público-alvo que compreenda aquilo que é comunicado.
- O comunicador deve fazer todo esforço para que a comunicação seja realizada da melhor maneira possível.

**Princípios do Empreendedor:**

- Ir para o seu negócio preparado para o pior.
- Contornar qualquer empecilho que objetive interromper seu sonho.
- Desempenhar qualquer função necessária à execução do seu projeto, mesmo que se sinta subutilizado.
- Estar preparado para as dificuldades de encontrar pessoal capacitado a ajudá-lo.
- Seguir a intuição sobre o pessoal que escolher.
- Trabalhar secretamente, tanto quanto puder.
- Apostar numa corrida de negócios, a menos que esteja participando dela.
- Lembrar de que é mais fácil pedir desculpas do que permissão.

- Estar seguro de que suas metas são realistas.
- Honrar as pessoas que lhe dão ou deram apoio.
- Promover e organizar o negócio.
- Dar continuidade àquilo que iniciou.
- Fazer mais do que foi prometido.
- Dedicar-se radicalmente ao empreendimento e não olhar para trás.
- Estar pronto a reorganizar ou liquidar o empreendimento, quando sentir que não possui meios para continuar, porque estará perdendo tempo, esforço e dinheiro (seu e dos outros).

**Princípios da Distribuição:**

- O fabricante não pode ignorar seu produto tão logo este tenha passado de suas mãos para agentes, atacadistas e varejistas.
- A distribuição bem-feita estimula a demanda.
- O objetivo de distribuição é levar as mercadorias certas para os lugares certos, nos momentos certos e pelo menor custo.
- Nenhum sistema de distribuição física pode, simultaneamente, maximizar o serviço ao consumidor e minimizar o custo de distribuição.
- O serviço de distribuição representa um dos benefícios mais importantes que uma empresa pode oferecer aos clientes.
- A distribuição deve ter características, tais como: rapidez no atendimento dos pedidos, disposição do fornecedor em atender as necessidades do comprador.
- O serviço de distribuição deve ter cuidado com a entrega da mercadoria, comprometendo-se a trazer de volta bens defeituosos e repô-los imediatamente.
- A distribuição deve ter várias alternativas de embarque.
- O serviço de distribuição pode ser feito pelo produtor ou entregue a uma empresa intermediária.
- A maximização do serviço de distribuição implica políticas de grandes estoques, transportes com custos adicionais e muitos armazéns, todos aumentando o custo de distribuição.
- A minimização dos custos de distribuição implica políticas de transporte rápido e barato, estoques baixos e poucos armazéns.

**Princípios Ambientais:**

- Pressionar no sentido de que nenhuma indústria, isoladamente, encontre "razões" para eximir-se de restrições legislativas razoáveis sobre o ambiente.
- Cooperar construtivamente com o governo para desenvolver padrões razoáveis e sanções eficazes que assegurem um ambiente comercial mais saudável.
- Apoiar legislação que proporcione ao consumidor a informação necessária para fazer comparações mais fáceis entre produtos, embalagens e preços.
- Ajudar a fazer anteprojetos de lei sobre normas de qualidade.

- Apoiar programas que facilitem auxílio legal, especialmente para pessoas que sabem tão pouco sobre seus direitos e como impô-los.
- Apoiar os esforços para moderar e filtrar o ruído daquela propaganda que amortece nossos sentidos e fere nossas sensibilidades.
- Os problemas de mutabilidade do ambiente estão relacionados às variáveis que afetam as atividades.
- O ambiente onde a tarefa é realizada estará em função de diversas variáveis em que muitas delas não controláveis.

**Princípios da Reunião**:

- Planejar a reunião para ser realizada em horário no qual os participantes estejam mais receptivos.
- Informar local, data e hora.
- Marcar a reunião com certa antecedência, para que todos tenham de pensar nos objetivos.
- Fazer uma convocação.
- Preparar o roteiro previamente.
- Dotar o ambiente da reunião de meios auxiliares (meios físicos e meios auxiliares).
- Listar perguntas, questões e textos para reflexão, exercícios numéricos, estudos de caso.
- Começar na hora marcada e seguir o roteiro.
- Preparar soluções e rever procedimentos.
- Planejar a duração da reunião, em função do público-alvo.
- Proporcionar intervalos, caso necessários.
- Terminar a reunião quando os objetivos forem alcançados.

**Princípios do Relatório:**

- Usar orações curtas e simples, eliminando toda palavra supérflua
- Caminhar do simples para o complexo.
- Utilizar os verbos na voz ativa.
- Não empregar gírias na argumentação.
- Fugir da subjetividade, da adjetivação e da monotonia.
- Escrever para expressar ideias, soluções, mudanças e não para impressionar.
- Evitar generalizações, vícios de linguagem e, se possível, artigos no início de frase.
- Apresentar as características dos principais problemas que estão sendo examinados.
- Fornecer condições para avaliar o desempenho.
- Fornecer informações e dados para planejamento futuro.
- Melhorar o controle das operações, corrigindo distorções.
- Criar mecanismos que facilitem a tomada de decisão.
- Construir relatórios condensados, resumidos, relevantes e sempre comparativos, devendo se preocupar com os desvios.
- Um relatório para ser efetivo não deve apresentar elementos que nada têm com o objeto de estudo.

**Princípios da Administração do Tempo:**

- Reservar algum tempo para planejar adiantadamente o seu dia.
- Delegar o trabalho que pode ser feito por outra pessoa qualificada.
- Dar aos subordinados uma hora fixa para encontros.
- Levar, em viagens, material para leitura.
- Evitar tempos de espera sempre que possível.
- Fazer reuniões somente quando necessárias e com as pessoas certas.
- Usar efetivamente o tempo também para pensar.

## 2.4 Premissa

A premissa é uma conclusão lógica e antecipada, fruto de estudos e experiências anteriores. As premissas servem de base para mostrar coisas evidentes, difíceis de serem contrariadas.

O conhecimento de premissas é de extrema valia para a solução de problemas. A seguir, as principais premissas do mundo corporativo:

**Premissas do Gerente de Projeto:**

- Faça as unidades de estimativas tão pequenas quanto possíveis.
- Faça as unidades de trabalho tão independentes quanto possíveis.
- Leve em consideração o fator comunicação.
- Faça a distinção entre serviço novo e serviço aproveitado.
- Não espere ajuda de “amigos”. O retorno, às vezes, nem chega a 2%.
- Não embarque na primeira ideia dada por alguém que você estima pela sua inteligência. Afinal é a sabedoria que conta.
- Pesquise muito para não fracassar logo adiante.
- Não tome decisões intempestivas.
- Só se aventure num projeto sobre o qual tenha conhecimento e recursos para sua implementação.
- Procure ouvir diversas pessoas sobre o tema do projeto.
- Se possível, faça experiências preliminares, aplique questionários curtos.
- Utilize modelos já existentes no mercado. A partir destes, aperfeiçoe o seu.
- Procure trazer para o mercado algo inédito ou, pelo menos, diferente em todos os sentidos.
- Colete informações, anote todas, faça relatórios, cruze informações, utilize racionalidade e intuição.
- Mantenha os pés no chão o tempo todo.
- Faça um plano de curso, cronograma ou programa para controlar e avaliar resultados.
- Desde o primeiro dia, abra um controle de despesas para saber quanto vai gastar (investir). Este controle de caixa deve continuar enquanto você for gerente do projeto.

- Crie diversos arquivos em computador e papel. Grave em discos por segurança.
- Dentro do possível, utilize a melhor tecnologia disponível no mercado.
- Não esqueça de apresentar o projeto com o melhor visual que você possa comprar, porque as pessoas se impressionam com o visual
- Não esqueça de registrar o projeto (obra, trabalho) na instituição de direito.

**Premissas do Empreendedor:**

- O empreendedor precisa jogar toda a energia na operação do negócio, ou seja, primeiro viabilizar a ideia, analisar o projeto/produto e depois estruturar o empreendimento.
- O empreendedor não deve tentar impor nada ao mercado e, sim, identificar possíveis nichos.
- O empreendedor, dentro do possível, deve procurar a originalidade, criatividade e inovação, mesmo quando trilhar um caminho conhecido.
- O empreendedor não deve ter medo de constituir sociedade, porque os sócios ajudam a alavancar a construção de um novo negócio, permitindo dividir responsabilidades e conhecimentos.
- O empreendedor tem de trabalhar muito mais do que um empregado e não ter a pretensão de ficar milionário.
- O empreendedor não tem horário, férias e salários extras, não podendo nem ficar doente.
- O empreendedor de sucesso é um preenchedor de lacunas do mercado.
- O empreendedor deve desempenhar muitos papéis, em função dos diversos compromissos que tem de assumir, sendo, portanto, importante trabalhar em equipe.
- O empreendedor para ter sucesso, baseado numa economia do conhecimento, precisa criar um ambiente próprio e receptivo às suas ideias.
- O empreendedor precisa encontrar fórmulas criativas e compatíveis com sua capacidade de investimento, para se apresentar ao mercado e promover o produto.
- O empreendedor precisa saber se seus objetivos de vida são congruentes com os objetivos do negócio.
- O empreendedor precisa saber trabalhar com as principais ferramentas administrativas.
- O empreendedor deve usar de humildade, se não tiver um bom potencial em todas as funções organizacionais do projeto, pois precisará considerar o conhecimento de terceiros.
- O empreendedor jamais deve ser arrogante, prepotente e cabotino, pois isso o descredencia junto aos investidores.
- O empreendedor deve saber ouvir os mais sábios, os experientes e os membros da equipe.
- O empreendedor quando estiver conversando, não deve só falar do assunto que domina, para não parecer um chato.
- O empreendedor precisa estar comprometido com as metas e propósitos do projeto.

**Premissas do Executivo:**

- Ter controle não significa, necessariamente, poder do executivo.

- Aumentar o desejo de prestígio é uma necessidade executiva, à medida que o poder diminui.
- O executivo precisa entender que os fatores autoridade, influência, carisma e persuasão não carregam junto o conceito de subordinação.
- O executivo deve adotar as medidas que possam assegurar sua compatibilidade pessoal com os superiores.
- O executivo, ao assumir uma atribuição importante, deve obter de seus superiores uma clara, concisa e inequívoca declaração, por escrito, de seus deveres, responsabilidades, relações e âmbito de sua autoridade.
- O executivo deve ter excepcional cuidado para encontrar subordinados que combinem competência técnica com segurança, fidedignidade e lealdade.
- O executivo, em negócios como na diplomacia, além de ter estratégias de atuação, precisa estabelecer alianças.
- O executivo deve reconhecer o poder do bolso.
- O executivo deve compreender a importância crítica dos canais de comunicação, que devem ser claros e críveis, em todos os níveis, para cima e para baixo, da estrutura organizacional.

**Premissas dos Recursos:**

- Os recursos constituem a capacidade de ação de uma organização.
- Enquanto o trabalho focaliza apenas a mão de obra, os recursos envolvem todas as pessoas existentes na organização, desde o presidente até o faxineiro.
- Geralmente, quando se fala em recurso, surge a imagem simplista do dinheiro.
- Recursos são extremamente diversificados e complexos.
- Recursos similares são administrados dentro de um esquema de divisão de trabalho.
- Cada um dos recursos exige uma especialização.
- Não é importante a empresa ter muitos recursos, mas, sim, como mais bem faz uso deles.
- Recursos devem ser otimizados (melhor uso possível), em função das contingências do momento, do ambiente e do mercado.

**Premissas da Empresa:**

- Toda empresa precisa definir, claramente, o objetivo de sua própria existência e oferecer para seus funcionários metas bem definidas.
- As empresas devem colocar sempre a satisfação do consumidor à frente do lucro.
- As empresas devem ter a qualidade por objetivo a ser perseguido, com rigor, mediante técnicas de controle estatístico de qualidade.
- Todo funcionário deve ser tratado com o mesmo respeito devido aos ocupantes dos cargos executivos.
- A missão principal da empresa é criar clientes satisfeitos e saudáveis para que voltem a comprar seus

produtos.

- A empresa deve evitar aqueles produtos que não se enquadram dentro dos melhores interesses do seu público-alvo e do ambiente circundante.
- Os consumidores apoiarão aquelas empresas que demonstrem preocupação com sua satisfação e bem-estar.

**Premissas da Oportunidade:**

- As oportunidades desaparecem com a mesma rapidez com que são detectadas.
- O indicador de gestão mais importante é a capacidade de antecipar oportunidades.
- As oportunidades aparecem do inesperado, da disparidade setorial, da vulnerabilidade dos processos, da incongruência, da transformação, da mudança, da percepção, de novo conhecimento.
- Quando a demanda e a oferta não se equilibram, conforme as expectativas, há uma oportunidade.
- As oportunidades raramente são compatíveis com os métodos tradicionais de atuação, em relação aos negócios existentes, exigindo novas abordagens.

**Premissas da Simplificação do Trabalho:**

- Há sempre uma maneira melhor de se executar uma tarefa.
- A melhor maneira jamais é conseguida, ela deve ser um desafio.
- A simplificação do trabalho pode ser aplicada, se houver interesse em economizar recursos.
- O trato sistemático e ordenado dos problemas de trabalho produzirá melhores resultados do que um tratamento casual ou impulsivo.

**Premissas da Definição:**

- Uma definição deve expor a essência do que pretende esclarecer.
- Uma definição não deve ser excessivamente ampla nem excessivamente estreita, ou aplicar-se a tudo aquilo a que se refere.
- Uma definição não deve conter, direta ou indiretamente, o sujeito definido.
- Uma definição não deve ser formulada em termos negativos, se é possível expressá-la de forma positiva.
- Uma definição não deve ser expressa em linguagem ambígua, obscura ou figurada.

**Premissas da Lei:**

- A lei possui, invariavelmente, um conteúdo empírico determinado, que, em princípio, pode sempre ser controlado por elementos observacionais, obtidos através de procedimentos próprios.
- A lei é formulada sem exceção, por intermédio de um só e único enunciado.

**Premissas da Terceirização:**

- A redução de custos não deve ser a finalidade principal da terceirização.
- Nem sempre é mais econômico desenvolver uma atividade que não seja a principal.
- Uma regra importante da terceirização é a definição das áreas que, por segurança ou segredo tecnológico, devem permanecer na empresa.
- Alguns executivos não querem um enxugamento da estrutura da área sob o seu comando.
- As empresas devem evitar superestruturas para administrar empresas terceirizadas.
- Na terceirização é necessário fazer um diagnóstico preciso das atividades a serem repassadas.
- A empresa não deve criar laços paternalistas com o terceirizado.
- Para transformar o terceirizado em parceiro, é preciso: diálogo, conveniência, confiança e identificação cultural.

**Premissas da Delegação:**

- O dirigente que delega não deve mais se imiscuir nas tarefas delegadas.
- O delegado deve sentir que participa não só da autoridade e liberdade na execução da tarefa, mas na decisão.
- O dirigente precisa correr um risco calculado, sem o qual não desenvolve a capacidade executiva do subordinado.
- O delegado deve ser assistido e acompanhado no processo de delegação.
- A autoridade deve ser delegada até um certo ponto e na medida necessária.
- A autoridade deve ser proporcional ao nível de responsabilidade do cargo.
- A responsabilidade não pode ser delegada.
- A clareza na delegação é fundamental, com designação precisa, entendida e aceita.
- Os conceitos de delegação e descentralização acham-se tão ligados que são inaplicáveis separadamente.
- O esforço do delegado no cumprimento da tarefa deve ser recompensado.
- A delegação deve seguir um ritmo compatível ao delegado.

**Premissas da Liderança:**

- Situações críticas são um teste e uma oportunidade para a liderança.

- Carisma não é condição necessária à liderança, porém ajuda muito.
- A postura firme na defesa de ideias é fundamental à boa liderança.
- Argumentos superficiais e pouco elaborados só funcionam com subordinados ignorantes.
- Um líder acadêmico nem sempre é um líder empresarial.
- O líder atual precisará cada vez mais de uma inteligência analítica.
- O líder, em função de liderados altamente esclarecidos, precisará ser honesto e transparente.

- É falsa a ideia de que o verdadeiro líder precisará ser falante, piadista, competitivo e agressivo.
- A sobrevivência do dirigente numa organização estará por conta de um esforço para alcançar a liderança do grupo.

**Premissas da Tomada de Decisão:**

- É bastante conveniente ter um sistema de informações de apoio à tomada de decisão.
- Com o aumento de informações, a necessidade de pensar se intensifica.
- Quanto mais necessários forem os elementos de decisão, mais suas consequências restritivas devem ser compensadas por um estilo mais liberal de agir.
- Quando não há alternativas para alcançar um objetivo, não existe o problema da decisão.
- Parte da função administrativa decisão consiste em auxiliar e encorajar o desenvolvimento de meios para a obtenção de um bom resultado.
- Uma escolha entre muitas alternativas é, provavelmente, melhor do que a realizada entre poucas.
- Na tomada de decisão é preciso escolher, dentre as alternativas, as que realmente são relevantes.
- O propósito da criação de alternativas é permitir que os objetivos da empresa sejam alcançados da melhor forma possível, sendo necessário avaliar a extensão de uma decisão e quem ela afeta.
- A natureza das decisões demonstra que você precisa aprender "como", mais do que "o que" pensar, porque é isso que impulsiona a tomada de decisão.
- A experiência prévia de quem toma a decisão pode não ser guia adequado.
- Quem toma a decisão pode não ter tempo suficiente para planejar os passos necessários à implementação, porque talvez haja um fator de grande risco com resultados imprevisíveis.
- A tomada de decisão que ultrapassa um determinado tamanho não pode ser entendida sem primeiro reconhecer que se trata de um processo de cooperação.
- O processo de tomar decisões é de aproximações sucessivas e de refinamento constante, onde a marcha do tempo é essencial.
- Cada nível da hierarquia recebe certa parcela de responsabilidade na decisão global.
- Ao perseguir seus próprios interesses particulares, os dirigentes são levados a tomar decisões que promovem o bem-estar de toda a empresa.
- Os seres humanos tomam decisões, independentemente, de sua posição dentro da organização.
- Numa situação não estruturada o tomador de decisão deve fornecer julgamento e avaliação, bem como suas percepções para a definição do problema.
- Numa situação muito estruturada, grande parte do processo de tomada de decisão, se não todo, pode ser automatizado.
- O subsistema de controle estará sempre presente na tomada de decisão.

**Premissas do Tempo:**

- Não se esqueça do futuro e quais são as tarefas prioritárias.
- Não se valha da memória, ponha as atividades a realizar no papel.

- Prepare-se para enfrentar surpresas desagradáveis.
- Utilize a agenda com racionalidade, definindo espaços de tempos congruentes com o assunto a ser trabalhado.
- Preveja folgas para interrupções.
- Não congestione a sua agenda de trabalho.
- Faça um estudo para saber aquilo que deu errado.
- Crie procedimentos, políticas e modelos para agir em casos semelhantes.
- Evite acúmulo de trabalho, delegue.
- Acredite na metodologia que você criou para controlar o tempo, só alterando se realmente você fracassar.
- Dê crédito ao planejamento, porque sem ele você ficará perdido.
- Leia livros sobre administração do tempo.
- Conheça as funções administrativas.
- Evite se envolver com o desnecessário.

**Premissas do Treinamento:**

- O aperfeiçoamento em administração inclui tanto o treinamento quanto a educação.
- O treinamento se refere à aquisição de perícia e conhecimento necessário para o desempenho de tarefas específicas num cargo.
- A educação se refere a desenvolver um indivíduo, mental e moralmente, de maneira que ele adquira maior compreensão de seu ambiente e sua adaptabilidade a ele.
- O resultado esperado do treinamento deve ser: o aperfeiçoamento e o desenvolvimento de conhecimentos, bem como técnicas e atitudes, que levem o funcionário a cumprir sua missão.

**Premissas do Modelo:**

- O modelo só é realmente útil quando pensamos através dele.
- A forma de um modelo dependerá do seu propósito.
- Quanto mais apurado é o modelo mais forte é a ligação entre os recursos de construção.
- Sem modelos a empresa terá de começar do zero.
- Os modelos são facilmente elaborados em computadores, dispensando especialistas.
- A polivalência do modelo, em geral, compromete a clareza e, portanto, deve ser evitada.
- Um modelo é bom quando cumpre bem sua função específica, na medida em que responde às necessidades do usuário.
- Um modelo deve ser simplificado, tendo em vista que a realidade é muito complexa e difícil de ser retratada.
- A representação de um sistema através de modelos pode ter vários graus de abstração.

**Premissas dos Recursos Humanos:**

- Treinamento não muda personalidade, muda atitudes.
- O comportamento é muito difícil de ser mudado.
- As pessoas nem sempre têm atitudes e comportamentos desejados, é preciso entender um pouco mais delas para se despertar interesse e motivação, reconhecendo as de alto desempenho.
- Organizações são agrupamentos de pessoas produzindo coisas que atendem as necessidades da sociedade.
- Investir no homem é o mesmo que renovar seus conhecimentos.
- O ser humano é fator chave de sucesso nos negócios.

**Premissas da Política:**

- Políticas são elaboradas, por alguém, em alguma ocasião, dentro ou fora da empresa.
- Políticas definem caminhos congruentes com os objetivos sistêmicos da organização.
- Políticas permitem julgamento e impedem decisões ruins.
- Políticas refletem o desejo da alta administração e moldam a cultura organizacional.
- Políticas não são eternas e exigem flexibilidade na interação com o ambiente.
- Políticas são aplicadas a casos semelhantes e não a casos específicos.
- Políticas devem ser pautadas num comportamento ético e transparente.
- Políticas evitam perda de tempo com estudos e análises sobre questões análogas.
- Políticas devem abranger o máximo de fatores que dificultam a consecução de atividades.
- Políticas precisam ser coordenadas para que não se percam no meio do caminho.
- Políticas devem ser comunicadas com clareza, para o conhecimento e aceitação de todos.
- Políticas estimulam e facilitam a delegação, a coordenação e o comando.
- Políticas proporcionam padrões de decisão para solucionar problemas.
- Políticas estabelecem limites ao planejamento estratégico.
- Políticas asseguram uma ação administrativa uniforme.
- Políticas reforçam o feedback positivo, as normas, os procedimentos e as rotinas.
- Políticas precisam estar em conformidade com as atividades empresariais.
- Políticas reforçam programas, planos, orçamentos, projetos e estratégias.
- Políticas podem impedir a tomada de decisão malformulada, baseada em circunstâncias do momento, em detrimento dos melhores interesses futuros da empresa.

**Premissas da Qualidade:**

- A qualidade de um produto é julgada tanto pelo produtor como pelo consumidor.
- O futuro de uma organização é determinado pela sua capacidade para satisfazer as exigências do mercado.
- A prestação de serviços deve satisfazer as expectativas das pessoas.

- A qualidade do produto pode ser definida como o grau até o qual um produto satisfaça os requisitos descritos na sua especificação, que estará em função das exigências dos consumidores.
- A insatisfação crescente entre os compradores que não reclamam é uma ameaça a qualquer empresa, que ignora aquilo que eles pensam.
- As empresas devem conduzir regularmente pesquisas para medir a satisfação do público-alvo.
- A empresa só melhorará a qualidade global se atuar na cultura da organização.
- O desenvolvimento da qualidade deve ser sempre uma busca constante.
- Funcionários comprometidos e clientes satisfeitos é a missão da empresa.
- O desempenho com qualidade deve ser premiado.
- O controle de qualidade deve ser percebido de forma positiva.
- A empresa deve dar ênfase nas qualidades técnicas e humanas.
- A filosofia da qualidade é fundamentada na cultura do time para detectar defeitos de todos os tipos.
- A disciplina orienta a qualidade.
- Muitos duvidam que a filosofia da qualidade oriental possa ser transferida para outras civilizações com costumes diferentes.
- Em muitos países os interesses individuais vêm antes do interesse do grupo.
- A qualidade ganhou terreno no Século XX, devido às estratégias de segmentação dos mercados.

**Premissas da Comunicação:**

- Um melhor desempenho empresarial é fruto de um bom sistema de comunicação.
- A tomada de decisão só se transforma em ação se for comunicada.
- A comunicação de padrões leva o participante a assumir mais responsabilidade.
- A intensidade da comunicação deve estar em função da importância daquilo que se quer comunicar.
- O dirigente utiliza, no dia a dia, mais a comunicação oral do que a escrita.

**Premissas do Consumidor:**

- O consumidor só está interessado em seus próprios valores, suas próprias necessidades e sua própria realidade.
- Cada consumidor define uma empresa diferentemente das demais, pois suas expectativas e valores são singulares.
- A realidade do consumidor deve ser considerada, já que esta é diferente da do fornecedor.
- Como o consumidor é quem paga, a compra que ele faz depende do sentido que dá para ela.
- Consumidor é a pessoa mais importante para a empresa, tanto que é o seu propósito.
- Consumidor não deve ser questionado.
- Consumidor é alguém que traz suas necessidades e desejos, que atendidos nos dão lucro.

**Premissas do Relatório:**

- A natureza diferente dos relatórios poderá levar à conclusão errônea de que devam coexistir em uma empresa diversos sistemas de informação.
- Compete à pessoa que redigiu o relatório fazer recomendações de solução (ou mudança) para problemas existentes na organização.
- Não basta apenas fazer recomendações, é preciso persuadir a organização (ou a alta direção) a aceitar as propostas colocadas no relatório, isto é, vender a ideia.
- Depois de aprovadas as recomendações, o relator auxiliará na sua implementação, dentro do que for possível.
- Relatórios são os meios mais comuns e eficazes para conhecer as condições existentes na organização e levantar informações para um planejamento estratégico.
- Um relatório executivo deve ser o mais flexível possível na sua forma de apresentação.
- Um relatório, que exige tudo de todos, não é produtivo.

**Premissas da Armazenagem:**

- A armazenagem pode modificar ou melhorar a qualidade das mercadorias, aprimorando assim o seu valor ou interesse.
- Muitas mercadorias armazenadas ganham com a maturação, como o fumo, carne e bebida.
- A armazenagem estimula a padronização e a classificação, por proporcionar racionalização do espaço e das instalações.
- O armazém onde estão guardadas as mercadorias pode proporcionar financiamento para a empresa que dá em garantia a própria mercadoria estocada.
- Certos riscos de armazenagem são inerentes ao proprietário da carga.
- É possível a redução do risco pelo armazenamento, em firma atacadista idônea, já que o depositário absorve parte do risco.
- O custo do transporte é, com frequência, reduzido pelo uso do armazenamento de grandes quantidades de produtos.
- A armazenagem permite ao comprador aumentar o vulto de suas compras, pois coloca grande quantidade de bens à disposição dos possíveis compradores, que podem assim escolher melhor.
- A armazenagem torna a venda mais eficaz, pelo seu efeito sobre a quantidade e variedade da mercadoria disponível.
- Uma das principais vantagens do armazenamento é a ajuda à estabilização dos preços.

**Premissas do Transporte:**

- Sempre que possível, deve-se usar a força da gravidade, que nada custa.
- O transporte deve ser bem planejado, para garantir o fluxo contínuo da circulação de materiais.
- O transporte por meio de carros, pontes, guindastes deve ser bem coordenado, para não deixar ma-

teriais (máquinas, pessoas), ocupando espaços desnecessários.
- O serviço de manutenção deve garantir um mínimo de paradas de máquinas e equipamentos.
- Cada alternativa de transporte implica em tempo médio de entrega diferente.
- Os meios de transporte mais lentos são mais baratos em frete, porém, mais caros em vendas.

**Premissas da Distribuição:**

- Quanto melhor a satisfação do consumidor com o produto, mais ele tenderá a exigir a reposição pelo distribuidor.
- A localização dos pontos de venda é primordial para tornar convenientes as compras dos consumidores.
- Quanto maior a importância da marca, maior a probabilidade de o distribuidor manter o produto em estoque e participar das promoções.
- Quanto maior o vínculo do fabricante com o varejo, melhor será o desempenho de suas marcas e produtos.
- Quanto melhor a qualidade do atendimento, maior a possibilidade de ocorrer a fidelização do consumidor.
- Quanto melhor for o sistema de retaguarda logística, menores os custos, mais rápida será a reposição e maior a facilidade de gestão do sistema.

**Premissas da Estratégia:**

- A estratégia evolui e muda com o tempo.
- As decisões estratégicas não são programadas e previstas com antecipação.
- Diferentes decisões estratégicas são difíceis de integrarem uma única estratégia explícita e compreensiva.
- O ambiente de formulação de estratégias é complexo demais.
- Cada escolha estratégica é feita em diferentes contextos, com informações novas e incertas.
- A formulação da estratégia precisa levar em conta a incerteza e o risco.
- A essência da estratégia é o seu relacionamento com o ambiente.
- A estratégia se torna desnecessária, quando a dinâmica histórica da organização a leva onde ela quer ir.
- A formulação da estratégia deve basear-se em informações bastante agregadas, incompletas e incertas.

**Premissas do Contorno de Objeções em Vendas:**

- Não confunda falta de resposta com hostilidade.
- Faça muitas perguntas que venha ao encontro dos interesses do seu cliente comprador.
- Não fale muito depressa e não tão lento para cansar o cliente.

- Planeje a agenda do encontro, não faça nada de cambulhada.
- Demore tanto quanto possível para ouvir a argumentação do comprador potencial.
- Aprenda sobre a arte de ouvir.
- Evite repetições, redundâncias, vícios de linguagem, chavões e erros de construção verbal.
- Seja objetivo, não confundindo objetividade com pragmatismo, pois são conceitos diferentes.
- Argumente sobre o que o produto pode ajudar e/ou agregar valor ao cliente.
- Nunca dê plena certeza de nada, e muito menos trate os negócios como "definitivos", pois tudo na vida é provisório e a única certeza que temos é a incerteza.
- Não assumir compromissos que não pode cumprir.

**Premissas da Seleção de Pessoas:**

- Ao se preparar a seleção, deve-se saber para que selecionar.
- A seleção não visa saber simplesmente quem é o melhor, mas quem é o mais adequado para o cargo.
- Conhecimento do trabalho se obtém através de uma análise, enquanto o conhecimento do candidato se obtém através de entrevistas, testes e exames.

**Premissas do Método:**

- O método deve se aproximar, o mais possível da certeza, evitando uma grave distorção.
- O método não deve ser um caldeirão burocrático consumidor de tempo e criador de confusão.
- O método não deve ser baseado em especulação e, sim, em bases científicas, fundamentadas, principalmente, no conhecimento da matemática e da lógica.

**Premissas da Metodologia:**

- Não existe uma metodologia universal.
- A metodologia deve buscar como objetivo a qualidade, a racionalidade, a produtividade, o menor custo e os níveis mais elevados de padronização.
- O compromisso da metodologia deve ser com a resolução do problema.
- Uma metodologia é constituída, basicamente, de ações para responder a um determinado questionamento.
- Toda e qualquer metodologia deve ser de fácil utilização.
- O processo de modelagem da metodologia deve auxiliar o grupo responsável pela análise do problema.
- A metodologia deve ser resultante, preferencialmente, de um processo coletivo de criação.

**Premissas da Manutenção:**

- A última coisa que se deve fazer é esperar que o equipamento quebre, para depois pensar na manutenção.

- Todos os equipamentos, pequenos ou grandes, seguem a tendência de desgaste e com o tempo o valor dos mesmos diminui (depreciação) e o custo com manutenção aumenta.
- O controle estatístico é fundamental para a manutenção, pois ele é um serviço de alto nível.
- A manutenção deverá ser a menor possível, e, para isso, dependerá da qualidade dos equipamentos e do nível técnico do operador.
- A análise dos custos de manutenção deve sempre ser feita para cada caso particular.
- O risco de um equipamento parar será maior, quanto mais sofisticado for o mesmo.
- As intervenções às cegas podem causar mais demora, maior custo ou danos em equipamentos, por causa da pressa e da incompetência de não ter políticas de manutenção adequadas.

**Premissas do Uso da Água:**

- Verifique se a torneia está realmente fechada.
- Ao lavar a louça, use a própria cuba da pia para ajudar na lavagem.
- Tente limitar o banho para no máximo de cinco minutos.
- Feche a torneira enquanto se ensaboa.
- Jamais escove os dentes ou faça a barba com a torneira aberta.
- Sempre use a máquina de lavar em carga máxima.
- O excesso de sabão aumenta o número de enxagues.
- A lavagem de louças, copos, bandejas e talheres consomem uma quantidade enorme de água, que pode ser resolvido com equipamentos corretos.

**Premissas do Seminário:**

- Cada seção do seminário não deve ultrapassar três horas, para um melhor aproveitamento, podendo durar vários dias.
- Todo e qualquer seminário deve estabelecer, com clareza, a posição sobre a área que irá ser abordada.
- A ideia chave a orientar os organizadores é a de transformar cada participante do seminário no centro das atenções.
- As etapas do seminário devem ser divididas em reuniões (encontros) de grupos e reuniões plenárias.

**Premissas do CRM:**

- A maioria dos administradores confunde tecnologia de CRM com estratégia comercial.
- O grau de importância do CRM varia, em função dos objetivos empresariais.
- A implementação do CRM deve vir a reboque de uma estratégia (ou política) de abordagem do consumidor.
- A implantação do CRM exige mudanças comportamentais e estruturais.

- É um erro imaginar que o CRM sempre exige tecnologia de última geração.
- É um erro confundir CRM como um conjunto de aplicativos relativos a clientes.
- O consumidor deve ser cativado e não conquistado.
- As empresas não mudam na mesma velocidade dos consumidores.
- O CRM não deve ser encarado como mais um modismo.
- O sucesso do CRM depende mais da estratégia do que do investimento feito em tecnologia.
- O CRM não deve ver informática como corolário da Administração Moderna.

**Nota:** Hoje, é comum se falar de CRM (*customer relationship management*) nas empresas como veículo de relações lucrativas para ambos os lados e um canal de integração.

## 2.5 Consideração

Consideração é o ato que alguém faz sobre determinado assunto, isto é, faz pensar e refletir a sua importância. A consideração sempre ressalta aspectos relevantes para serem observados. Portanto, conhecer algumas considerações feitas por autores da Administração é muito importante para não se cometer os mesmos erros.

A segui, as principais considerações do mundo corporativo:

**Considerações sobre Projeto:**

- Finalidade do projeto.
- Necessidade do projeto.
- Qualidades do projetista.
- Escopo do projeto.
- Abordagem do projeto.
- Administração do projeto.
- Objeto de estudo.
- Valor do projeto.
- Viabilidade do projeto
- Planejamento do projeto.
- Objetivo do projeto.
- Meta do projeto.
- Propósito do projeto.

**Considerações sobre Administração:**

- Campo da Administração.
- Escopo da Administração.

- Domínio da Administração.
- Conhecimento da Administração.
- Desenvolvimento da Administração.
- Problemas da Administração.
- Importância da Administração.
- Papel da Administração.
- Responsabilidade da Administração.
- Filosofia da Administração.
- Tarefa da Administração.
- Evolução da Administração.
- Experiência da Administração.

**Considerações sobre Empreendimento:**

- Falta de planejamento é o maior fator de fracasso do empreendimento.
- A análise é a base para decisões futuras.
- A falta de avaliação se traduz em perda de tempo e de dinheiro.
- A sociedade muitas vezes ajuda a alavancar um empreendimento.
- Um controle da despesa se faz necessário, desde o início.
- Orçamento determina onde vai o capital investido.
- Contabilidade deve ser levada a sério, porque mostra o caminho do dinheiro.
- Otimismo exagerado é muito ruim, porque, geralmente, redunda em fracasso.
- Uma dose de pessimismo mostra futuras correções a serem feitas.
- Controle é uma função administrativa que mostra as falhas do não cumprimento do planejado.
- Coordenação unifica os trabalhos, visando sua efetividade.

**Considerações sobre Administrador:**

- Submissão à autoridade é necessária para que haja hierarquia.
- Desejo de competir e de vestir a camisa é um fator positivo no administrador.
- Motivação ajuda com que outras pessoas trabalhem para o chefe.
- Desejo de poder é inerente a qualquer ser humano.
- Desejo de posição mais alta deve ser encarado como normal.
- Noção de responsabilidade é o que se espera de qualquer ser humano normal.

**Considerações sobre Oportunidade:**

- Uma mudança no "status quo" (interno e externo) da empresa.
- Uma nova necessidade detectada no mercado, diferente em quantidade e/ou qualidade, provocada, ou não, por uma mudança.

- A existência de recursos reais ou potenciais da empresa para inovar.
- Um benefício ou vantagem potencial da empresa que atender a esta nova necessidade.
- Uma motivação que catalise uma ação empreendedora ou uma iniciativa criadora.

**Considerações sobre Padrões:**

- Aspecto Quantitativo: tamanho, peso (bruto e líquido), portabilidade, temperatura, pressão, resistência do material.
- Aspecto Qualitativo: cor, cheiro, gosto, sabor, aparência, validade, grau de amadurecimento.

**Considerações sobre Questionário:**

- O questionário deve ser específico à área pesquisada e não deve conter perguntas impertinentes.
- A lista de perguntas deve ser idealizada para resultar no maior número possível de informações sem ambiguidades.
- Cada pergunta deve ser simples e relativamente curta.
- A maioria das perguntas deve requerer um simples sim ou não como resposta.
- Uma opção dentre uma série de alternativas é o mais recomendado.
- Não use perguntas que induzam a determinada resposta, uma vez que elas tendem a provocar um resultado com desvios.
- Pense cuidadosamente na sequência das perguntas, uma vez que as primeiras perguntas do questionário podem influenciar as últimas.
- Planeje o questionário de tal maneira que as respostas possam ser facilmente analisadas e tabuladas, porém atitude mecanicista (sim ou não) deve ser evitada, desde que possível.
- Evite muitas perguntas, porque a maioria das pessoas não está preparada para responder a mais de vinte perguntas.
- Perguntas estruturadas solicitam respostas breves e específicas.
- Perguntas não estruturadas dão às pessoas mais liberdade para responder, porém confundem o avaliador, quando faz a coleta dos dados.
- Elabore perguntas que tragam informações necessárias para o momento.

**Considerações sobre Consumidor:**

- A movimentação do consumidor deve ser vista como normal.
- Queixas de consumidores devem ser levadas a sério.
- O julgamento que um consumidor faz do negócio pode influenciar outros consumidores.
- Não existe comportamento padrão entre os consumidores.
- O conhecimento do consumidor é cada vez maior.
- O consumidor consciente ajuda a empresa a ser melhor.

**Considerações sobre a Empresa:**

- A teoria da empresa mostra porque ela deve ser remunerada naquilo que faz.
- Finalidade da empresa é seu motivo básico de criação.
- A criação da empresa é o desejo do empreendedor.
- Propósito da empresa esclarece em detalhes os objetivos de sua criação.
- Orientação da empresa é a sua definição do campo de atuação.
- Missão da empresa mostra o porquê que ela foi criada.
- O ambiente empresarial (corporativo, organizacional, unidade de negócio) não é um conjunto estável, uniforme e disciplinado.

**Considerações sobre Produto:**

- Um produto, na realidade, nada mais é do que um instrumento para resolver um problema.
- Um produto é, principalmente, identificado pelos serviços que gera.
- Um produto é o resultado de um processo, porque, se não fosse assim, não teria como justificar sua existência.
- Um produto é qualquer coisa que pode ser oferecida a um mercado para aquisição ou consumo.
- Um produto é visto de forma diferenciada pelo comprador e pelo vendedor.
- Um produto específico tem determinadas características para seu público-alvo.
- Um produto tem vida limitada.
- Um produto permanece no mercado, em função do lucro.
- Um produto sobrevive por meio de estratégias, demandas e falta de concorrentes.
- Um produto, durante seu ciclo de vida, sofre numerosas mudanças e aperfeiçoamentos constantes.

**Considerações sobre Linha de Produtos:**

- As extensões de linha de produtos que recebem maior apoio de propaganda e de promoção são mais bem-sucedidas do que as que recebem menos apoio.
- As extensões de linha de produtos, às vezes, são programadas para se tornarem desatualizadas num determinado período.

**Considerações sobre Planejamento do Produto:**

- Seleção do produto.
- Determinação das quantidades a produzir.
- Determinação da forma.
- Dimensões do produto.
- Fixação do preço.

**Considerações sobre Organizações:**

- As organizações existem para cumprir objetivos que os indivíduos isoladamente não podem alcançar, em face das suas limitações.
- Uma organização é um sistema composto de subsistemas: operacionais, táticos e estratégicos.
- Uma organização divide o trabalho, de acordo com a funcionalidade, espaço e tempo.
- As organizações precisam agir de forma congruente com o ambiente onde habitam, porque corre um risco muito grande de entrarem em dissonância com o mesmo, o que, em geral, é catastrófico, isto é, a organização deve dançar conforme a música.

**Considerações sobre Marketing:**

- O marketing controlou o caráter das necessidades emergentes dos consumidores, traduzindo-as em produtos apropriados.
- Os elementos do composto de marketing são, em linhas gerais, todos aqueles relacionados ao: produto, marca, capacidade instalada, preço, serviço pós-venda, crédito, financiamento, distribuição, comunicação com consumidor, divulgação e armazenagem.
- O conceito de marketing ainda é uma filosofia organizacional apropriada, em uma época de deterioração do ambiente, escassez de recursos, excessivo crescimento populacional, especulação desenfreada e serviços sociais deficientes.
- Hoje, o marketing é visto como filosofia empresarial que obtém, com este foco, inúmeras vantagens.
- Objetivos mal formulados de marketing levam a empresa ao fracasso.

**Considerações sobre Problema:**

- É importante não fugir dos problemas, pois eles sempre existirão.
- A capacidade de diagnosticar exige da pessoa a leitura do cenário, não só para si, mas também para o grupo ao qual pertence.
- De todos os desperdiçadores de tempo, a dificuldade de diagnosticar problemas é o mais grave.
- A formulação do problema indica exatamente qual a questão que se pretende resolver.
- Você terá de selecionar o que deve ser analisado (pesquisado, estudado), para não perder tempo com o que não é essencial.
- O entendimento do problema estará em função das informações coletadas e seus meios de busca.
- As informações são interpretadas, em função do nível de percepção.
- Um problema para existir precisa de uma causa (origem), que está diretamente associada ao efeito.

**Considerações sobre Solução:**

- Aquele administrador que possuir uma base matemática, terá mais condições para transformar as hipóteses de solução em um sistema de equações.

- Os problemas sempre demandarão soluções.
- A solução de um problema utiliza, racionalmente, as ferramentas gerenciais.
- A função administrativa análise busca a melhor resposta possível dentre várias.
- Resposta é definida como uma reação necessária e suficiente, embora nem sempre seja a solução do problema.
- Resultado é o produto da saída de: um sistema, um processo, uma atividade (operação, ação, tarefa).
- A solução de cada problema gerencial é dada por meio de uma série de ajustamentos, em que cada um deles é avaliado em relação à margem de contribuição que dê para o resultado final da empresa.
- Quando um problema constitui novidade, ou quando não há ninguém disponível para ajudar, o empreendedor tem de tornar-se "expert" e descobrir a resposta.

**Considerações sobre Planejador:**

- Saber ser um bom político.
- Trabalhar com estimativas menos imprecisas possíveis.
- Considerar o horizonte temporal do planejamento (objetivos de curto e longo prazos).
- Integrar ambiente, empresa, estratégia, estrutura, recursos, mercados, produtos e consumidores.
- Ter crédito junto à equipe, quanto aos modelos e ferramentas que irá adotar.
- Ter a máxima certeza (o menor risco) da decisão que irá tomar.
- Avaliar as causas de resultados insatisfatórios.
- Visualizar amplitude, abrangência e limites do planejamento.
- Saber liderar a equipe.
- Possuir certa dose de pessimismo.
- Não esquecer que os outros membros da equipe também pensam.

**Considerações sobre Uso do Tempo:**

- Gastar muito tempo em problemas que lhe são trazidos pelos subordinados.
- Supervisionar excessiva ou insuficientemente o subordinado.
- Programar trabalho sem critério de prioridade.
- Começar uma tarefa antes de considerá-la cuidadosamente.
- Abandonar tarefas iniciadas.
- Fazer coisas que podem ser delegadas ou que podem ser feitas por uma máquina.
- Fazer coisas que na verdade não é parte do seu trabalho.
- Gastar tempo demais em suas antigas áreas de interesse ou competência.
- Fazer coisa improdutiva por hábito.
- Manter excessivo número de registros (complicados e superpostos).
- Dedicar-se a projetos que você não pode realizar.
- Dar atenção a coisas sem valor, não sabendo ler o cenário.
- Lidar com muitas coisas ao mesmo tempo.

- Fugir de tarefas novas e ameaçadoras.
- Permitir divagações em reuniões, não tendo jogo de cintura para contorná-las.
- Deixar ocorrer discussões, após ter encerrado a reunião.
- Realizar reuniões, visitas e telefonemas desnecessários.
- Procurar dados irrelevantes só para mostrar que é o tal.
- Buscar o convívio social, deixando o trabalho de lado.
- Ler publicações que nada tenham a ver com sua função, durante o expediente. Não delegar tarefas por achar que subordinados são incompetentes.
- Acreditar que o computador resolverá todos os problemas empresariais.

**Considerações sobre Comunicação:**

- O fato de duas pessoas estarem juntas cria uma curta tensão em ambas e essa tensão as impele a entrar em comunicação.
- É preciso observar que nem sempre a comunicação leva, necessariamente, à comunhão.
- É possível obrigar as outras pessoas a modificar seus significados e aceitar os nossos.
- Muitos diálogos aparentemente comunicativos podem, de fato, ser atos de não comunicação ou cooptação.
- A grande complexidade, os altos custos e especializações envolvidas tendem, grandemente, a centralizar as comunicações.
- A nova revolução nas comunicações não é, necessariamente, apenas uma extensão da primeira explosão de conhecimentos que criou a sociedade moderna.

**Considerações sobre o Comunicador:**

- Ter uma redação correta, objetiva, clara e concisa, para expressar o pensamento em: ordens, planos, programas, políticas, decisões, estratégias, táticas, relatórios, projetos e soluções.
- Ter a palavra fluente, a voz impostada, a dicção correta e o estilo sem requintes para se comunicar.
- Ter a cortesia, a educação e a perspectiva na condução dos debates, negociações e ideias.
- Utilizar recursos audiovisuais, gráficos e de outras naturezas, para que possam mais bem expressar o seu pensamento.
- Ter o conhecimento conceitual necessário para buscar objetividade, homogeneidade da linguagem, entendimento e cumplicidade.
- Saber ler o ambiente e as pessoas, prevendo mudanças do cenário em que atua, é fundamental.
- Ajudar as pessoas a terem as informações que precisam.

**Considerações sobre Construção de Modelos:**

- O modelo deve poder ser ampliado.
- O modelo deve apresentar uma lógica de construção.

- Em todo e qualquer modelo as saídas são sempre conhecidas.
- Um modelo em que não são conhecidas as entradas é denominado de "caixa preta".
- É de extrema importância a fidedignidade dos dados trabalhados em um modelo.
- Muitas vezes, vale a pena considerar um modelo, não do ponto de vista da certeza, mas da probabilidade.
- Quanto maior o modelo a ser trabalhado, mais partes se interagem e mais complexo ele se torna.
- Existe dificuldade em dimensionar os limites, as restrições e os recursos de um modelo.

**Considerações sobre Formulários:**

- Todo e qualquer formulário é elaborado com um objetivo previamente estabelecido, devendo funcionar como instrumento em uma atividade.
- Um formulário jamais deve ser criado sem que haja uma rotina que o justifique.
- Depois de aprovado um novo modelo de formulário deve ser, preferencialmente, implantado gradualmente, de modo que possíveis correções possam ser efetuadas, visando sua perfeita adequação aos fins a que se destina.
- Em seu estágio probatório o formulário deve ser utilizado experimentalmente de modo que seu desempenho seja testado, diante das exigências operacionais de quem o usa.
- É sumamente importante nessa fase à contribuição prestada pelos funcionários envolvidos diretamente com o formulário, através de sugestões e/ou críticas.
- Através de uma análise criteriosa o analista certamente introduzirá as modificações necessárias.
- A responsabilidade pelo controle dos formulários deve ser centralizada, para evitar sua proliferação, bem como duplicidade.
- Boa parte do problema dos formulários concentra-se no fato de que muitos deles são utilizados em pequenas quantidades.
- A maioria dos formulários é pouco usada e muitos desses documentos são impressos pelos próprios usuários, com suas máquinas, tendo caráter informal.
- Alguns dirigentes ignoram o fato de que o custo do emprego dos formulários sobe de 20 até 30 vezes o custo de produção dos impressos.
- Deve-se procurar sempre melhorar todos os formulários, sob os aspectos da característica física do texto e da disposição gráfica.
- Um bom formulário deve compactar seu desenho para apenas uma página.

**Considerações sobre Margem de Contribuição;**

- A margem de contribuição terá de ser sempre positiva.
- Considerar custos fixos constantes (para determinado período).
- Quanto maior a margem de contribuição menor é a quantidade a produzir para se chegar ao equilíbrio.
- Quanto menor a margem de contribuição maior é a quantidade a produzir para se chegar ao equilíbrio.
- É através da margem de contribuição que se verifica se a empresa tem condições para entrar no

mercado e ser competitiva.

- Quando a empresa trabalha com muitos produtos, é comum ratear a parcela do custo fixo que cabe a cada produto, em função da sua contribuição percentual na receita com vendas.

**Nota:** A Margem de Contribuição é a diferença entre o preço de venda e o custo variável unitário do produto.

## 2.6 Característica

Característica é um atributo que distingue um elemento de outro e que permite ao consumidor optar por um deles, de acordo com suas conveniências. Mas, surge a questão: Quais as características são importantes? Cada produto, por exemplo, possui certas características, podendo se dizer que ele possui personalidade própria que o diferencia dos demais.

A seguir, as principais características do mundo corporativo:

**Características do Administrador:**

- Ter conhecimento das funções administrativas e organizacionais.
- Ser perito em lidar com as pessoas.
- Ter uma formação eclética (ampla e variada).
- Conhecer a vida passada da organização em que trabalha.
- Ter visão estratégica (longo prazo).
- Saber ler o cenário (ambiente) onde está inserida a sua organização.
- Ter uma capacidade de fazer previsões.
- Ter comportamento generalista, sendo forte em alguma especialização.
- Agir como condutor de mudanças (novos objetivos, produtos, projetos, processos, recursos) e transformações em sua organização.

**Características do Gerente de Projeto:**

- Possuir ampla influência sobre todos os participantes do projeto.
- Obter o respeito e exercer autoridade sobre os membros do projeto, que não são seus subordinados.
- Selecionar seu pessoal, atentando para a competência de cada um e sua capacidade de trabalhar em equipe.
- Despender um considerável esforço para aprender como se comunicar, adequadamente, com os membros de sua equipe.
- Estar disposto a atacar problemas de qualquer nível, embora deva selecionar o que é de sua competência resolver.
- Ser capaz de detectar problemas que escapam aos demais, pois é um elemento do projeto que deve ter uma visão do conjunto dos aspectos técnicos e administrativos.

- Ter participação no estabelecimento das prioridades, para a alocação de recursos, que possam melhorar ou prejudicar o andamento do projeto.
- Ter o direito de controlar a alocação e os gastos.
- Participar no orçamento e na elaboração do plano do projeto.
- Ter o principal papel na tomada de decisão.
- Concentrar os esforços nos resultados esperados.
- Ser flexível, dentro de uma medida razoável.
- Envolver e cativar investidores em potencial, com o objetivo de conseguir o apoio necessário à elaboração do projeto.
- Ter adequado e relevante sistema de informação.
- Manter contatos diretos com as pessoas envolvidas no projeto.
- Fazer adequada distribuição de tarefas entre seus subordinados.
- Manter racionalidade nos dispêndios inerentes ao projeto, gastando o que for necessário.
- Ser realista, não pendendo para o otimismo ou pessimismo.
- Incentivar críticas e debates, quanto ao desenvolvimento do projeto.
- Fazer projetos viáveis em conteúdo, recursos e tamanho para a situação considerada.
- Manter coerência em suas atitudes e decisões.
- Lembrar que o projeto é um sistema que envolve muitos aspectos.
- Lembrar que o projeto, no seu desenvolvimento, trará outros problemas.
- Manter adequado sistema de controle, avaliação e feedback.

**Características do Planejador:**

- Ter capacidade de reflexão, criatividade, inovação e realização.
- Usar de intuição, inteligência e racionalidade.
- Possuir habilidade de relacionamento.
- Ter experiência, perseverança e objetividade.
- Saber exercer autoridade com responsabilidade e democracia.
- Buscar na equipe cooperação.
- Saber coordenar, persuadir e comunicar.
- Levar em consideração as características mutuamente excludentes do planejamento (complexidade vs simplicidade; qualidade vs quantidade; preço vs valor; formal vs informal; estratégia vs tática; confidencial vs público; global vs setorial; curto prazo vs longo prazo).

**Características Comportamentais do Diretor:**

- Comportamento independente que limita a capacidade de estabelecer relações pessoais.
- Comportamento confiante que leva a um apoio social saudável e relações seguras.
- Comportamento dependente que interfere na capacidade do dirigente de usar seus pontos fortes e limita a capacidade de fazer sua parte em uma equipe (time).

- Comportamento empreendedor que é orientado para um horizonte mais amplo (metas de longo prazo).
- Comportamento cuja visão é voltada para o mercado e seu controle é para acompanhar objetivos no atacado.
- Comportamento essencialmente orientado para a ação.
- Comportamento conservador, pois é orientado para metas de curto prazo.
- Comportamento que evita riscos, postergando o reconhecimento de falhas.
- Comportamento é fundamentado em sistemas, normas, princípios e políticas, mantendo controle para tudo e todos.

**Características do Produto:**

- Características Intrínsecas do Produto – Nas características intrínsecas do produto devemos observar: composição, forma, tamanho, desenho, peso, cor, facilidade de manutenção, portabilidade, aparência, embalagem, resistência do material, validade para consumo, por exemplo.
- Características Extrínsecas do Produto – Nas características extrínsecas do produto a produção deve se ater ao seguinte: gosto dos consumidores; quem consome o produto; como estocar e armazenar o produto; quais os riscos do produto; como determinar formas e tamanhos econômicos.

**Características da Pesquisa:**

- Todo trabalho de pesquisa tem um caráter acumulativo.
- A atividade de pesquisa, passando-se em termos de conhecimento humano como um todo, é uma obra coletiva que necessita cooperação.
- Na atividade de pesquisa verifica-se um aspecto altamente competitivo na atividade de pesquisa.
- O sigilo na pesquisa é necessário para evitar uma apropriação indébita da ideia, pois os pesquisadores gostam de divulgar os resultados, somente, quando certos e seguros.
- Os critérios impessoais asseguram que a descoberta tenha um caráter universal.
- O método e a descoberta devem ser constantemente questionados.
- Há sempre um risco de insucesso pairando sobre uma pesquisa, qualquer que seja o assunto e o lugar.
- A atividade de pesquisa caracteriza-se por seu aspecto aberto para fatos, fenômenos, teorias, leis.
- Pesquisa indica a fronteira, na qual os investigadores pretendem encontrar novos fenômenos ou conceber uma solução para um problema até então não resolvido.
- O desenvolvimento, no âmbito da empresa, significa encontrar um meio de aplicação mercadológica daquilo que foi pesquisado.

**Características da Qualidade:**

- Qualidade significa minimização da variabilidade de meios de fabricação.
- Um produto tem qualidade, quando atende às especificações preestabelecidas.

- A responsabilidade pela qualidade não pode ser completamente centralizada num único órgão.
- As especificações descrevem o produto em termos de sua utilidade, desempenho ou de seus atributos.
- Qualidade é o atendimento das especificações previstas e planejadas pelos técnicos da produção.
- Um produto de qualidade é aquele que está em conformidade com as especificações.
- A não conformidade significa falta de qualidade.
- No nível de qualidade a produzir, a empresa deve estar atenta ao mercado que vai atuar (público-alvo).
- O nível de qualidade no setor de serviços, ainda é pobre, devido ao fato de que em alguns lugares a demanda é muito maior do que a oferta.
- A qualidade requer investimentos para ser alcançada e mantida.

**Características do Serviço:**

- Um serviço precisa ser suficiente na sua explanação e necessário na sua execução.
- A decisão do serviço diz respeito ao seu composto mercadológico. Principalmente, sobre preço, local e divulgação.
- Na oferta de um serviço o proponente deve apontar o problema central a ser atacado e quais benefícios o serviço trará para o cliente.
- Consideraremos custo de um serviço ao somatório dos dispêndios com mão de obra e materiais na consecução do mesmo.
- O serviço evoluiu na sua importância à medida que o mesmo começou a ser terceirizado.
- Normalmente, os serviços são produzidos e consumidos simultaneamente.
- Empresas de serviço são as que têm pouco estoque.
- Os serviços são altamente variáveis, uma vez que dependem de quem os executa e onde são prestados.
- Os compradores de serviços estão conscientes dessa alta variabilidade e, frequentemente, conversarão com outras pessoas antes de selecionar um prestador de serviço.
- Um serviço é um benefício intangível, como cuidados pessoais, transporte e entretenimento.
- A credibilidade (crédito de confiança) que o cliente dá ao fornecedor do serviço é de fundamental importância para a continuidade de futuras negociações.
- Todo serviço possui um componente econômico que é toda remuneração pelo desejo atendido e a formação de uma estrutura rentável para funcionamento constante do serviço.
- A perecibilidade dos serviços é um fato inexorável.
- A satisfação proporcionada pelo serviço não pode ser armazenada. O que fica é a lembrança da boa imagem causada.
- Cada vez mais, o consumidor participa e se compromete no desenvolvimento do serviço.

**Características do Modelo:**

- O modelo deve poder ser ampliado.
- O modelo deve apresentar uma lógica de construção.
- Em todo e qualquer modelo as saídas são sempre conhecidas.
- Um modelo em que não são conhecidas as entradas é denominado de "caixa preta".
- É de extrema importância a fidedignidade dos dados trabalhados em um modelo.
- Muitas vezes, vale a pena considerar um modelo, não do ponto de vista da certeza, mas da probabilidade.
- Quanto maior o modelo a ser trabalhado, mais partes se interagem e mais complexo ele se torna.
- Existe dificuldade em dimensionar os limites, as restrições e os recursos de um modelo.

**Características do Relatório:**

- Ter uma linguagem clara, concisa e objetiva.
- Ser padronizado, tendo uma linguagem imparcial.
- Conter recomendações e soluções para os problemas.
- Deixar clara a sua finalidade e a sua natureza.
- Usar a melhor técnica, disponível no mercado, de exposição, construção e análise.
- Ser feito sob medida para um leitor específico e determinado.
- Ser passível de verificação.
- Não embaraçar a imagem da empresa.
- Ser escrito de maneira formal e impessoal.
- Conter informações novas e úteis.
- Indicar as principais variáveis que ajudarão a solucionar o problema.
- Recolher do ambiente modelos semelhantes.
- Definir recursos, custos, orçamentos, benefícios, retorno do investimento e resultado esperado.

**Características do Empréstimo Governamental:**

- A maior ênfase é dada aos empréstimos de longos prazos.
- As agências governamentais não fornecem diretamente fundos para capital próprio.
- O governo é considerado como um tribunal de última instância.
- Geralmente os empréstimos aprovados são concedidos a uma taxa de juros inferior à taxa de mercado, como se fosse uma subvenção.
- Uma parte relativamente grande de empréstimos é concedida às empresas industriais, para que comprem as novidades tecnológicas.
- Os empréstimos são concedidos mediante a garantia de ativos sólidos.

**Características dos Dados:**

- Geralmente, têm uma frequência de mudança muito menor do que os procedimentos.
- Permitem diferentes versões de utilização, em função de sua administração.
- Precisam ser gerenciados, através de um banco de dados (coleção de arquivos estruturados, não redundantes e inter-relacionados).
- São coletados de maneira metódica, precisa e eficiente, ajudando o trabalho de análise, que precede a resolução de um problema.
- Ajudam a formar opiniões, bem como fazer avaliações, análises e medições.
- Precisam ser filtrados para consubstanciar a informação relevante.

**Características dos Softwares:**

- Responder com documentos de altíssima qualidade visual.
- Utilizar comandos simples e objetivos.
- Acessar dados com velocidade cada vez maior.
- Facilitar a interface dos periféricos.
- Produzir programas cada vez mais inteligentes.
- Proporcionar confiabilidade e segurança na sua utilização.

**Características do Transporte:**

- Oferecer rapidez, dando um fluxo contínuo ao abastecimento e à retirada de materiais. Essa rapidez, naturalmente, está condicionada ao ritmo de trabalho.
- Possuir capacidade de carga compatível com o volume a transportar, bem como com o peso, a distância que será percorrida e as vias que serão utilizadas.
- Oferecer segurança ao material que é transportado ao equipamento e ao pessoal.
- Flexibilizar a utilização, servindo a vários tipos de carga, no caso de grande diversidade dos materiais por transportar.
- Apresentar economia de operação e manutenção.

**Características das Estruturas Organizacionais:**

**Estrutura Linear –** As principais características são: aspecto piramidal, centralização das decisões, só existe uma autoridade máxima, os chefes delegam poucas atribuições, disciplina rígida, precisão de jurisdição, limitação de responsabilidade, facilidades de funcionamento e comando, maior economia para pequenas organizações e rapidez de ação.

**Estrutura Funcional –** As principais características são: decisões descentralizadas, separação entre planejamento e execução, utilização do princípio da especialização, facilidade de treinamento, linhas de comunicação diretas, para cada função existe uma chefia, não necessita de elemento humano excepcional, aumenta o controle indireto, diminui o custo da fiscalização, facilita o aproveitamento de aptidões e diminui a projeção individual.

**Estrutura Mista –** As principais características são: predominam as bases da estrutura linear, mantém um corpo de assessores técnicos, mantém o princípio da hierarquia, institui a consulta técnica, utiliza a especialização, conserva o princípio da autoridade, facilita o funcionamento, limita a responsabilidade dos chefes, flexibiliza e facilita o comando, diminui o custo da especialização e mantém uma reserva de chefes.

**Estrutura Colegiada –** As principais características são: baseia-se na pluralidade de diretores, limita a arrogância dos líderes, oferece oportunidade a interessados, é usada nos períodos de transição, serve para estágio probatório dos chefes. É um modelo que desenvolve a crítica construtiva, ponderação e cautela nas decisões, formação do espírito de equipe, estudo minucioso dos planos e normas, preparação de chefes com visão global, continuidade de orientação e ação política são qualidades desta estrutura.

**Estrutura para Rotinas –** As principais características são: atividades muito bem definidas, melhores divisões do trabalho, alto grau de especialização nas tarefas, departamentalização pelos critérios tradicionais, comunicação direta, coordenação é feita pelo nível superior, sistema de autoridade forte e constante, maior centralização da autoridade, maior formalização através de manuais, atividades repetitivas, problemas mais previsíveis, soluções mais padronizadas, tecnologia conhecida, menor grau de incerteza, maior facilidade de controle, orientação para prazos mais curtos, alto grau de clareza, quantidade e qualidade estão bem determinadas, prazos são conhecidos, objetivos mais estáveis, ambiente previsível, poucas mudanças, fator humano pouco criativo e muita resistência à mudança.

**Estrutura para Inovação –** As principais características são: pouca definição de atividades e atribuições, baixo grau de especialização nas tarefas, departamentalização com critérios inovadores, comunicação a mais aberta possível, sistema de autoridade na base da liderança, maior descentralização da autoridade, clima favorável para novas ideias, atividades não repetitivas, problemas menos previsíveis, tecnologia parcialmente desconhecida, maior grau de incerteza, maior dificuldade de controle, orientação para prazos longos, alto grau de indefinição, incerteza quanto ao produto final, menos estáveis ao longo do tempo, mudanças frequentes e resistência à rotina.

**Estrutura para Resultados –** As principais características são: estrutura descentralizada, onde cada uma destas unidades age como um negócio distinto, com lucro próprio e responsabilidade por prejuízos. É um modelo baseado em unidades autônomas que trabalham juntas, organizadas e informadas para atender necessidades do mercado, contingências ambientais, aparentemente sem muita lógica na sua ação.

**Estrutura por Produto –** As principais características são:

- Ter melhor histórico de cumprimento de cronogramas e controle de custo.

- Fixar responsabilidades nos gerentes (o gerente é avaliado pelo sucesso).
- Requerer a cooperação e comunicação entre vários grupos que contribuem para o desenvolvimento do produto (cooperação centrada no produto).
- Oferecer vantagens quando se trata de lidar com ambientes instáveis.
- Concentrar esforços combinados (flexibilidade para reagir às condições em transformação).

**Estrutura por Processo –** As principais características são:

- A implantação desta estrutura está em função da disposição de máquinas, equipamentos, materiais, instalações, arranjos físicos (layout).
- A estrutura por processo é orientada para a ação e não para a hierarquia.
- Cada funcionário é um elo de uma cadeia de trabalho para produzir um bem ou serviço, cujo maior beneficiário é o consumidor.

**Estrutura Matricial –** As principais características são: utilização mais racional dos recursos, aumento da eficiência, resposta rápida às pressões ambientais, melhora a capacidade de comunicação, atua de forma provisória e temporária, satisfaz a especialização e a coordenação, traz inovação e flexibilidade, viola a unidade de comando, introduz conflitos em função da duplicidade de supervisão, impõe uma nova cultura organizacional e um comportamento diferente.

**Estrutura por Equipes –** As suas características principais são: relacionamento grupal mais intenso, redução das barreiras departamentais, decisões rápidas não atreladas à alta administração, respostas rápidas às necessidades dos consumidores, tempo gasto em reuniões é exagerado, risco da falta de identidade e de controle da administração central, a equipe pode perder a noção de corporativismo.

**Estrutura de Rede –** As principais características são: competitividade em escala global, preço e qualidade imbatíveis, flexibilização da força de trabalho, a produção é otimizada por estar perto das fontes de recursos, risco da perda de controle, segurança pode ser abalada devido à comunicação ser feita pela Internet, potencial de falha e risco aumenta, não há como medir a lealdade dos empregados.

**Estrutura Holística –** Este tipo de estrutura organizacional dispensa chefias intermediárias, pois os controles comportamentais são minimizados devido à aludida integração. A estrutura holística deve ser considerada mais como uma visão holística dos negócios do que como uma estrutura organizacional.

## 2.7 Requisito

Requisito é uma condição necessária para obtenção de algo ou certo objetivo, isto é, aquilo que preenche uma certa finalidade.

A seguir, os principais requisitos:

**Requisitos do Ar Ambiente:**

- O recinto deverá ser tão fresco quanto exija o conforto.
- Deverá haver adequada circulação de ar.
- A umidade relativa do ar não deve exceder a 70% e nem ficar aquém dos 25%.
- O ar, ao nível da cabeça, não deverá ser distintamente mais quente do que próximo ao chão, e vice-versa.
- O ar deverá estar isento de odores desagradáveis, de poeiras, de gases tóxicos, de fungos, de ácaros e de bactérias.

**Requisitos do Local da Empresa:**

- **Público-Alvo –** Para conhecer o público a ser atendido é preciso levantar aspectos de demografia, perfil do consumidor (renda, idade, hábito), padrões de consumo, concentrações comerciais e poder da concorrência.

- **Visibilidade –** O local precisa ser visível e identificável, se a empresa precisar colocar uma loja de varejo, na frente da fábrica.

- **Acesso –** A chegada a um estabelecimento comercial, assim como a saída, deve ser facilitada pelas vias de acesso. Se houver muitas dificuldades, o consumidor procurará outro lugar.

- **Funcionalidade –** É um fator que diz respeito especialmente ao projeto de construção. Adaptações em edificações antigas podem sair mais caras do que a montagem de uma loja em local projetado para esse fim.

- **Tamanho da Área –** É indispensável avaliar o local de acordo com o tipo de negócio. Certos empreendimentos exigem grande fachada, outros podem requerer profundidade, outros estacionamentos. Não se pode esquecer também da possibilidade de expansões futuras.

- **Infraestrutura –** Pode parecer prosaico, mas nenhum estabelecimento comercial funciona bem, se não houver disponibilidade de serviços públicos no próprio local, como energia elétrica, sistema de telefonia, água encanada e potável, esgoto, gás, posto de saúde, hospital, escola, correio, banco, policiamento, transporte e segurança.

- **Tipo de Solo –** Trata-se de critério especialmente importante, quando se vai construir. Os custos de construção podem ser multiplicados se as fundações toparem com rochas no subsolo ou se precisarem ser muito profundas, pela inconsistência do terreno.

- **Planejamento Urbano –** Devem-se conhecer previamente os planos e projetos de desenvolvimento, ou renovação urbana, que influenciarão o local. A criação, por exemplo, de uma rua de pedestres pode ser uma bênção para alguns e uma desgraça para outros.

- **Planejamento Viário –** O desconhecimento do projeto de construção de um viaduto, ou um anel viário, da inversão de mão de tráfego, da implantação de vias expressas, ou corredores de ônibus, pode inviabilizar o negócio.

- **Restrições Legais –** Ninguém deve escolher um ponto sem estudar antes, em detalhes, as leis de zoneamento da cidade, para evitar alguma surpresa.

- **Recursos Naturais –** Recursos que podem ser utilizados sem precisar de gastos adicionais, tais como: luz natural, ventilação, minerais, vegetação, água, terra.

- **Potencial de Mercado –** O potencial de mercado é o limite a que tende a demanda de mercado, à medida que o esforço da empresa tende ao infinito, para determinado ambiente, isto é, a receita máxima com vendas que a empresa, de um determinado setor, pode conseguir num período de tempo.

- **Topografia –** A localização no pavimento térreo deve, sempre que possível, ser a melhor opção, de forma a proporcionar fácil acesso externo para abastecimento, iluminação natural e ótimas condições de ventilação. Na impossibilidade da localização no andar térreo, sugere-se a instalação de elevadores de carga. As instalações e suas áreas circundantes devem facilitar as operações de manutenção e limpeza, evitar as contaminações ambientais e impedir a entrada de animais, de qualquer espécie. Dentre outras condições favoráveis, a localização térrea facilita o acesso de fornecedores, remoção de lixo, redução nos custos de manutenção dos dutos de água, vapor e energia. O movimento do Sol deve ser levado em consideração.

- **Entorno –** A construção ou locação da fábrica deve ser em áreas onde os arredores sejam pavimentados e não ofereçam riscos às condições gerais de higiene e limpeza, ou seja, em áreas livres de infestações de mosca, mosquitos, roedores. O entorno deve permitir livre acesso, direto e independente, isto é, não comum a outros usos.

- **Configuração Geométrica –** A forma mais indicada é a retangular, desde que o comprimento não exceda mais de 1,5 a 2 vezes a largura. Esta forma propicia melhor disposição dos equipamentos e tem a vantagem de evitar: caminhadas supérfluas, conflitos de circulação e outros problemas de arranjo físico mal feito. A configuração das áreas de produção deve propiciar um fluxo linear, sem cruzamento de atividades entre os vários gêneros de produtos.

**Requisitos do Pessoal de Manutenção:**

- Dispor de um conhecimento perfeito do equipamento.

- Ter em estoque todas as peças e acessórios prontos para serem utilizados.
- Haver adquirido, com base na experiência passada, a preocupação de treinar toda a equipe, a fim de minimizar o tempo gasto.
- Fazer um estudo minucioso do trabalho a executar.
- Ter um histórico do equipamento.
- Saber se a manutenção é corretiva, preventiva ou programada.

**Requisitos para Evitar Acidentes:**

- Desenvolver condições seguras, fazendo a análise dos riscos do trabalho.
- Treinar as pessoas para que trabalhem corretamente.
- Obter a participação de todos no programa de prevenção.
- Fazer reuniões a respeito deste assunto.
- Estabelecer um manual de regras de segurança.

**Requisitos de Iluminação:**

- Quantidade suficiente de lâmpadas.
- Espaçamento entre lâmpadas, para se obter uma distribuição mais uniforme da claridade.
- A altura das lâmpadas em relação aos produtos expostos deve permitir maior visibilidade.
- A lâmpada fluorescente não aquece o ambiente e permite maior uniformidade na distribuição da luz.
- O tipo de iluminação estará, em função do seu melhor aproveitamento.
- A reflexão deve ser considerada.
- Higiene e limpeza precisam ser, conscientemente, entendidas por todos.

**Requisitos de Sucesso do Projeto:**

- O projeto foi concebido, desenvolvido, realizado e concluído no prazo e no orçamento previstos.
- O projeto atendeu as especificações técnicas e qualidades previstas.
- O consumidor/usuário ficou satisfeito com o produto resultante.
- O produto obtido é usado em sua totalidade.
- A equipe trabalhou com um alto grau de sinergia e contentamento.
- O produto gerado pelo projeto aumentou ou manteve a rentabilidade da empresa.
- O projeto captou mais oportunidades de negócios.

**Requisitos de Fracasso do Projeto:**

- Um concorrente se antecipa a ideia e sai na frente.
- Uma lei torna o projeto obsoleto ou inviável.
- As metas do projeto não foram claras.

- Houve falta de habilidade gerencial.
- Houve falta de conhecimento dos membros do grupo.
- Não houve apoio e comprometimento da alta administração.
- Projeto inadequado ao mercado.

**Requisitos do Financiamento:**

- O custo financeiro é de extrema importância, devendo ser muito bem estudado.
- O custo de cada financiamento deve ser o menor possível, nunca superior ao custo de mercado e bem abaixo da taxa interna de retorno do negócio.
- O prazo de cada financiamento deve ser negociado, em função do fluxo de caixa do empreendimento, isto é, os vencimentos devem coincidir com as disponibilidades de caixa geradas pelo negócio.

**Requisitos da Escrita:**

- Cada linguagem tem estilo próprio, em função da sua finalidade.
- Um estilo correto de linguagem deve ser organizado e compreensível
- O título também merece atenção, pois precisa corresponder, de maneira adequada ao conteúdo.
- Todo trabalho escrito deve ter caráter impessoal.
- Redija-se na terceira pessoa do singular.
- A objetividade relaciona linguagem escrita a resultados positivos.
- A argumentação é tudo aquilo necessário para convencer o leitor que se está escrevendo é verdadeiro.
- A fundamentação se fará, geralmente, por meio de uma bibliografia de suporte, experiências positivas, demonstrações convincentes, estruturas organizadas e processos altamente eficientes, eficazes e efetivos.
- A cortesia é traço importante de todo trabalho, sobretudo quando se trata de discordar dos resultados apresentados.
- A persuasão pode ser definida como o ato de induzir alguém a crer ou aceitar alguma coisa.
- A expectativa é o alicerce da persuasão.
- Um texto é claro quando apresenta coerência e evidência, tal que é impossível deixar de entendê-lo.
- Ninguém poderá exprimir em termos claros uma ideia ainda confusa em sua mente.
- As palavras são o revestimento necessário das ideias.
- Por coerência se entende a necessidade de narrar fatos sequencialmente (ordem, lógica, espaço e tempo), de tal modo que o desenvolvimento de um depende do outro
- Causa é o que faz com que uma coisa exista, estando diretamente ligada ao efeito.
- Consequência é o resultado de uma causa, um comportamento, uma reação.
- A concisão consiste em dizer muito com poucas palavras, evitando digressões inúteis, palavras supérfluas, adjetivação desmedida, clichês, repetições, redundâncias, pleonasmos viciosos, períodos

extensos e emaranhados.

- A consecução da expressividade envolve argumentação apoiada em fatos e escolha de vocábulos que manifestam coerência e precisão.
- A expressividade nem sempre anda de mãos dadas com a gramática.
- A harmonia consiste no ajustamento de palavras, frases e parágrafos à eufonia.
- O texto não deve apresentar dificuldades de leitura, mas possibilitar cadência, equilíbrio e ordem.
- Motivação não é uma qualidade de linguagem, mas uma disposição interior para alguma coisa.
- A naturalidade consiste em expressar o pensamento sem rebuscamento, sem recorrer ao preciosismo ou à afetação. Refere-se tanto à construção da frase, evitando-se a inversão excessiva dos termos da oração, quanto ao emprego de palavras simples e precisas que correspondam à expressão do pensamento.
- A polidez é a qualidade do texto, cujo conteúdo se manifesta convicto. Exige docilidade da parte do escritor (redator).
- Para escrever com propriedade exige-se conhecimento do assunto e domínio do sistema linguístico.
- Unidade consiste em mostrar a ideia central do texto.
- A figuração, ou linguagem figurada, deve ser evitada tanto quanto possível, principalmente, na linguagem corporativa.
- Correção é a obediência à gramática.
- Ninguém pode escrever sem o mínimo de cuidado gramatical, sem se preocupar com a estrutura da frase (sujeito, predicado, complemento).
- Dependendo do assunto, do destinatário e do objetivo, escolhemos uma linguagem mais ou menos técnica, mais formal ou mais coloquial.
- Disciplina é um processo, ou forma de pensar, que ajuda o ser humano a desenvolver autocontrole, tornando-se alguém mais efetivo.
- A redação é a ação de redigir. É a arte de escrever um texto com técnicas apropriadas a um grupo de leitores.
- O redator deve ser breve, selecionando apenas os elementos indispensáveis para se compreender por que o texto foi escrito.

**Requisitos dos Gráficos:**

- Simplicidade – É o requisito que objetiva propiciar ao observador uma percepção rápida do fenômeno. Deve o gráfico conter exclusivamente o essencial para sua construção. Significa que deve ser evitado um excessivo número de informações no mesmo gráfico.
- Clareza – É o requisito que vai proporcionar ao operador a leitura correta dos valores representados. Os valores numéricos, as unidades em que estes foram medidos e as linhas que os representam devem ser colocados de modo a impossibilitar o aparecimento de dúvidas capazes de acarretar erros e levar a conclusões falsas. Um gráfico deve "falar por si", tendo, por conseguinte, uma única interpretação.
- Veracidade – É o requisito pelo qual o gráfico deve expressar a verdade sobre o fenômeno analisado.

- Exatidão – É o requisito pelo qual deve ser construído com o máximo cuidado, quer quanto ao traçado, quanto ao problema de escala e quanto à exatidão dos valores.
- Visualização – É o requisito voltado a ajudar o usuário a identificar, rapidamente, os dados apresentados, bem como símbolos, marcas e sinais, pois só acreditamos naquilo que vemos.
- Comparação – É o requisito que proporciona comparar grandezas homogêneas (pertencentes a um mesmo sistema de numeração) dentro de um determinado gráfico, de forma fácil e inteligente. Esta comparação pode ser feita em computador, quando comparamos resultados obtidos com resultados pretendidos (ou padrões).

**Requisitos do Diagrama:**

- Padronização – O diagrama precisa ter elementos cuja nomenclatura seja homogênea, uniforme e coerente.
- Atualização – O diagrama retrata a situação em um determinado momento.
- Funcionalidade – O diagrama deve definir como a tarefa será dividida, bem como que forma deve ter para se entender como funciona a tarefa.
- Desempenho – O diagrama deve ser suficientemente claro para definir o seu propósito.
- Congruência – O diagrama deve apresentar um desenho congruente àquilo que quer representar. Nunca colocar num diagrama grandezas díspares (não homogêneas), porque dificulta a análise e interpretação.
- Coordenação – O diagrama deve ser um mecanismo que ajude a coordenar, integrar e harmonizar as diferentes partes de um bom trabalho, provocando um alto grau de sinergia.

## 2.8 Regra

A regra é um conjunto de ações específicas que devem ser seguidos fielmente com respeito a uma situação, isto é, uma espécie de "verdade" específica e/ou restritiva, possuindo, geralmente, exceções. Algumas considerações sobre regras, são necessárias, pois as mesmas ajudam a resolver múltiplos problemas, se aplicadas com cautela e cuidado.

A seguir exemplos de regras:

**Regras para Executivos:**

- O executivo deve adotar as medidas que possam assegurar sua compatibilidade pessoal com os superiores.
- O executivo, ao assumir uma atribuição importante, deve obter de seus superiores uma clara, concisa e inequívoca declaração, por escrito, de seus deveres, responsabilidades, relações e âmbito de autoridade.
- O executivo deve ter excepcional cuidado de encontrar subordinados que combinem competência

técnica com segurança, fidedignidade e lealdade.

- O executivo, em negócios como na diplomacia, além de ter estratégias de atuação, precisa estabelecer alianças.
- O executivo deve reconhecer o poder do bolso.
- O executivo deve compreender a importância crítica de se ter canais de comunicação claros e críveis, em todos os níveis, para cima e para baixo, da estrutura organizacional.

**Regras no Recebimento de Produtos:**

- Baixa do pedido e respectiva comunicação ao Departamento de Compras.
- Inspeção do produto.
- Comunicação da chegada do produto à seção requisitante,
- Aviso à Contabilidade.

**Regras para Armazenamento de Matéria-Prima:**

- Apoiar alimentos, ou recipientes com alimentos, sobre estrados ou em prateleiras, não permitindo contato direto com o piso.
- Não manter caixas de madeira na área de estoque ou em qualquer outra área.
- Manusear as caixas com cuidado, evitando submetê-las a peso excessivo.
- Não arrastar pelo piso: monoblocos, caixas plásticas. Usar carrinhos para a movimentação.
- Dispor os alimentos em estrados, garantindo boa circulação de ar, mantendo-os afastados da parede.
- Organizar os produtos de acordo com suas características: enlatados, farináceos, grãos, garrafas, descartáveis.
- Dispor os produtos obedecendo a data de fabricação. Os produtos mais antigos devem ser posicionados na frente e em cima, para serem consumidos em primeiro lugar.
- Proporcionar boa ventilação, mantendo os produtos a uma distância de no mínimo 60 cm e afastados da parede em 35 cm, sempre que possível, sendo 10 cm o mínimo aceitável.
- Manter sempre limpas as embalagens dos produtos.
- Conservar alinhado o empilhamento de sacarias, em altura que não prejudique as características do produto e com amarração em forma de cruz, para favorecer a ventilação.
- Respeitar o espaçamento mínimo necessário (10 cm) que garanta a circulação de ar entre os produtos armazenados em estrados e/ou prateleiras.
- Preservar a qualidade dos produtos e higiene da área, retirando sucatas, materiais fora de uso, embalagens vazias.
- Observar, constantemente, a data de validade dos produtos, a fim de evitar o vencimento dos mesmos. Nunca utilizar produtos vencidos.
- Identificar todos os alimentos armazenados. Na impossibilidade de manter o rótulo original do produto, as informações devem ser transcritas em etiquetas.
- Depois de abertas às embalagens originais, os produtos devem ser transferidos para recipientes des-

cartáveis ou containeres higienizados.

- Proteger os alimentos prontos para consumo, sendo a cobertura isolada para cada recipiente.
- Sacos plásticos ou papéis impermeáveis devem ser de uso único, jamais devem ser reaproveitados.
- Quando armazenar diferentes gêneros alimentícios num mesmo equipamento, respeitar a seguinte ordem: alimentos prontos para consumo nas prateleiras superiores; semiprontos no meio; crus e outros nas prateleiras inferiores.
- Refrigerar (congelar) alimentos em volumes com altura máxima de 10 cm ou em peças de até 2 kg.
- Não manter caixas de papelão em áreas sob ar frio, porque essas embalagens são isolantes térmicos.
- Colocar os produtos destinados à devolução em locais apropriados.
- Manter as portas de refrigeradores sempre fechadas, abrindo-as o mínimo necessário.

**Regras para Problemas Pessoais:**

- Reduzir o falatório sobre relações humanas.
- Um bom relacionamento entre as pessoas não conduz a uma boa produtividade.
- Apostar mais no indivíduo do que no grupo.
- Ter cuidado com grupos de rendimento muito baixo no trabalho.
- Dar mais ênfase ao esforço de integrar todos do que fazer com que trabalhem em grupo.
- Acabar com reuniões inúteis, onde se fabricam consensos e as pessoas perdem a capacidade de decidir.

**Regras de Integração ao Grupo:**

- O comportamento e a atitude se afinam com os demais membros do grupo.
- Demonstra satisfação em pertencer ao grupo.
- As suas iniciativas envolvem o interesse do grupo, surgindo em função dele, de modo que a ação denota interesse coletivo e não egoístico.

- Coopera com os demais, sabendo que a cooperação deve ser espontânea.
- Os seus sentimentos se identificam com os do grupo.

**Regras de Convocação de uma Reunião:**

- Não convoque uma reunião se o assunto puder ser resolvido de outra forma.
- Explique o motivo do encontro a todos que vão participar.
- Convide apenas as pessoas necessárias à reunião.
- Cancele a reunião se desaparecer o motivo de sua realização.
- Questione a relevância do encontro e se, realmente, os participantes têm as informações significativas que justifique o evento.

**Regras para Demitir Pessoas;**

- Seja rápido. Não perca tempo com frases de efeito, tais como: Tudo bem? Como vão as coisas? Lamento muito. Você facilmente achará um novo emprego. Não sei o motivo da sua demissão. Conte comigo!
- Procure entender que o demitido está em estado de choque e que, portanto, não está ouvindo nada do que você diz.
- Chame alguém de Recursos Humanos para mostrar toda a documentação pertinente e os devidos valores a serem pagos.
- Procure ser neutro, sem muito papo, conduzindo o demitido até a porta de sua sala.

**Regras do Indivíduo Organizado:**

- Ponha sempre as coisas no lugar certo ao terminar de usar.
- Deixe sua mesa vazia e em ordem ao sair do escritório para almoço e à noite.
- Mantenha a área de trabalho limpa.
- Só os que lidam com material delicado devem trancar suas gavetas e armários.
- Todos os empregados devem ter uma parte da mesa de trabalho reservada para seu uso pessoal e essa pode ser trancada.

**Regras de Descontaminação de Alimentos:**

- Escolher alimentos tratados de forma higiênica.
- Cozinhar bem os alimentos.
- Consumir imediatamente os alimentos cozidos.
- Armazenar cuidadosamente os alimentos cozidos.
- Reaquecer bem os alimentos cozidos.
- Evitar o contato entre os alimentos crus e cozidos.
- Lavar as mãos constantemente.
- Manter escrupulosamente limpas todas as superfícies de trabalho na preparação de alimentos.
- Manter os alimentos fora do alcance de insetos, roedores e outros animais.
- Utilizar água potável.

## 2.9 Regulamento

Regulamento é um documento normativo que reúne comandos diretos e cursos de ação que devem ser seguidos fielmente. Um bom regulamento, geralmente, responde o que fazer, envolvendo um determinado procedimento, para uma determinada situação ou trabalho.

É um conjunto de regras que dizem como e quem pode fazer. Assim, um funcionário pode ser avaliado se aquilo que faz é congruente ou não com o regulamento. Ele pode estar aquém ou além das expectativas da direção da empresa.

No regulamento, encara-se a dinâmica do ponto de vista genérico, deixando para o texto do regimento o detalhamento específico de cada órgão definido na estrutura.

A seguir, exemplos de regulamentos:

**Regulamento Interno da Empresa:**

**I – Do Regulamento e de sua aplicação:**

1.1 Empresa ABC institui o presente regulamento interno de trabalho, contendo regras disciplinares que devem orientar os trabalhos, as atividades comerciais e as conexões dos contratos de trabalho de seus empregados.

1.2 Este regulamento visa o estabelecimento de uma forma de disciplina interna, imprescindível ao bom andamento das funções administrativas e organizacionais, além de ser um instrumento de equilíbrio social.

1.3 Para a necessária compreensão e adaptação das regras contidas neste regulamento, bem como para sua aplicação e cumprimento, a elas estão subordinados todos os que, diretamente, prestam serviços a esta empresa, podendo ser efetuadas alterações ou introduções por intermédio da diretoria da empresa, sem anuência dos empregados, mas com seu pleno conhecimento.

**II – Da Admissão de funcionários:**

2.1 Nenhum candidato será admitido sem que antes tenha prestado o exame de aptidão profissional.

**III – Dos Exames médicos:**

3.1 Todo e qualquer empregado da empresa deverá ser submetido, anualmente, a exames médicos.

**IV – Do Horário de trabalho:**

4.1 O trabalho do empregado será realizado em horário e período que lhe for determinado. Salvo por motivo de força maior, poderá a empresa prorrogar este horário, nos limites previstos na Consolidação das Leis do Trabalho.

**V – Da Ausência durante o período de trabalho:**

5.1 Todo pedido para ausentar-se da empresa durante o expediente, para fins particulares, deverá ser feito por escrito, em formulário próprio, previamente autorizado pelo gerente a que pertencer o funcionário. Posteriormente ao regresso do funcionário, este impresso será remetido ao Departamento de Recursos Humanos para anotação e arquivamento.

**VI – Da Prevenção e combate a incêndios:**

6.1 Considerando as consequências danosas de um incêndio, esta empresa punirá severamente todo e qualquer empregado, cujas atitudes ponham em risco a vida das pessoas ou qualquer área da empresa.

6.2 Todo empregado, qualquer que seja seu cargo, é responsável pela execução correta e segura do seu trabalho diário, não devendo expor ao perigo sua integridade física, nem a de seus companheiros de serviço, zelando pelos equipamentos e pelas máquinas que lhes forem confiados.

**Regulamento de Recompensas:**

I – Do Objetivo:

1.1 Este regulamento tem como finalidade estipular as condições básicas para a participação dos associados no programa de vantagens e milhagens do cartão XYZ.

II – Da Adesão ao regulamento:

2.1 Poderão participar do programa os associados titulares que estiverem com seus cartões desbloqueados, observados os demais requisitos mínimos previstos neste regulamento, sendo que o desbloqueio do cartão significará adesão aos termos do contrato com o associado e ao presente regulamento.

III – Da Concessão de descontos no programa:

3.1 Por meio do programa, será concedido ao associado um desconto sobre o valor total das compras realizadas com o cartão. O percentual de desconto será o vigente na data da compra, que será, antecipadamente, comunicado ao associado.

3.2 Não darão direito ao desconto os seguintes lançamentos: valores pagos a título de tarifa, multa, mora e encargos; saques em dinheiro; despesas não previstas no contrato; valores objeto de ajustes lançados no demonstrativo de despesas.

3.3 Para ter direito ao desconto relativo ao programa, o associado deverá estar em dia com suas obrigações contratuais e estar com o cartão apto para utilização, ou seja, não poderá estar com o cartão bloqueado ou cancelado.

3.4 No caso de compras parceladas, caso sejam permitidas, os descontos serão computados sobre o valor de cada parcela, à medida que forem lançadas as respectivas despesas.

3.5 Os descontos decorrentes do programa serão creditados no demonstrativo de despesas.

3.6 O associado terá o prazo de 90 (noventa) dias para formalizar qualquer reclamação junto à central de atendimento da empresa. Este prazo será contado a partir do vencimento do demonstrativo de despesas no qual constar o dado discordante.

IV – Da Duração do programa:

4.1 O programa é valido por tempo indeterminado, podendo ser rescindido, desde que o emissor seja avisado com antecedência de 30 (trinta) dias.

4.2 O programa será automaticamente encerrado quando ocorrer a extinção da parceria entre associado e emissor do cartão.

4.3 O cancelamento do cartão não tira do associado o direito de descontos anteriores à data de cancelamento.

4.4 Eventuais alterações do programa serão comunicadas com antecedência ao Associado.

V – Do Registro do programa:

5.1 Este regulamento está registrado no ___Ofício de Registro de Títulos de Documentos da cidade do Rio de Janeiro, sob o número _______, com data de ____.

**Regulamento Interno do Condomínio:**

I – Das Disposições Gerais:

Art. 1 – Para todos os efeitos reger-se-á o Condomínio pelas disposições da Lei _______, de _______, que dispõe sobre condomínios, edificações e incorporações imobiliárias.

Art. 2 – Ao estrito cumprimento deste regulamento obrigam-se os proprietários, promitentes compradores, cessionários ou promitentes cessionários, todos doravante chamados de condôminos, e os inquilinos para efeito deste regulamento a cumprirem o que nele ficar estabelecido.

Art. 3 – A transgressão às normas deste regulamento será atribuída ao condômino ou ao inquilino responsável pela unidade em que habite o transgressor ou seja dela agregado.

Parágrafo Único: São considerados agregados, para efeito deste instrumento, os familiares, visitantes e empregados domésticos.

Art. 4 – Os condôminos e inquilinos são responsáveis pela infração de dispositivos legais, quer federais, estaduais ou municipais, cabendo ao infrator o ressarcimento de possíveis multas advindas e computadas ao condomínio, que deverão ser acrescidas à cota de despesas da unidade respectiva, no mês seguinte àquele em que foi notificado o condomínio.

Art. 5 – Toda e qualquer reclamação dos condôminos ou inquilinos deverá ser transmitida, por escrito, em livro próprio, existente na portaria do edifício, ao síndico.

Art. 6 – Não isenta de responsabilidade a alegação de desconhecimento do presente regulamento por parte de qualquer condômino, inquilino ou de seus agregados.

Art. 7 – Os casos omissos serão resolvidos pela Assembleia Geral dos Condôminos, na forma estipulada na Convenção.

II – Dos Preceitos e Proibições:

Art. 8 – Todas as ordens emanadas do síndico ou do seu substituto legal para efeito do prescrito no artigo 2, deste regulamento, devem ser pronta e atenciosamente acatadas, mesmo que transmitidas por empregados em seu nome, não sendo permitidas manifestações de desrespeito por gestos, ações ou palavras, contrários à moral ou à boa educação.

Parágrafo Único: Quando as circunstâncias o exigirem, deverá ser facilitado ao síndico ou a seu representante legal o acesso à determinada unidade ou a consulta ao contrato de locação, justificado o motivo.

Art. 9 – Os contratos de locação deverão ser acompanhados de uma cópia deste regulamento e neles deverão constar cláusulas proibindo a sublocação no todo ou em parte e obrigando o locatário a usar sua unidade exclusivamente para a sua residência e de sua família, compatível com as acomodações respectivas.

Art. 10 – É vedado aos condôminos e inquilinos a qualquer título:

01 – Instalar hospedarias, oficinas, clubes, entidades ou agremiações políticas.

02 – Permitir a utilização das unidades por pessoas de vida duvidosa ou de maus costumes passíveis de repressão penal ou policial, bem como para quaisquer destinações comerciais, industriais, culturais, recreativas ou de destinação não-residencial.

03 – Ter nas dependências do edifício substâncias explosivas, tóxicas e as que exalem mau cheiro.

04 – Remover o pó de tapetes e cortinas e outros pertences, como fazer a limpeza de sua unidade de forma a prejudicar o asseio das partes comuns.

05 – Estender ou secar roupas, tapetes, toalhas e outros pertences em locais visíveis do exterior do prédio.

06 – Colocar em peitoris, janelas, áreas internas e de serviço vasos, enfeites, planta e quaisquer outros objetos, sem que sejam observadas as indispensáveis medidas de segurança.

07 – Violar, de qualquer forma, a Lei do Silêncio, usar aparelhos de rádio, alto-falantes, televisão e similares, instrumentos de sopro, corda, percussão e quaisquer outros de modo a perturbar o sossego dos demais condôminos.

08 – Promover grandes festas, reuniões e ensaios em unidades ou em partes comuns que possam perturbar os demais moradores.

09 – São toleradas as reuniões familiares e sociais, ficando o condômino ou inquilino responsável pelos excessos.

10 – Usar antenas de rádio transmissão que causem interferência nos demais aparelhos elétricos existentes no prédio.

11 – Usar fogões, aquecedores ou similares que infrinjam o estabelecido neste regulamento.

12 – Construir novas dependências de uso particular ou fazer modificações que afetem ou prejudiquem a estrutura do prédio.

13 – Lançar quaisquer objetos ou materiais sobre a via pública e área interna do prédio.

14 – Soltar fogos e balões ou acender fogueiras em qualquer parte do prédio.

15 – Colocar lixo fora do local determinado.

16 – Usar toldos externos e internos, salvo aqueles permitidos em assembleia de condôminos.

17 – Exibir cartazes, anúncios, inscrições, placas, letreiros nas janelas e portas das unidades e nas demais partes comuns do edifício.

18 – Usar nos banheiros outro tipo de papel que não seja o higiênico.

19 – Promover discussões, comprometendo o bom nome do condomínio, com violação das normas de civilidade.

20 – Utilizar-se dos empregados do condomínio, em seu horário de trabalho, para serviços particulares.

21 – Deixar com empregados do condomínio chaves das unidades e dos carros, salvo por autorização expressa do síndico, que assume a responsabilidade pelos atos alheios.

22 – Utilizar as paredes do edifício para instalações que comprometam a segurança e a estética do edifício.

23 – Obstruir áreas comuns, ainda que de caráter provisório, impedindo o trânsito dos condôminos.

24 – Guardar quaisquer objetos e materiais de sua propriedade nas partes comuns do edifício.

25 – Transportar cargas e bagagens no elevador que estejam acima da carga máxima do mesmo, bem como materiais de construção e restos de obras.

26 – Usar o elevador em trajes não compatíveis com o decoro dos condôminos.

27 – Praticar jogos esportivos e fazer ginástica que perturbe o sossego dos vizinhos.

28 – Manter animais domésticos que perturbem o sossego dos vizinhos.

29 – Circular com animais de pequeno porte, mesmo estando em coleiras, a menos que estejam em seus colos.

30 – Permitir o ingresso no edifício de vendedores e angariadores de donativos e esmolas.

31 – Manter abertas as portas dos elevadores além do tempo necessário para entrada e saída, com exceção dos casos de mudanças que sejam antecipadamente comunicadas aos condôminos.

Art. 11 – A porta de entrada social deverá ser fechada, diariamente, às 21 h e reaberta às 6 h, devendo assim mantê-la os moradores que transitam por ela nesse período.

Art. 12 – Os condôminos e inquilinos deverão manter fechada a porta de entrada das respectivas unidades autônomas.

Art. 13 – O lixo e outros detritos deverão ser lançados no coletor de lixo, depois de devidamente ensacados em volumes reduzidos, a fim de que não fiquem entalados no conduto da lixeira. Vidros, latas e assemelhados deverão ser postos no piso da lixeira para serem coletados pelo faxineiro.

Art. 14 – Quaisquer consertos, obras ruidosas só deverão ser executadas de segunda a sexta-feira, das 8 às 18 h e aos sábados das 8 às 14 h. Casos excepcionais deverão ser analisados pelo síndico.

Art. 15 – Em caso de moléstia infectocontagiosa deverão os condôminos e inquilinos notificar o síndico que comunicará o fato ao órgão competente de saúde pública.

Art. 16 – Todo morador deverá fornecer o nome e telefone de alguém se sua confiança para emergências.

Art. 17 – Por todos os danos causados direta ou indiretamente às instalações internas do condomínio serão de responsabilidade do condômino ou inquilino que as causou.

Parágrafo Único: As despesas em questão, se pagas pelo Condomínio, deverão ser ressarcidas pelo condômino ou inquilino.

Art. 18 – É obrigatória a manutenção das instalações hidráulicas em perfeitas condições por parte dos moradores, impedido o desperdício de água.

Art. 19 – As mudanças deverão ser realizadas em horários compatíveis, como previsto no artigo 14.

III – Da Utilização da Garagem:

Art. 20 – A garagem destina-se exclusivamente a guarda de veículos dos moradores do prédio.

Art. 21 – É obrigatória a comprovação de propriedade do veículo junto ao síndico ou a assembleia dos condôminos.

Art. 22 – Cada unidade tem o direito de guardar um veículo, sem, entretanto, ter lugar exclusivo para tal.

Art. 23 – Não é permitido o uso da vaga de garagem para outras finalidades e também é vedada sua utilização para coletivos e caminhões.

Art. 24 – O direito a guarda de um carro no edifício só poderá ser objeto de cessão ou empréstimo, desde que o outorgado seja morador do prédio.

Art. 25 – Em nenhuma hipótese é permitido ao condômino alugar sua vaga de garagem.

Art. 26 – Avarias, roubos de veículos é de inteira responsabilidade do proprietário, não cabendo indenizações por parte do condomínio.

Art. 27 – O portão da garagem deverá permanecer fechado dia e noite, cabendo a quem utilizar mantê-lo fechado.

Art. 28 – É expressamente proibida a utilização da garagem como oficina.

Art. 29 – A velocidade máxima permitida é de 10 km por hora.

IV – Da Aplicação das Penalidades:

Art. 30 – Compete ao síndico a iniciativa do processo de advertência e da cobrança de multa, por via executiva, dos moradores faltosos.

Art. 31 – Qualquer multa só poderá ser aplicada se o condômino for comunicado por escrito com a antecedência de 30 (trinta) dias

Art. 32 – O síndico ou seu substituto legal não poderá omitir-se das responsabilidades lhe lhes cabem, correndo o risco de ser demitido do cargo que ocupa no condomínio, por meio de uma assembleia geral convocada pelo morador que se sentir prejudicado.

Art. 33 – A omissão do síndico não anula as penalidades impostas ao morador do edifício.

Art. 34 – As multas só poderão ser aplicadas após apreciação do Conselho Consultivo do condomínio e em votação por maioria simples dos condôminos.

Art. 35 – Será lavrada em livro próprio a ata da reunião da aplicabilidade das avenças e multas dos moradores do prédio.

Art. 36 – As penalidades advindas das infrações às normas deste regulamento serão acrescidas à cota de pagamento mensal, imediatamente após se verificar a transgressão.

Art. 37 – A multa inicial será de 50% do salário mínimo vigente no ano em curso.

Parágrafo Único: A reincidência da infração ou continuidade da mesma implicará em nova multa, correspondente ao valor da multa anteriormente aplicada e assim sucessivamente até a liquidação do débito.

V – Das Disposições Finais:

Art. 38 – Qualquer desrespeito às normas deste regulamento será alvo de advertência ou multas.

Art. 39 – É obrigatória a inserção nos contratos de compra e venda ou locação das unidades deste condomínio de uma cópia deste regulamento.

Art. 40 – Este regulamento só poderá ser alterado, em função de uma Assembleia Geral dos Condôminos.

Art. 41 – Os casos não tratados neste regulamento serão tratados pelo Código Civil ou legislação cabível ao caso.

## 2.10 Regimento

O regimento regula o funcionamento e o serviço interno de uma organização pública ou privada. Normalmente, este documento é dividido em partes, mas não necessariamente. Ainda, se for o caso, o regimento interno pode comportar anexos, como: organogramas, quadros, mapas, tabelas, gráficos, diagramas, planilhas. Em geral, a empresa está para o regulamento, assim como o regimento está para o departamento.

A seguir, exemplos de regimento:

**Regimento Interno do Edifício:**

É dever de todos os moradores e seus prepostos cumprirem as normas estabelecidas pela Convenção do Condomínio, Regulamento Interno do Edifício e Código Civil.

A porta de entrada do Edifício será aberta às 6 horas e fechada às 22 horas, permanecendo aberta nesse período, devendo os moradores, fora desse horário, fazerem uso das suas chaves, tendo o cuidado de mantê-la sempre fechada, salvo se o edifício tiver porteiro 24 horas.

É proibido dar à unidade ocupada destinação diversa da finalidade do prédio ou usá-la de forma nociva ou perigosa, comprometendo o sossego, a segurança e o bem-estar dos demais moradores, devendo ser mantido absoluto silêncio antes das 8 horas e depois das 22 horas.

O condômino não deve embaraçar ou dificultar o uso das partes comuns, colocando objetos ou obstruir as partes destinadas exclusivamente ao trânsito de moradores e outras pessoas.

É proibido colocar para secar ou expor nas janelas, parapeitos ou varandas peças de roupa, vasos de plantas, tapetes ou outros objetos.

É proibido colocar em qualquer parte do Edifício, tanto interna como externamente, avisos, quadros, letreiros, tabuletas, papéis ou outras indicações.

O condômino não pode guardar ou depositar materiais explosivos ou inflamáveis, usar fogões de lenha ou carvão (churrasqueira) ou conservar animais dentro das unidades ocupadas.

É proibido despejar líquidos ou jogar lixo ou quaisquer objetos para fora da unidade ocupada, bater tapetes, furar paredes externas, mexer nas instalações de eletricidade e gás, adentrar em casa de máquinas, ou de motores, colocar vidros ou peças que ofereçam perigo em locais não apropriados.

O condômino não deve usar as dependências de uso comum para a prática de jogos ou esportes de qualquer natureza, inclusive pelas crianças.

É proibido utilizar-se dos empregados do Edifício, dentro de seu expediente ou permitir o uso das dependências sociais quando houver dependências distintas, aos seus empregados ou fornecedores.

É proibido desperdiçar água ou impedir o seu uso pelos demais moradores.

O Condomínio não se responsabiliza por qualquer desastre, acidente ou roubo ocorrido no prédio, ficando os moradores obrigados a manter fechadas as suas portas de entrada.

Os moradores são, também, responsáveis por qualquer dano ou prejuízo causado ao Edifício, seus pertences e dependências e pelo integral cumprimento de intimações e notificações e ao pagamento de multas por infrações das disposições legais e da Convenção do Condomínio do Edifício.

**Regimento Interno do Departamento de Administração:**

Capítulo I – Da Finalidade:

1.1 O Departamento de Administração tem por finalidade desenvolver, implementar e acompanhar as funções administrativas e organizacionais, bem como executar seu próprio expediente.

Capítulo II – Da Organização:

2.1 O departamento de administração tem a seguinte estrutura: Chefe, Assistente e Chefes de Seção.

2.2 A divisão de administração de pessoal é constituída das: seção de controle de pessoal; seção de pagamento e encargos sociais; seção de recrutamento e seleção; seção de treinamento.

2.3 A divisão de administração de material é constituída das: seção de aquisição de material; seção de controle de material; seção de movimentação de material; almoxarifado.

2.4 A divisão de serviços gerais é constituída das: seção de serviços auxiliares; seção gráfica; seção de manutenção e conservação do patrimônio.

Capítulo III – Das Atividades dos Órgãos Componentes:

3.1 São atividades comuns a todos os órgãos integrantes da organização:

- Supervisionar, coordenar e orientar os órgãos e elementos subordinados.
- Assessorar os órgãos ou chefias superiores.
- Coordenar suas atividades com outros órgãos de mesmo nível.
- Colaborar com os demais órgãos na solução de assuntos comuns.
- Participar do treinamento de formação ou aperfeiçoamento de pessoal em suas áreas de especialização.
- Participar de grupos de trabalho, reuniões e congressos que versem sobre suas atividades específicas.

3.2 Compete à chefia do departamento supervisionar as atividades de serviços gerais da empresa; coordenar os órgãos integrantes da estrutura organizacional da empresa.

3.3 A divisão de administração de pessoal tem a finalidade de, no âmbito geral da empresa, programar, executar e coordenar o provimento de pessoal, bem como remuneração, movimentação e outras atividades afins dos empregados em geral.

3.4 Compete, especialmente, à divisão de administração de pessoal processar as admissões dos empregados, assim como todo e registro legal dos mesmos; executar e controlar todos os atos legais relacionados aos funcionários; manter um banco de dados de candidatos; controlar salários, vales e encargos sociais; elaborar a folha de pagamento do pessoal.

3.5 A divisão de administração de material tem a finalidade de, no âmbito geral da empresa, programar, executar e coordenar a compra de matérias-primas, insumos, peças, produtos semiacabados, produtos acabados, móveis e utensílios, bem como controlar e distribuir material estocado.

3.6 Compete, especificamente, à divisão de administração de material: executar a aquisição e a alienação de material; examinar e conferir a documentação referente ao pagamento das aquisições; manter o cadastro de fornecedores atualizado; inventariar o estoque existente, promovendo a transferência ou alienação, quando for o caso; tratar os problemas relativos às requisições de material; zelar pela conservação e segurança do material sob sua guarda; controlar a expedição, bem com a recepção de materiais.

3.7 Compete, especificamente, à divisão de serviços gerais: manter serviços de zeladoria, recepção, terceirização de serviços; distribuição de publicações internas; acompanhamento de serviços gráficos de terceiros; tratar dos serviços de limpeza e conservação das dependências da empresa; manter instalações hidráulicas, equipamentos e sistemas de comunicação em bom estado.

Capítulo IV – Das Atribuições do Pessoal:

4.1 Compete especificamente ao chefe do departamento, além de outras atribuições previstas em regulamentos e manuais da empresa:

- Propor à direção geral da empresa a política e os critérios necessários para orientar as atividades de responsabilidade do departamento.
- Propor aprovação de normas sobre recrutamento, seleção e novas medidas relativas aos recursos humanos.
- Delegar atribuições em assuntos de sua competência.
- Supervisionar e fazer cumprir as políticas da empresa.

4.2 Compete especificamente ao assistente do departamento dar apoio ao chefe do departamento naquilo que diz respeito à construção de: relatórios, programas, políticas, planos, estratégias, orçamentos.

4.3 Compete especificamente aos chefes de divisão: tomar decisões de seu âmbito de competência, cumprir o estabelecido no planejamento estratégico da empresa e dar apoio ao chefe do departamento.

4.4 Compete aos chefes de seção: fiscalizar as atividades da seção; distribuir os trabalhos para os subordinados; observar e fazer cumprir as normas vigentes na empresa; propor modificações e mudanças de processos; buscar maior produtividade, eficiência, eficácia e efetividade; reunir subordinados para solicitar opiniões quanto aos métodos e técnicas utilizadas.

## 2.11 Regulamentação

Regulamentação é a ação de iniciativa dos governos sobre as empresas, os mercados, os consumidores, os usuários, as sociedades, os distribuidores, os industriais, os fornecedores. Os regulamentos e controles governamentais têm produzido grandes efeitos, porque afeta tanto a compra quanto à venda, já que se trata simplesmente de dois aspectos do mesmo processo.

A história das regulamentações, em todo o mundo, revela os seguintes objetivos: manter a concorrência, repelir monopólios e oligopólios, estimular interesse para projetos especiais, cuidar para que a população tenha maior poder de compra, coibir propaganda enganosa, criar mecanismos de defesa do consumidor, proteger a propriedade de marcas e patentes

A seguir, exemplos de regulamentação:

**Regulamentação da Indústria:**

Regulamentação que objetiva segurança no trabalho, insalubridade, condições ambientais de trabalho, perigo de contaminação, melhoria ambiental, poluição, degradação ambiental, higiene, limpeza, embalagem, qualidade do produto, validade de duração, garantia, qualidade de vida do empregado.

**Regulamentação das Bolsas:**

Regulamentação que objetiva normalizar as operações nas bolsas de mercadorias e de ações.

**Regulamentação das Comunicações:**

Regulamentação que objetiva controlar o abuso da mídia e da transmissão de dados.

**Regulamentação do Armazenamento:**

Regulamentação que objetiva higiene, qualidade ambiental, normas de segurança, limpeza, validade do produto, prazo de armazenagem.

**Regulamentação do Comércio:**

Regulamentação que afeta tanto a compra quanto à venda, já que se trata simplesmente de dois aspectos do mesmo processo. Esta regulamentação objetiva a defesa do consumidor, da verdade na propaganda de um produto, do uso de marcas registradas, bem como mostrar restrições legais de instalações comerciais. Também cuida das barreiras fitossanitárias para produtos importados e das alíquotas de importação.

A regulamentação comercial restringe as horas de trabalho dos empregados e limita, por exemplo, o horário dos estabelecimentos comerciais. Assim, para que a regulamentação do comércio seja válida é recomendado que se estude, devidamente, o equilíbrio a estabelecer entre as concessões legítimas a fazer aos empregados e as necessidades, não menos legítimas, da produção e do consumo.

**Regulamentação do Preço:**

Regulamentação que objetiva não permitir desabastecimento, vigiar a evolução dos preços, questionar os motivos de alta de preços, evitar congelamento dos preços, dar bom exemplo quando do aumento das tarifas públicas, interferir em aumentos abusivos.

**Regulamentação do Seguro:**

Regulamentação que objetiva controlar os repasses, controlar a relação preço/valor, controlar o cumprimento dos contratos (forma legal).

**Regulamentação do Transporte:**

Regulamentação que objetiva estabelecer controles de tarifas, posse e operação do meio de transporte (duto, fluvial, marítimo, esteira, terrestre, aéreo).

**Regulamentação Econômica:**

Regulamentação que objetiva manter a concorrência num nível civilizado, repelir monopólios e oligopólios, estimular interesses especiais, regulamentar as atividades industriais, comerciais e de serviços, cuidar para que a população tenha maior poder de compra, apresentar medidas antidumping.

**Regulamentação Governamental:**

Regulamentação governamental tem produzido grandes efeitos, porque afeta, por exemplo, as empresas, os mercados, os consumidores, os usuários, as sociedades, os distribuidores, os industriais, os fornecedores. É preciso estar atento às regulamentações governamentais e seus objetivos.

**Regulamentação Monetária:**

Regulamentação que objetiva controlar a inflação, a base monetária, a cotação do dólar, a dívida externa, o déficit público, o depósito compulsório dos bancos, a dívida interna, a balança de pagamentos, os títulos negociados pelo governo, as condições de crédito.

**Regulamentação Tributária:**

Regulamentação que objetiva o arrocho (controle) fiscal, taxa de juros, alíquota do imposto de renda. Cuida, ainda, das contribuições e impostos sobre produtos, empresas e pessoas físicas.

## 2.12 Técnica

Técnica é um conjunto de procedimentos que as pessoas usam no desempenho de uma atividade, tendo sido padronizado e tem uma ampla gama de usos. Modo de realizar uma atividade de maneira mais eficiente.

Técnica é uma maneira, jeito ou habilidade especial para se executar ou fazer algo. A utilidade de uma técnica depende diretamente do método que a mesma emprega, e vice-versa.

A seguir, exemplos de técnica:

**Técnica da Analogia Histórica:**

Técnica qualitativa que se baseia na análise comparativa de uma situação futura com uma outra similar, conhecida no passado. Também serve para comparar produtos semelhantes.

**Técnica da Lacuna Estratégica**:

Técnica amplamente usada em algumas áreas da administração, tais como marketing, para determinar onde existem áreas de insatisfação, como preço e qualidade, por exemplo. Ela busca descobrir nichos de mercado.

**Técnica de Ascensão:**

Técnica voltada para procedimentos que conduzam ao topo da organização.

**Técnica de Decisão:**

Técnica baseada nos modelos de tomada de decisão.

**Técnica de Delphi:**

Técnica constituída de um grupo de especialistas, cujas áreas estejam relacionadas com o tipo de situação que se quer projetar. Técnica qualitativa para a definição de cenários futuros com base na opinião de diversos especialistas, mas que não permite interação entre eles, para eliminar diferenças pessoais como: liderança, persuasão e prestígio.

**Técnica de Dramatização de Cenários:**

Técnica que procura estabelecer uma sequência lógica entre os acontecimentos de determinado cenário.

**Técnica de Ensino:**

Técnica referente às formas de apresentação de estímulos que levem os alunos a se interessarem pelo assunto que está sendo objeto de estudo. As técnicas de ensino são muitas e podem variar de maneira extraordinária, segundo a disciplina, as circunstâncias e os objetivos que se tenha em mente.

É preciso esclarecer que todas as técnicas são válidas, desde que sejam aplicadas de modo ativo, propiciando reflexão e crítica. As mais importantes técnicas de ensino são: exposição, esboço, esquema, dramatização, instrução programada, demonstração, experiência, simulação, ensaio e erro, dinâmica de grupo, estudo de caso.

As técnicas de ensino referem-se mais diretamente às formas de apresentação da matéria, ou melhor, de apresentação dos estímulos que levem os alunos a se interessarem pelo assunto que está sendo objeto de estudo. São formas de orientação imediata da aprendizagem.

**Técnica de Falar:**

Técnica que ajuda o orador a ser entendido por um determinado público. O mais importante da fala é hierarquizar as informações de acordo com seu grau de importância.

**Técnica de Indução:**

Técnica que tenta mostrar um quadro futuro do ambiente, a partir de determinadas premissas. A validade do cenário criado a partir desta técnica depende da credibilidade que se tem nela.

**Técnica de Painel:**

Técnica da leitura de cenário, baseada em especialistas no assunto. Nesta técnica, reúne-se um grupo de especialistas que interagem sem segredo, sendo estimulada a comunicação pessoal. A premissa que serve de base é: Várias pessoas podem chegar a projeções melhores que as elaboradas por uma só pessoa.

**Técnica de Pesquisa:**

Técnica a maximizar a coleta de dados corretos para embasar a pesquisa.

**Técnica de Valores Contextuais:**

Técnica usada para descrever uma situação de descrições verbais de várias tecnologias numa base coordenada em ordem cronológica. Tal técnica é fundamentada na interação e interdisciplinaridade de diferentes áreas do conhecimento.

**Técnica de Vendas:**

Técnica que ensina o vendedor a maneira de abordar um cliente consumidor, para a concretização de uma venda.

**Técnica do Brainstorming:**

Técnica para estimular a criatividade. É a partir dela que se desenvolveram outras, como a lista de atributos e análise morfológica. Tais variações tiveram sempre o intuito de estruturar e sistematizar melhor o método para torná-lo mais eficiente, eficaz e efetivo.

**Técnica Estatística:**

Técnica que fornece uma base para previsão de ocorrências, tais como: o número de avarias de máquinas, desvios no controle de qualidade, substituição de empregados, devoluções de mercadorias.

**Técnica Metodológica:**

Técnica que tenta explicar as etapas em seus mínimos detalhes. As técnicas são muitas em relação às metodologias.

**Técnica Estruturada**:

Técnica que utiliza o fluxo natural de dados de um problema para determinar a estrutura do projeto.

**Técnica do Dado:**

Técnica que examina a estrutura de um conjunto de dados necessários à solução de um problema e fornece um sistema, ou programa de resolução.

**Técnica Morfológica**:

Técnica sistemática para previsão de novos produtos e/ou novos processos. Consiste, essencialmente, numa lista de verificação bidimensional, conhecida como matriz morfológica.

**Técnica de Recrutamento:**

Técnica de divulgação da vaga em lugares estratégicos da empresa, consulta ao banco de dados de candidatos, na mídia, em entidades de classe e escolas profissionais, formadoras de mão de obra especializada.

## 2.13 Manual

Manual **é um** documento com a finalidade de uniformizar processos, atividades, tarefas e rotinas que devem ser observados pelas pessoas, sendo, portanto, um ótimo instrumento de racionalização e otimização dos recursos de uma empresa. Ajuda a aperfeiçoar a comunicação e a interação entre os diversos subsistemas da organização, quando é elaborado com base na cultura organizacional existente. É um instrumento de consulta e referência.

Complementam um manual: figuras, desenhos, mapas, tabelas, planilhas, fluxogramas, diagramas e gráficos, por exemplo.

Os manuais são ferramentas, de relativa duração, reunidas dentro de um contexto, de fácil identificação, classificação, codificação e endereçamento, para que sirva de obra de referência, estando a sua utilidade na razão direta de sua flexibilidade e rapidez em se adaptar às mudanças ambientais.

O manual não é eterno, sofrendo modificações, a fim de que seja útil, necessário e suficiente.

A seguir, exemplos de manuais:

**Manual da Organização:**

Manual cuja função é apresentar a estrutura formal de uma empresa, por meio da definição clara, racional e objetiva de: autoridade, responsabilidade, atividades e meios, bem como as relações criadas, de modo que coordene os esforços das pessoas, independentemente da posição que ocupam, para que os objetivos comuns sejam atingidos.

O manual da organização é uma coleção integrada, sistematizada e classificada de documentos de modo que se torne um instrumento de consulta e referência. Este manual, geralmente, se divide em duas partes:

- A parte geral apresenta: histórico da empresa; princípios, filosofia e missão da empresa; glossário de termos; organograma geral; principais áreas de trabalho (atuação, conhecimento); segmento de mercado.
- A parte específica apresenta: organogramas funcionais, descrição de cargos, objetivos, estratégias, políticas, procedimentos, instruções, regulamentos, processos, programas, modelos, formulários, documentos, diagramas, controlgramas, rotinas, competências, responsabilidades, regimentos, quadro de pessoal, níveis hierárquicos, funções organizacionais, funções administrativas, anais de comunicação, canais de distribuição, sistemas de informação, tecnologias, padrões, simbologia, terminologia, códigos, senhas, siglas, correspondências, análises, formulários, arranjos físicos, questionários, distribuição do trabalho, sistemas de segurança, suprimentos, recrutamento, seleção, treinamento.

**Manual de Formulários:**

Manual largamente usado, pois nenhum formulário pode ser considerado como um documento isolado, mas sim, um elo na cadeia de informação da empresa, e, como tal, um meio de comunicação.

**Manual de Manutenção:**

Manual que serve de guia para que se possa fazer a manutenção de máquinas e equipamentos. Quando a máquina quebra ou falha de maneira imprevista, não há outro recurso. Mas, esperar que esta falhe para depois corrigir, não é certo. Na maioria das vezes, o equipamento vai apresentando deficiências aos poucos.

A manutenção deve ser, antes de tudo, preventiva ou periódica, para evitar problemas futuros. Embora não obrigatória, tem confirmado a sua necessidade, devido à dinâmica das políticas empresariais, às restrições ambientais e condições instáveis.

**Manual de Padrões:**

Manual que determina as especificações dos diferentes tipos de padrões para as funções organizacionais. Este tipo de manual torna possível a uniformidade e a consistência no tratamento, na aplicação e na utilização de pontos específicos de uma empresa, com o objetivo de reduzir os custos e aperfeiçoar, continuamente, a linguagem organizacional.

**Manual de Políticas:**

Manual que reúne em um documento as políticas da empresa. Uma empresa de pequeno porte dificilmente terá necessidade de um manual de políticas, bastarão diretrizes gerais, que serão elaboradas a partir das necessidades. Sinteticamente esse manual tem os seguintes objetivos:

- Demonstrar o pensamento e a filosofia da alta administração, no que se refere às obrigações que ela tenha decidido assumir e aos requisitos para tal.
- Comunicar as decisões de cima para baixo da estrutura organizacional.
- Delegar autoridade aos departamentos descentralizados da empresa.
- Evitar a necessidade de os gerentes terem de levar problemas para cima.
- Coordenar os esforços de todos para que sejam atingidos os propósitos da organização.
- Proporcionar à organização todas as informações relativas a forma e a extensão com que a empresa se encontra comprometida.
- Determinar o que a empresa espera de seus funcionários e clientes (fornecedores, distribuidores, consumidores).
- Estabelecer uma fonte de referência com relação às diretrizes.

**Manual de Procedimentos:**

Um manual de procedimentos estabelece conjuntos de atribuições que orientam as ações de pessoas, como um programa de computador estabelece procedimentos no processamento de dados. Nem sempre tal visão é percebida.

Este manual nada mais é do que um conjunto de instruções escritas, elaboradas para destacar, em todos os seus detalhes, a rotina a ser seguida de uma função específica.

**Manual do Equipamento:**

Manual que aborda, em geral, os seguintes aspectos: Aplicações; Recomendações de Manuseio; Instruções de Segurança; Apresentação; Vantagens; Funções; Instruções de Instalação; Instruções de Uso (operações); Acessórios e Componentes; Especificações; Desenhos e Esquemas; Explosões de Montagem; Limpeza e Manutenção; Sugestões ao Usuário; Guias para Solucionar Problemas; Termo de Garantia.

**Manual do Consumidor:**

Um manual bem elaborado se torna uma ferramenta competitiva, pois passa uma imagem de preocupação de bem informar. O manual do consumidor aborda da apresentação do produto até o termo de garantia, passando pelo valor, uso e utilidade.

## 2.14 Experiência e Prática

Experiência é um conjunto de práticas, exercidas no passado, que ajudam a aumentar o conhecimento de uma pessoa. Aproveitar as experiências do passado, tanto os erros quanto os acertos, para viver o presente e planejar o futuro constitui os ingredientes básicos do sucesso, crescimento pessoal e profissional e de autorrealização.

Como, em muitos momentos os fatos se repetem, aquele que arquivar as soluções dos problemas e soluções do passado, tem, mais possibilidades de sucesso na solução de novos problemas.

Um dos instrumentos mais importantes disponíveis para projetistas é o aprendizado por imitação e a identificação com modelos existentes no mercado. Há uma ideia generalizada de que a solução de problemas gira em torno de "ensaio e erro". Conhecer modelos existentes e testados por outros é fundamental para desenvolver um projeto.

De fato, as expectativas oriundas de experiências passadas podem fazer com que as pessoas introduzam fenômenos que não estão presentes no objeto que está sendo estudado e, também, por influências individuais. Às vezes, as pessoas deixam de "ver" coisas que se opõem as suas ideias preconcebidas ou aquilo que possam perturbá-las.

Se de um lado uma empresa leva tempo para se tornar uma das melhores empresas do país, por outro lado, geralmente, demora também a deixar de ser. Toda empresa terá de descobrir, por si só, a sua estratégia e sua estrutura. Os funcionários mais velhos ajudam a equilibrar a empresa, desde que não se tornem antiquados (conhecimento cristalizado).

Reflita sobre as suas prioridades, pergunte sobre seus planos para transformar seus desejos em realidade e pense nas opções que existem para realizá-los. Na experiência, predominam os fatos e não a genialidade do analista. Na hipótese, as ideias prejulgam os fatos. A inteligência, a sagacidade, a criatividade e o conhecimento são as almas da hipótese. A humildade, a objetividade e a aceitação da linguagem dos fatos são as almas da experimentação.

A seguir, um exemplo de experiência:

**Experiência do Negociador:**

É provável que os problemas sejam minimizados quando os negociadores são pessoas experientes na arte da negociação. O negociador experiente deve saber ouvir e não tomar a iniciativa de formular propostas e também deixar que elas sejam construídas ao longo da negociação.

De um negociador experiente espera-se que não cometa erros banais, a fim de evitar obstáculos que não possam ser trabalhados, tais como:

- Facilitar as coisas para o confrontante.
- Comprometer-se antecipadamente.
- Deixar questões importantes para mais tarde.
- Demonstrar triunfo e júbilo antes do tempo.
- Desviar o rumo da negociação.
- Fundamentar sua argumentação em incertezas.
- Embaraçar o confrontante.
- Demonstrar pressa e ganância.

A seguir: alguns conceitos adredes à experiência:

- Experimentação – Investigação científica em que se infere causa e efeito. A experimentação atua como uma forma de aprendizado barato para a maioria das empresas e, usualmente, revela-se menos cara e mais útil do que sofisticadas pesquisas de mercado.
- Experimento – Ferramenta que transforma o resultado da pesquisa em ação administrativa.
- Experimento Hawthorne – Experimento que deu origem à Teoria das Relações Humanas.

Prática pode se conceituada como a maneira de agir que evolui à medida que mais trabalhamos o objeto de estudo. O motivo de ser prático é que gera resultados imediatos.

A prática administrativa, por exemplo, é tão velha quanto a sociedade humana. A história do homem está repleta de evidências de atividade organizada. Na realidade, a prática da administração como todas as outras artes se utilizam de conhecimento organizado.

Assim, a prática deve projetar uma solução que será alcançada pelo trabalho, isto é, atingir resultados desejados.

Como teoria sem prática constitui especulação inútil, a prática sem a teoria é intransmissível. O homem de negócios que não possui uma base científica poderá, dentro de certos limites, ser um praticante mais hábil do que um cientista, mas terá de pagar, algum dia, o preço da estagnação.

Mas, por que são tão poucas as pessoas que se interessam pela teoria? Um dos motivos é que a prática (execução) mostra, geralmente, resultados de curtíssimo prazo.

O Pragmatismo é uma corrente filosófica que enfatiza aspectos práticos.

## 2.15 Norma e Normatização

Norma é um conjunto de comandos diretos e cursos de ação que devem ser seguidos fielmente. A norma também é conhecida por regra que envolve um procedimento. A norma especifica aquilo que uma pessoa deve e/ou pode fazer.

Algumas considerações sobre normas são necessárias, pois as mesmas ajudam a resolver múltiplos problemas, se aplicadas com cautela e cuidado. Como função é o esforço disciplinado de um órgão, no sentido de realizar uma atividade útil à vida e ao desenvolvimento do organismo, muitos autores consideram a norma como um arranjo de funções.

Mas, na construção de uma norma são necessárias as definições das suas partes componentes. Então, que funções estas partes terão e como dar credibilidade e sustentação a norma?

A seguir, exemplos de norma:

**Normas de Supervisão:**

- Definir o que quer e o que esperar do subordinado.
- Exigir comprometimento.
- Dizer ao subordinado como ele está indo no trabalho.
- Elogiar quando achar conveniente (de preferência em público).
- Tentar ser o mais justo possível.
- Não adiar a ação disciplinar quando necessária.
- Não criticar o subordinado em público e nunca ameaçar.
- Incentivar o subordinado a perguntar sobre o trabalho, indicando os meios de performance.
- Saber ouvir pedidos, ideias, reclamações e opiniões.
- Informar sobre mudanças e quais as suas consequências.

- Motivar, se souber, o subordinado, conseguindo aceitação.
- Não subornar funcionários, saber negociar.
- Evitar favores especiais e/ou privilégios.
- Dar valor a quem merece, não demonstrando antipatia, preconceito ou discriminação, em função da aparência física, posição política, credo religioso, posição social, nível educacional ou raça.
- Considerar todo o trabalho do subordinado, fora da rotina.
- Falar enquanto o conflito está quente.
- Utilizar o melhor de cada funcionário, descobrindo capacidades não aproveitadas.
- Não ser obstáculo ao progresso de um subordinado.
- Praticar relações humanas, sem exageros.
- Não confundir moral elevada com alto nível de produtividade, um bom moral não conduz necessariamente à maior produtividade.
- Dar ênfase ao indivíduo mais do que ao grupo.
- Dar tarefas diretamente ao indivíduo e ao grupo de maneira geral.
- Desenvolver o hábito de integrar indivíduos em grupos, tarefas e processos.
- Comparar desempenho individual com a média do grupo, para uma mesma tarefa.
- Evitar fazer reuniões improdutivas só para parecer que é o chefe.

**Normas de Convívio Social:**

- Mostrar ao grupo seus limites comportamentais.
- Ensinar que na vida certos comportamentos serão tolerados, condenados ou punidos.
- Equilibrar as ações recíprocas de dar e receber.
- Demonstrar justiça distributiva em que as recompensas são proporcionais às contribuições.
- Trazer a ideia de posição coerente, ou seja, de que os diversos fatores (responsabilidade, antiguidade e conhecimento), que formam a posição hierárquica de uma pessoa, devem ser compatíveis uns com os outros.

**Normas para Controlar o Tempo:**

- Analisar o tempo consumido.
- Desenvolver a ação preventiva.
- Implantar o planejamento integrado.
- Persistir na perseguição dos objetivos.
- Estabelecer com antecedência prazos e programas.
- Dispor de alternativas e de flexibilidade.
- Evitar superposição de tarefas.
- Concentrar esforços, buscando a eficiência para chegar à eficácia.
- Implementar a descentralização e a delegação.

- Hierarquizar procedimentos.
- Controlar seletivamente.
- Utilizar gráficos.
- Assumir os problemas, erros e tentar entendê-los.
- Trabalhar com tranquilidade.
- Programar as interações.
- Selecionar o relevante, o urgente e o importante.

**Normas do Supervisor de Produção:**

- Verificar o andamento dos trabalhos do seu setor.
- Ter conhecimento do funcionamento das máquinas e equipamentos.
- Saber para ensinar o uso e tipo de ferramenta mais adequada ao trabalho.
- Instruir o pessoal para o controle de qualidade.
- Acompanhar a carteira de pedidos, informando, para o nível acima, os problemas, quando não puder dar solução.
- Participar da montagem das peças pilotos.
- Treinar funcionários.
- Distribuir o serviço para a equipe.
- Ter conhecimento dos padrões estabelecidos.
- Acompanhar o trabalho de custeio.
- Ter sob sua guarda ferramentas de ajuste de máquinas.
- Fazer ou acompanhar a manutenção, limpeza e lubrificação das máquinas.
- Ter noções de primeiros socorros e combate a incêndio.
- Verificar, ao final da jornada de trabalho, se todos os equipamentos estão desligados.
- Propor reuniões com seu gerente para problemas, conflitos e decisões.
- Manter o setor de trabalho limpo e higienizado.
- Economizar recursos e combater o desperdício.
- Participar da equipe de determinação do preço de venda.

**Normas do Supervisor de Vendas:**

- Acompanhar o trabalho dos vendedores.
- Distribuir cotas e rotas de venda.
- Dimensionar custos de comercialização.
- Alocar recursos e dar suporte de informações aos subordinados.
- Ter conhecimento das estratégias, táticas e políticas da empresa.
- Acompanhar o trabalho e esforços da gerência de vendas para criar e manter consumidores.
- Trabalhar em prol da melhoria dos produtos, das marcas e da imagem da empresa.
- Acompanhar, ocasionalmente, vendedores em suas visitas.

- Verificar o preenchimento dos pedidos, qualquer que seja o meio de comunicação.
- Ajudar o pessoal de pesquisa e desenvolvimento.
- Treinar vendedores.
- Acompanhar o atendimento da carteira de pedidos.
- Ter conhecimento dos arquivos, rotinas, procedimentos, formulários e documentação pertinente.
- Dar aval para crédito ao consumidor.
- Verificar se os pedidos atendem aos prazos, condições de pagamento e lote econômico.
- Procurar se atualizar sobre novas tecnologias do setor.
- Informar, através de reuniões e/ou relatórios, os problemas, as decisões, as mudanças e os conflitos.
- Participar da equipe de determinação do preço de venda.

**Normas do Supervisor Financeiro:**

- Ter sempre informações atualizadas sobre o inventário de matéria-prima, insumo, produto semiacabado e produto acabado.
- Participar junto ao gerente do plano de aquisição.
- Conhecer especificações de materiais.
- Controlar o faturamento e informar à força de vendas.
- Ter informações sobre o mercado de recursos.
- Acompanhar a carteira de pedidos e emissões de notas fiscais e faturas.
- Manter em computador aplicativos fornecidos pelas organizações bancárias para dar suporte às suas decisões.
- Ter conhecimento de expedição, recepção, crédito e cobrança.
- Fornecer à equipe de vendas detalhes sobre as vendas à vista, exportação, vendas a prazo, inadimplência, ranking de vendedores, desvio de faturamento.
- Participar da equipe de determinação do preço de venda.

**Normas do Supervisor de Qualidade:**

- Inspecionar matérias-primas, insumos e produtos.
- Estudar métodos e especificações de qualidade, desenvolvidos por normas nacionais e internacionais.
- Preocupar-se com beleza, limpeza, higiene, embalagem, etiquetagem e codificação.
- Estar sempre divulgando os benefícios do controle de qualidade.
- Estar presente em todas as fases do processo de fabricação, desde a recepção até a expedição.
- Possuir arquivos em computador para padrões, informações (dados), modelos, protótipos, processos de amostragem, resultados, relatórios.
- Fazer observações para o gerente sobre riscos, decisões, processos e problemas.
- Estar sempre presente em reuniões para programas, planos e políticas de qualidade.

**Normalização:**

Normalização é um conjunto de regras para abordar uma atividade específica. A mais notável normalização é a normalização textual, como veremos, a seguir.

A normalização textual conduz à simplicidade da comunicação escrita, porque especifica, uniformiza e reduz o tempo de entendimento, na medida em que diminui a variabilidade e o desvio. Imagine você se não houvesse normas para se escrever, seria um caos maior do que já existe, tendo em vista as diversas línguas e dialetos.

Aquele que quer ser um bom escritor, terá de ter noções de gramática e saber o que são: fonemas, ditongos, tritongo, hiatos, acentuação tônica, morfologia e etimologia da palavra, flexão da palavra, substantivo, adjetivo, numeral, pronome, verbo, advérbio, preposição, conjunção, interjeição, análise sintática, ortografia e vocabulário.

Redigir um texto é uma técnica que implica domínio de capacidade linguística. Assim, estamos diante de processos intelectuais que envolvem, basicamente, dois momentos: o de formular pensamentos (aquilo que se quer dizer) e o de expressá-los por escrito (o redigir propriamente dito).

Construir um texto, seja ele do tipo que for, não significa apenas a atuação de uma capacidade de escrever de forma correta, mas, sobretudo, a de organizar as ideias sobre determinado assunto. Como tudo, também escrever é um processo que tem as seguintes etapas:

- Formular a ideia.
- Decidir o assunto.
- Estabelecer o objetivo.
- Delimitar e organizar as ideias.
- Estruturar (escrever) um plano de abordagem.
- Enumerar os itens e subitens.
- Hierarquizar ideias e títulos.
- Elaborar um rascunho.
- Reescrever, rever e polir o texto.
- Configurar página (margem, cabeçalho, rodapé, tamanho do papel, medianiz, margem espelho).
- Escolher a fonte da letra e o estilo adequado para o texto (cada documento tem estilo próprio ou consagrado).
- Implementar (escreva, digite, imprima).
- Leia diversas vezes até achar que o texto traduz suas ideias.

# Capítulo 3

# PROGRAMA e PROGRAMAÇÃO

*"Um bom empreendedor deve possuir uma incomum quantidade de previsão e cálculo, para que seus objetivos sejam bem fundamentados. Ele deve mostrar perseverança e constância de propósitos ao levar seus programas para a execução."*

Samuel P. Newman

## Objetivos do Capítulo

- Mostrar os principais tipos de programa.
- Mostrar que programas ajudam a orientar a ação administrativa.
- Dar exemplos de programas e programação.
- Mostrar que plano, planejamento, estratégia, programação, projeto e programa são coisas distintas.
- Mostrar a importância de programa e programação.

## 3.1 Programa

Programa é uma lista de atividades sequenciais limitadas no tempo, de preferência em ordem de prioridade e de cronologia, para atingir objetivos. Então, se há um programa e este não foi cumprido, pode-se caracterizar um desempenho pouco pragmático. Por outro lado, é comum que à medida que o programa avance muitos itens sejam excluídos, mudados de posição e outros sejam inseridos.

Um programa orienta o trabalho, mas, a rigor, não serve como ferramenta de execução, controle e avaliação, devido a ter uma cronologia de realização mutável. Programas sofrem mudanças de acordo com as contingências a serem enfrentadas e as dificuldades em se conseguir recursos apropriados. Nestes casos são novamente editados.

Os programas serão grandes ou pequenos, gerais ou detalhados, curtos ou longos, tendo em vista objetivos e recursos. Embora se tenha dito que a ordem dos eventos não tenha uma grande importância, é bom que o administrador trabalhe com uma cronologia, a mais próxima possível da realidade, pois, senão for assim, haverá muito retrabalho, causando evidente perda de tempo.

É um documento que ajuda a orientar e coordenar as atividades. Por isso, vale a pena elaborar um programa com bastante cuidado.

Muitos autores acreditam que um programa pode ser uma reunião de projetos homogêneos, isto é, programas que tenham objetivos congruentes. Esta é uma visão macroeconômica.

Para montar um programa você poderá se valer de livros, revistas, relatórios, entrevistas, pesquisas, questionários, observações, estudos e análises, por exemplo.

A habilidade de programar facilita muito o trabalho a ser executado, porque sendo o programa um conjunto de atividades sequenciais, limitadas no tempo, em ordem de prioridade, estabelecidas com a finalidade de atingir objetivos.

Programador é a pessoa que elabora o fluxograma do sistema, isto é, o fluxo das informações através do novo sistema.

## 3.2 Características dos Programas

Os programas podem ser classificados, segundo suas características, em:

**Programa Simples** – É aquele em que se pode utilizar um simples calendário para programar as atividades.

**Programa Complexo** – É aquele que exige técnicas matemáticas avançadas, através de processamento em computador (processamento de dados), para analisar e definir intrincadas interdependências entre variáveis que têm um comportamento não padronizado.

**Programa de Televisão** – É aquele estruturado em blocos, separados pela apresentação da propaganda, fazendo com que o espectador faça a ligação entre eles.

**Programa Principal** – É aquele que mostra as fases mais importantes que devem ser empreendidas, com uma estimativa dos respectivos prazos, para se atingir um objetivo.

**Programa Administrativo** – É aquele que compreende normalmente atividades preliminares que são empregadas para identificar soluções para um problema corporativo.

**Programa de Produção** – É aquele que tem a responsabilidade básica de planejar e controlar a produção. O gerente de produção tem como responsabilidade básica o planejamento e controle da produção.

**Programa de Marketing** – É aquele que obriga a empresa a formular uma definição clara do negócio em que está e que orientação deve seguir.

**Programa Empreendedor** – É aquele que leva adiante um empreendimento. Qualquer que seja o tipo, é preciso e recomendado que seja feito um programa preliminar. Tal programa listará as diversas atividades necessárias à viabilização ou não do negócio.

**Programa de Serviço** – É aquele capaz de envolver as pessoas que controlarão os meios, definindo claramente, com simplicidade, os objetivos do serviço voltado a atrair consumidores. Tal programa é fundamentado no espírito de equipe.

**Programa de Desempenho** – É aquele em que o desempenho é considerado como um ato de crescer, aumentar, construir e progredir. Também pode ser considerado como um caminho para criar/aplicar métodos, técnicas, metodologias e regras para melhorar (alavancar): práticas administrativas, práticas sociais, atividades, processos, políticas, soluções, estratégias, táticas, atuações, ações, planos, projetos, modelos, decisões, análises, pesquisas, avaliações.

**Programa de Qualidade** – É aquele que, aplicado em todos os níveis hierárquicos, estende-se desde a fase de geração e implementação do sistema ou técnica adotada, até a sua completa aceitação pelos envolvidos. Esta aceitação manifesta-se pela motivação demonstrada e pelos resultados alcançados. Um clima propício, capaz de auxiliar a liberação do potencial criativo e cooperador, agirá como elemento facilitador.

**Programa de Computador** – É aquele que estabelece um caminho rígido de procedimentos a ser seguido, isto é, uma série de instruções que fazem com que o computador execute o trabalho (rotina) pretendido.

**Programa de Entregas** – É aquele que lista os materiais, peças ou produtos que mostra as quantidades e suas datas de entrega.

**Programa de Delineamento –** É aquele que mostra todos os materiais necessários para a fabricação de um produto, incluindo todas as tolerâncias necessárias para compensar perdas e modificações durante o processo.

**Programa Zero Defeito –** É aquele cujo objetivo é obter um nível de defeitos igual a zero. A responsabilidade pela eliminação de defeitos é a atribuição de que todo o programa deve receber intenso apoio da alta administração, para não fracassar.

## 3.3 Tipos de Programa

A seguir, alguns exemplos de programas:

**Programa de Trabalho:**

- Estudar uma maneira mais simples de fazer o trabalho, a fim de economizar recurso, esforço e tempo.
- Dividir o trabalho em função do grupo, da posição dos indivíduos, da estrutura organizacional e das relações entre eles.

- Dividir o trabalho em função das tarefas, movimentos e detalhamentos de execução.
- Considerar, na construção do programa, ritmo, método, tecnologia e adaptação do homem ao processo produtivo.
- Organizar o posto de trabalho de modo que haja um lugar para cada coisa e que cada coisa ocupe o seu lugar.

**Programa de Ação:**

- Utilizar registros históricos como base para previsões ambientais.
- Estabelecer objetivos (metas, propósitos, desafios).
- Definir ferramentas de trabalho.
- Orçar os recursos necessários.
- Questionar por que, como, onde, quanto, quando, o que fazer?
- Verificar a viabilidade da ação.

**Programa de Resolução de Problema:**

- Defina o problema, o que ocorreu, onde e quando. Tente determinar suas causas.
- Dimensione o efeito negativo do problema.
- Reveja registros históricos, relatórios, regras, manuais, regulamentos e costumes da organização.
- Verifique as pessoas interessadas e afetadas. Colha sentimentos, informações e opiniões.
- Classifique e organize as informações.
- Faça uma previsão do que poderá acontecer se o problema não for solucionado e se a situação exige uma solução breve.
- Verifique se existem políticas e procedimentos que resolveu problema semelhante.
- Prescreva um sistema que leve a um processo geral de solução do problema.
- Faça comparações com modelos de solução existentes no mercado e no mundo acadêmico.
- Verifique se a organização, ou você, tem recursos para solucionar o problema.
- Ligue os fatos entre si, examine relações. Não tire conclusões apressadas.
- Redefina o problema, caso necessário.
- Estabeleça variáveis que não exceda ao número de equações, e vice-versa.
- Analise e avalie soluções possíveis.
- Procure a solução mais simples, otimizando os recursos disponíveis.
- Verifique o que pode sair errado e quais as reações que a solução provocou.
- Verifique se a solução deve ser posta à prova e se há necessidade de ajuda.
- Faça um esboço final. Convença seu pessoal, obtenha aprovação.
- Escolha a oportunidade de aplicar a solução. Faça um relatório para aprovação superior.
- Implemente e comunique a solução. Estabeleça prazo de execução e número de verificações.
- Detecte problemas imprevistos, reveja a solução e comunique quais mudanças são necessárias.
- Verifique os resultados da solução aplicada. O problema foi solucionado? Surgiram outros problemas secundários?

**Programa de Mudança:**

- Fazer uma leitura das mudanças ambientais.
- Fazer uma leitura das mudanças organizacionais.
- Escolher o trabalho a ser mudado.
- Obter aprovação da alta administração
- Fazer uma leitura das mudanças tecnológicas.
- Analisar quais das mudanças acima afetarão mais os resultados da organização.
- Diagnosticar a situação.
- Caracterizar conflitos.
- Planejar a mudança.
- Definir a equipe do projeto de mudança.
- Avaliar o trabalho a ser feito.
- Treinar e motivar os membros da equipe.
- Implementar reuniões de crítica e de performance
- Implementar mudança estrutural.
- Implementar mudança comportamental.
- Medir o trabalho executado.
- Relatar descobertas, recomendando modificações e aplicações.
- Avaliar mudanças.
- Corrigir desvios.
- Tornar a ler o cenário.

**Programa de Decisão:**

- Perceba a situação que exige uma decisão.
- Analise fatores externos e internos.
- Identifique o problema.
- Observe constantes, parâmetros e variáveis.
- Crie uma simbologia/nomenclatura.
- Selecione as variáveis para desenvolver um modelo.
- Distinga as variáveis controláveis das não controláveis.
- Estabeleça relações entre variáveis.
- Estabeleça diretrizes baseadas na coleta de dados.
- Procure alternativas de solução.
- Estude os efeitos das alternativas.
- Estude a probabilidade de acerto.
- Avalie e compare as alternativas.
- Escolha a melhor alternativa.

- Escolha o método (modelo) para implementação da decisão.
- Preveja o comportamento das variáveis não controladas.
- Consiga soluções baseadas no modelo.
- Teste o modelo.
- Revise o modelo quando necessário.
- Assegure-se de que a decisão é necessária.
- Implemente a decisão.
- Avalie resultados.
- Faça correções.

**Programa Estratégico:**

- Analise o ambiente.
- Faça uma leitura do cenário.
- Defina a missão da empresa.
- Analise e faça um diagnóstico.
- Enfoque a estratégia (total, setorial).
- Determine os objetivos estratégicos.
- Defina os recursos necessários.
- Faça um levantamento dos recursos existentes.
- Formule as alternativas de decisão.
- Pesquise os modelos no mercado.
- Analise o fluxo da decisão.
- Escolha a estratégia (sobrevivência, ajuste, cooptação, reativa, manutenção, coalizão, competição, crescimento, desenvolvimento, defensiva, ofensiva,).
- Escolha estratégias alternativas à estratégia principal para o caso de algo dar errado.
- Determine os dados necessários.
- Determine os sistemas de apoio.
- Elabore planos.
- Defina os instrumentos/ferramentas de ação (prescritivos, quantitativos e qualitativos).
- Defina os padrões de desempenho compatíveis com os objetivos.
- Controle e avalie o desempenho, dando feedback.
- Decida sobre a necessidade de replanejar.
- Desenvolva um novo modelo.

**Programa de Treinamento:**

- Definir áreas carentes de conhecimento.
- Estabelecer o público-alvo, seu nível e experiência.
- Elaborar conteúdo programático apropriado ao público-alvo.

- Determinar o tempo de duração do curso.
- Definir a metodologia a ser aplicada.
- Levantar necessidades de recursos institucionais.
- Orçar despesas de implementação.
- Estabelecer o tipo de linguagem didática adequada.
- Servir o local de instrução de todo o conforto compatível com o público-alvo.
- Desenvolver um plano diretor da aula.
- Estudar qual a conduta mais apropriada do instrutor.
- Aplicar o treinamento.
- Avaliar resultado do curso através de um questionário de avaliação.
- Fazer correções para o próximo curso.

**Programa de Comunicação:**

- Definir o objeto da comunicação.
- Identificar o público-alvo.
- Determinar objetivos a serem alcançados.
- Escolher o sistema de comunicação mais apropriado.
- Selecionar o canal de comunicação.
- Escolher o tipo de linguagem.
- Escolher e selecionar mensagens.
- Estudar viabilidade de execução.
- Montar orçamento.
- Implementar programa.
- Avaliar resultados.
- Estabelecer correções.

**Programa Estratégico de Produção:**

- Definir objetivos organizacionais.
- Definir objetivos específicos.
- Determinar os fatores críticos de sucesso.
- Determinar quais são, no momento, os maiores problemas a enfrentar.
- Levantar as informações necessárias.
- Maximizar a rentabilidade das operações.
- Elaborar produtos de alta qualidade.
- Otimizar a qualidade dos produtos.
- Otimizar os recursos de produção.
- Assegurar o crescimento das linhas de produção.
- Minimizar os custos de produção.

- Assegurar um bom controle de qualidade.
- Racionalizar a combinação de produção dos bens (minimização de custos).
- Elaborar novos produtos.
- Modernizar as instalações de produção (tecnologia).
- Racionalizar processos e recursos de produção (combate ao desperdício).
- Documentar e arquivar informações e dados para análise futura (série histórica).

**Programa de Produção:**

- Conhecer objetivos organizacionais.
- Analisar a relação custo/qualidade/preço/lucro.
- Maximizar a otimização dos recursos.
- Buscar produtividade com qualidade.
- Avaliar o crescimento ou descontinuidade das linhas de produção.
- Minimizar custos.
- Avaliar os fatores de sucesso dos concorrentes do mercado.
- Racionalizar processos, atividades e operações.
- Aplicar a melhor tecnologia possível e disponível.
- Combater o desperdício.
- Treinar e desenvolver recursos humanos.
- Administrar conflitos com demais departamentos da organização.
- Estar sempre muito bem informado sobre os produtos que fabrica ou pretende fabricar, levando em consideração: qualidade, custo, produção, preço, fornecedor, concorrente e lucro.
- Avaliar desempenho dos equipamentos e mão-de-obra.
- Conhecer a capacidade instalada e seu grau de utilização.
- Receber informações diárias dos mercados: consumidor, produtor, intermediário, de recursos e governamental.
- Emitir boletins diários sobre o custo de manutenção e eficiência dos equipamentos.
- Usar tecnologia digital da informação, sempre que possível, em todos os processos.
- Conhecer o valor dos estoques de matéria-prima, insumos, produtos semiacabados e produtos acabados.
- Atender a carteira de pedidos da empresa.

**Programa de Planejamento do Produto:**

Este programa foi dividido nas seguintes etapas:

**A – Considerações sobre o Produto:**

- Observar se existe a necessidade do produto.

- Verificar se o produto pode ser criado.
- Considerar se o produto cabe na estrutura atual da empresa.
- Determinar se o produto afetará o desempenho da empresa.
- Pesquisar se existe produtos similares no mercado.
- Considerar as características do produto sob o enfoque econômico.
- Definir usos e finalidades do produto.
- Observar problemas legais e de patentes envolvidos.
- Levantar o tempo que decorrer entre a pesquisa até o lançamento do produto no mercado.
- Mostrar se o produto tem atributos de flexibilidade e facilidades de incremento.
- Medir a opinião de consumidores, distribuidores e funcionários.

**B – Considerações sobre o Mercado:**

- Definir tamanho, local e potencial de mercado.
- Identificar o mercado de atuação.
- Observar se existe produtos similares.
- Verificar as condições de competição no mercado.

**C – Considerações sobre a Empresa:**

- Determinar se há necessidade de pesquisa e desenvolvimento do produto.
- Verificar se existe recursos disponíveis.
- Dimensionar a magnitude do investimento.
- Verificar se a lucratividade do novo produto condiz com os demais produtos da empresa.
- Verificar se há necessidade de alterar a estrutura organizacional.
- Fazer os orçamentos.
- Montar um grupo gestor para a coordenação dos problemas envolvidos no planejamento do produto.
- Verificar se há necessidade de captação de recursos financeiros.
- Verificar se os participantes do projeto têm experiência.
- Administrar conflitos entre marketing, produção e finanças.

**D – Considerações sobre Marketing:**

- Estimar o consumo provável.
- Pesquisar se o produto atenderá os desejos e necessidades do consumidor.
- Pesquisar qual o público-alvo do produto e quais suas características mais relevantes (perfil dos consumidores).
- Pesquisar se o *design* atende ao mercado.
- Verificar a quantidade necessária de protótipos e amostras.
- Estabelecer canais de comunicação para o produto.

- Estabelecer uma política de preço.
- Determinar o preço de venda e a margem de lucro a ser praticada.
- Pesquisar os preços encontrados no mercado.
- Pesquisar os melhores canais de distribuição e como age a concorrência.
- Montar um plano de divulgação para o produto, a marca e a imagem.

**E – Considerações sobre Produção:**

- Verificar se a empresa possui capacidade instalada para concorrer no mercado.
- Calcular a quantidade de equilíbrio de cada produto.
- Verificar se o mercado de recursos fornece com facilidade as necessidades para a produção.
- Estabelecer procedimentos de qualidade e em que nível produzir.
- Dimensionar custos.
- Verificar onde e como armazenar.
- Pesquisar se os fornecedores são restritos.
- Estabelecer normas de embalagem e outras características relevantes do produto.
- Averiguar sobre novos processos e recursos tecnológicos.

**Programa para Cortar Custos:**

- Avaliar quais as atividades da empresa são o centro dos negócios (as mais importantes).
- Avaliar quais as atividades que podem ser terceirizadas, reduzidas ou eliminadas.
- Doutrinar todos os funcionários para o combate ao desperdício e a necessidade de racionalizar os processos de trabalho.
- Relacionar a redução de despesas com a produtividade.
- Demitir executivos perdulários.
- Cortar gastos desde que não comprometam o futuro da empresa.
- Tirar "gorduras" desnecessárias.
- Desenvolver a prática das pequenas economias, tendo em vista que tais ganhos têm o aspecto simbólico e influem na cultura organizacional.
- Reduzir custos de maneira constante e contínua.

**Programa de Qualidade:**

- Desenvolver um trabalho de conscientização da qualidade em todos os níveis da empresa.
- Mostrar a necessidade de se ver a imagem/produto/marca da empresa de fora para dentro.
- Procurar as causas da má qualidade nas pessoas e nos produtos.
- Elaborar palestras para motivar os funcionários na direção da qualidade.
- Mostrar, através de reuniões, que a qualidade é função de quem faz e não de quem inspeciona, confere ou consome.

- Conscientizar todos para a necessidade e importância de relatórios bem estruturados com informações pertinentes e relevantes.
- Corrigir os sistemas de comunicação que distorcem as informações.
- Avaliar desempenho do sistema de qualidade.
- Colher opiniões e sugestões para novos sistemas de qualidade.
- Estabelecer novos objetivos voltados à melhoria contínua (Kaizen) da qualidade.
- Elaborar metas realistas de qualidade e quantidade.
- Gerar uma cultura de produtividade com qualidade que comprometa e envolva todos dentro da organização.

**Programa de Logística:**

- Determinar a melhor velocidade de um fluxo de produção.
- Utilizar máquinas de maior capacidade e rapidez, diminuindo o tempo de transporte e espera.
- Estabelecer a programação de compra e suprimento em um almoxarifado ou centro de produção, de forma a minimizar as imobilizações, mantendo o nível de segurança de materiais.
- Racionalizar a comercialização, determinando o melhor canal de distribuição que tenha o menor percurso, tempo e dispêndio.
- Determinar a capacidade dos almoxarifados, considerando as necessidades de suprimento, em função da demanda dos consumidores.

**Programa de Vendas:**

- Levar o consumidor a desejar o que a empresa tem e que tenha um consumidor satisfeito.
- Fazer com que a empresa aprenda a usar a sua força de vendas com eficiência (melhor uso dos meios e processos), eficácia (atingir objetivos) e efetividade (velocidade de resposta com eficiência e eficácia).
- Buscar equilibrar as forças externas (ambientes) com as forças internas da empresa.
- Constituir-se nos olhos e ouvidos da empresa para o mundo, que muda constantemente.
- Recomendar o que deve ser produzido para venda.
- Procurar criatividade para enfrentar a concorrência.
- Chamar a atenção do consumidor para o produto.
- Apresentar informações que buscam o interesse do consumidor.
- Despertar o desejo de aquisição do produto seja pelo preço, qualidade, marca, visual ou pelo trabalho indutor do vendedor.
- Mover o consumidor para a compra do produto.
- Ajudar o comprador a se decidir.

**Programa de Administração de Vendas:**

- Utilizar estratégias e táticas para adentrar um mercado.
- Selecionar informações relevantes do departamento de pesquisa.
- Estabelecer metas baseadas na previsão de vendas.
- Dimensionar recursos necessários.
- Desenvolver planos e políticas.
- Estabelecer controles para faturamento, consumidor, vendedor, carteira de pedidos, taxa de clientela, turnover de vendedores, devolução de mercadorias.
- Supervisionar e treinar a força de vendas.
- Desenvolver esforços para atingir metas de venda.
- Repassar para os vendedores a cultura da organização.
- Supervisionar atendimento dos vendedores e avaliar resultados.
- Analisar pedidos e selecionar lotes economicamente viáveis.
- Conhecer níveis de estoque de cada produto.
- Supervisionar políticas de crédito.
- Fazer parte do grupo de estudo do custo e da determinação do preço de venda.
- Saber delegar, comunicar, motivar, liderar, selecionar e assessorar o vendedor.
- Detectar necessidades de treinamento.
- Avaliar desempenhos.

**Programa de Pesquisa:**

- Perceber o problema.
- Formular o problema.
- Analisar o problema.
- Definir o problema.
- Escolher a equipe de pesquisadores.
- Estabelecer uma linguagem comum para a equipe, tais como: símbolos, conceitos e vocabulários.
- Determinar objetivos da pesquisa.
- Definir necessidades de informação.
- Investigar as fontes de informação (banco de dados).
- Dimensionar recursos necessários e tempo de duração da pesquisa.
- Montar orçamento.
- Escolher o tipo de metodologia da pesquisa.
- Estabelecer quais serão os tipos de abordagem (observação, entrevista, questionário).
- Definir as ferramentas de pesquisa.
- Montar os questionários da pesquisa.
- Fazer o pré-teste do questionário.
- Verificar se há interesse em minúcias.

- Operacionalizar a coleta de dados.
- Manter supervisão de campo.
- Tabular dados e avaliar o que significam.
- Interpretar e analisar dados (variáveis).
- Levantar possíveis soluções (hipóteses).
- Preparar relatórios e fazer a apresentação dos resultados.
- Fazer recomendações, justificando-as.
- Explicar, caso haja, diferenças gritantes entre o pretendido e o encontrado.
- Divulgar a pesquisa.

**Programa de Previsão:**

- Definir o tipo de previsão a realizar (quantidade de demanda, receita com vendas, lucros possíveis).
- Determinar a unidade de medida (quantidade, faturamento).
- Definir período de tempo da previsão (anual, semestral, época especial).
- Conhecer a taxa de crescimento do mercado para avaliar se procede ou não a previsão.
- Montar um plano de previsão (objetivos, métodos escolhidos, recursos tecnológicos, cronograma, recursos humanos, orçamento).
- Determinar as efemérides do ano (feriados, festas, feiras e exposições).
- Definir o método a ser utilizado na previsão (algébrico, gráfico, estatístico, simulação matemática, probabilidade).
- Implementar método.
- Relatar resultados.

**Programa de Lançamento do Produto:**

- Listar as razões que justificam o lançamento do produto.
- Buscar consenso entre os polos de decisão da empresa.
- Escolher o canal de comunicação mais conveniente (televisão, rádio, jornal, revista, mala direta).
- Escolher a data do lançamento, observando sazonalidade, fins de semana, hora, data festiva, feriados, férias escolares, por exemplo.
- Controlar e avaliar resultados.

**Programa de Propaganda:**

- Definir os objetivos da propaganda.
- Inferir dados da pesquisa de mercado e da previsão de vendas.
- Elaborar o que se quer transmitir.
- Definir o tempo de duração da campanha.
- Dimensionar recursos necessários e quais os disponíveis.

- Definir o tema e a mensagem que conduzirão a propaganda.
- Escolher a mídia mais apropriada.
- Determinar se a propaganda faz parte da política de preços e do composto mercadológico.
- Definir a época oportuna.
- Determinar procedimentos que organizam a propaganda.
- Definir formato do anúncio.
- Escolher o caráter da propaganda (geral, de suporte, cooperada).
- Escolher a agência de propaganda.
- Avaliar resultados (audiência, eficiência, eficácia, resposta do mercado).

**Programa de Tratamento do Risco:**

- Reconhecer possível prejuízo.
- Estimar o prejuízo máximo e a probabilidade de ocorrer.
- Decidir se o prejuízo é grande para a empresa.
- Analisar fatores de prejuízo.
- Eliminar fontes de prejuízo e verificar se o risco é alto.
- Não prosseguir se o risco é alto.
- Reduzir o tamanho do prejuízo, através de ações positivas, se o risco não é alto.
- Verificar se ainda resta algum prejuízo.
- Consolidar ações para eliminar prejuízo.
- Verificar se o risco ainda é alto.
- Não prosseguir se o risco continuar alto.

**Programa de Serviço:**

- Compreender as atitudes dos consumidores.
- Facilitar o processo de apresentação das reclamações por parte dos consumidores insatisfeitos.
- Definir estratégias de atendimento.
- Educar e treinar funcionários para a solução de problemas simples de maneira efetiva.
- Descobrir e corrigir as causas originais das frequentes reclamações.
- Estudar o padrão de reclamações.
- Implantar melhorias no sistema operacional.
- Corrigir falhas do sistema de serviços.
- Tornar a mudança em uma filosofia de melhoria.

**Programa de Legalização de uma Empresa:**

- Consultar se há algum impedimento onde a empresa funcionará, na Prefeitura Municipal.
- Consultar na Junta Comercial da localidade, sobre o nome da empresa.

- Redigir um contrato social, no qual ficam estabelecidos as condições do regime jurídico, o funcionamento e a liquidação da sociedade.
- Registrar o contrato social na Junta Comercial da localidade.
- Fazer a inscrição no CNPJ (Cadastro Nacional da Pessoa Jurídica) após o registro na Junta Comercial.
- Conseguir o certificado de aprovação e laudo de exigências do Corpo de Bombeiros.
- Fazer a inscrição estadual na Secretaria de Estado de Fazenda, para fins de recolhimento do ICMS (Imposto sobre Circulação de Mercadorias e Serviços).
- Fazer a inscrição no INSS (Instituto Nacional do Seguro Social).
- Requerer à Inspetoria Regional de Licenciamento e Fiscalização o alvará de licença para estabelecimento e a inscrição municipal.
- Adquirir e autenticar os livros fiscais.
- Mandar imprimir talões de notas fiscais e adquirir máquina de cupom fiscal.

**Programa de Análise de um Negócio:**

- Deixar o sentimento de lado e tomar uma atitude pragmática, lógica e racional.
- Analisar posição e perspectiva do mercado de atuação.
- Dimensionar os indicadores básicos de gestão (econômicos, financeiros, de performance, de mão-de-obra, de venda, de produção e de tempo).
- Averiguar se mudanças tecnológicas afetariam substancialmente o negócio.
- Descobrir se setores de fraco desempenho podem ameaçar o negócio.
- Descobrir pontos fortes e fracos do negócio.
- Descobrir que áreas são autossustentadas e qual a margem de contribuição de cada produto.
- Verificar se os dirigentes conhecem bem as funções administrativas e se otimizam os recursos disponíveis.
- Atribuir às áreas de maior potencial de resultados positivos os melhores recursos em quantidade e qualidade.
- Pesquisar como o tempo executivo é utilizado.
- Verificar se as verbas com as comunicações do produto e do relacionamento com consumidores estão sendo mais bem aplicadas.
- Emitir relatório e apresentar proposta.

**Programa para a Criação de um Negócio:**

- Montar uma sinopse do projeto.
- Montar um controle para despesas e investimentos.
- Pesquisar os concorrentes (local, estrutura organizacional, arranjo físico, infraestrutura, mercado e ambiente).
- Pesquisar restrições governamentais.

- Criar arquivos informatizados e de papéis.
- Criar um nome fantasia.
- Pesquisar mercados: consumidor, produtor, intermediário, fornecedor de recursos e governamental.
- Decidir se aluga ou compra o ponto.
- Verificar a existência de recursos primários (água, esgoto, energia, gás, telefone).
- Redigir contrato social (participação dos sócios).
- Decidir sobre o nome da firma.
- Escolher contador e combinar suas atribuições.
- Legalizar a empresa.
- Estudar arranjo físico (planta baixa) para máquinas, equipamentos, móveis, utensílios, instalações.
- Desenvolver projetos de: arquitetura, exaustão, eletricidade, esgotamento sanitário, hidráulica, luminoso, prevenção contra incêndio, iluminação, climatização, telefonia, decoração.
- Montar cronograma do projeto.
- Orçar recursos necessários.
- Adquirir recursos e/ou incorporar os dos sócios.
- Criar conta bancária da firma.
- Adquirir e autenticar livros e notas fiscais.
- Montar um plano de ação.
- Levantar custos: fixo e variável (planilhas).
- Montar controles.
- Estabelecer estratégias, táticas, normas, diretrizes, práticas e procedimentos.
- Calcular faturamento de equilíbrio (lucro zero).
- Definir política de preços e contratar pessoas
- Efetuar compras complementares.
- Concluir projetos faltantes.
- Recrutar, selecionar e treinar recursos humanos.
- Definir política salarial.
- Definir atribuições dos sócios.
- Definir horários de trabalho.
- Definir capital de giro.
- Definir política de relacionamento com consumidor (CRM).
- Definir política de comunicação do produto.
- Iniciar compra de matérias-primas, insumos, produtos semiacabados ou produtos acabados.
- Produzir e/ou ofertar ao mercado bens, serviços e ideias.
- Iniciar atividades.
- Montar um fluxograma de programa para ajudar a tomar decisões futuras.

**Programa Empreendedor:**

Este programa foi dividido nas seguintes etapas:

**A – Fase Preliminar:**

- Buscar uma inovação para o mercado.
- Verificar se a inovação é uma ideia original.
- Verificar se há interesse em desenvolver o projeto.
- Buscar uma justificativa razoável para o novo negócio.
- Ler oportunidades e ameaças do cenário.
- Observar se o novo negócio pode vir a ser um nicho de mercado.
- Verificar se há valor agregado não descoberto pelo mercado para o novo produto ou o novo negócio.
- Verificar qual deve ser o público-alvo mais adequado a atingir.
- Dar um nome provisório para a empresa.
- Abrir um controle de caixa para despesas preliminares.
- Fazer um relatório.

**B – Fase de Pesquisa:**

- Determinar que ambientes (demográfico, econômico, social, cultural) pesquisar.
- Coletar dados através de leituras, palestras, cursos e seminários.
- Coletar dados através de questionários, visitas, observações.
- Criar um banco de dados para nomes, telefones, endereços, e-mail, sites de interesse do negócio.
- Levantar quais são os fornecedores no mercado de recursos.
- Buscar pontos (localização física) prováveis para o futuro negócio.
- Verificar condições de conservação do imóvel e de recursos primários.
- Verificar documentação do imóvel, tais como: quitação fiscal imobiliária, certidão de situação enfiteuse, certidão da dívida ativa, impostos e taxas.
- Tirar certidão de ônus reais no Serviço de Registro de Imóveis para saber quem é o verdadeiro dono do imóvel.
- Fazer consulta prévia do local onde a empresa funcionará (endereço), na Prefeitura.
- Consultar sobre o pretendido nome da empresa na Junta Comercial da localidade.
- Verificar outras restrições (legais, ambientais, sindicatos).
- Verificar restrições com a vigilância sanitária.
- Verificar quais os produtos, marcas e empresas são concorrentes.
- Verificar quais os recursos materiais necessários.
- Verificar quais os recursos físicos necessários.
- Verificar quais os recursos financeiros necessários.
- Verificar quais os recursos humanos necessários.
- Verificar quais os recursos tecnológicos necessários.
- Verificar quais os recursos administrativos necessários.
- Verificar quais os recursos mercadológicos necessários.

- Verificar recursos sistêmicos de informação.
- Verificar recursos sistêmicos de comunicação.
- Fazer relatório.

**C – Fase de Análise:**

- Observar o cenário sob os enfoques: econômico, político e social.
- Verificar em qual segmento de mercado se enquadra o negócio.
- Buscar, na Associação Patronal, saber quais as empresas concorrentes.
- Analisar situação da concorrência nos aspectos preço, visual e qualidade.
- Examinar, em função da pesquisa, a viabilidade e risco do projeto.
- Fazer comparações entre os recursos necessários, recursos suficientes e os recursos existentes.
- Dimensionar o valor do investimento inicial.
- Comparar pontos fortes e pontos fracos da empresa.
- Analisar orçamentos-prévios para máquinas, equipamentos, material de instalação e valor da mão-de-obra de instalação de diversos fornecedores.
- Analisar projeto arquitetônico.
- Analisar projeto de exaustão.
- Analisar projeto elétrico.
- Analisar projeto hidráulico.
- Analisar projeto de iluminação.
- Analisar projeto de incêndio.
- Analisar projeto de climatização.
- Analisar projeto de telefonia.
- Analisar projeto de áudio.
- Analisar projeto de decoração.
- Fazer relatório.

**D – Fase de Definição:**

- Definir a verdadeira missão do negócio.
- Definir mercado de atuação.
- Definir espaço de atuação (real e/ou virtual).
- Definir objetivos.
- Definir produtos.
- Definir o local do ponto comercial (comprar ou alugar).
- Definir tecnologias.
- Definir nome fantasia.
- Definir tipo de sociedade.
- Definir como o projeto será desenvolvido (total ou incremental).

- Definir os recursos necessários para compra.
- Definir o capital social e participações.
- Redigir o contrato social.
- Definir arquivos.
- Definir atribuições e responsabilidades.
- Definir estrutura organizacional.
- Definir cargos, funções, atividades e tarefas.
- Definir procedimentos.
- Aprovar projetos analisados.
- Definir estratégias mercadológicas.
- Definir estratégias de produção.
- Definir políticas de comercialização (preços, descontos).
- Definir política salarial.
- Definir política de treinamento.
- Definir política de produto.
- Definir política de promoção.
- Definir política de relacionamento com consumidores, fornecedores e funcionários.
- Definir política de qualidade.
- Definir horários.
- Definir retirada dos sócios.
- Definir distribuição do lucro.
- Fazer relatório.

**E – Fase de Desenvolvimento:**

- Criar arquivos em computador e gaveta.
- Listar custos de matéria-prima e insumos.
- Decidir e desenvolver produtos.
- Desenvolver sistemas de informação.
- Determinar processos de produção.
- Construir planilhas de custo.
- Determinar fator de rateio do custo fixo para os produtos.
- Determinar custo de produção.
- Determinar capital de giro.
- Determinar margem de lucro.
- Determinar ponto de equilíbrio.
- Determinar qual a capacidade instalada necessária.
- Montar plano geral.
- Montar plano orçamentário de obras.
- Montar plano de compras e aquisições.

- Montar planos financeiros (fundos).
- Montar cronograma do empreendimento.
- Legalizar a empresa.
- Fazer relatório.

**F – Fase de Implementação:**

- Abrir conta bancária da firma.
- Dar andamento nos planos e projetos.
- Adquirir materiais de instalação.
- Contratar mão-de-obra de instalação.
- Aquisição e autenticação de livros fiscais.
- Mandar imprimir notas fiscais.
- Aquisição de materiais, móveis e utensílios necessários.
- Instalar sistemas.
- Recrutar, selecionar e contratar recursos humanos.
- Determinar locais de armazenagem.
- Contratar ou criar canais de distribuição.
- Iniciar treinamento.
- Criar uma força de vendas.
- Fazer relatório.

**G – Fase de Implantação:**

- Iniciar as atividades da empresa.
- Criar mecanismos para divulgar o empreendimento (marca, produto, imagem).
- Criar mecanismos de relacionamento com consumidores.
- Dar início ao atendimento da carteira de pedidos.
- Implantar estratégias, políticas, modelos e padrões.
- Fazer relatório.

**H – Fase de Sustentação:**

- Estabelecer controles para avaliação de desempenho.
- Controlar desvios.
- Criar sistema de realimentação para correções.
- Criar táticas para corrigir estratégias.
- Fazer relatório.

**Programa de Pesquisa Bibliográfica:**

- Escolher o tema (assunto, problema).
- Delimitar o contexto da pesquisa.
- Adotar uma atitude cética com relação as fontes de informação.
- Elaborar um plano de trabalho.
- Pesquisar e analisar sumários dos livros que servirão de suporte.
- Identificar as obras de referência.
- Nomear itens e subitens.
- Ordenar e hierarquizar os itens de abordagem.
- Selecionar arquivos de edição no computador.
- Ler, analisar e interpretar as informações relevantes.
- Redigir relatório da pesquisa.
- Registrar a pesquisa em órgão público.
- Divulgar a pesquisa.

**Programa de Construção de Livro Didático:**

- Escolher um tema.
- Separar material a ser pesquisado.
- Estruturar sumário preliminar.
- Rascunhar em papel os endereços dos itens de abordagem.
- Definir a ordem dos subtítulos de cada capítulo.
- Abrir um controle de despesas para o projeto.
- Escrever um texto preliminar, chamado introdução.
- Iniciar a rascunhar itens de abordagem.
- Cruzar as informações disponíveis, buscando a melhor forma de entendimento do texto.
- Ter comportamento didático-pedagógico na redação do livro.
- Abrir arquivo no computador, formatando a página.
- Separar três disquetes (discos) para copiar a matéria editada, por segurança.
- Abrir arquivos para o primeiro caderno (folha de rosto, frontispício, dedicatória, prefácio, sumário ...).
- Criar pastas em papel para arquivamento do material impresso.
- Dar nomes simples aos arquivos eletrônicos, como: COM para Comunicação Empresarial, por exemplo.
- Editorar no computador, controlando, página a página, a necessidade de revisão.
- Fazer, após cada capítulo, uma revisão em papel, corrigir no computador, imprimindo, novamente, e gravando em meio denso a nova versão.
- Repetir procedimentos para capítulos seguintes.
- Criar novos arquivos à medida que o livro cresça em número de páginas, por medida de segurança.
- Terminar o rascunho do livro.

- Redefinir o título da obra, caso veja necessidade.
- Reunir dados de uma bibliografia de suporte.
- Fazer um índice remissivo.
- Revisar toda a obra, buscando repetições, erros de ortografia e gramática, redundâncias, descontinuidades e normalização textual.
- Concluir primeiro caderno.
- Solicitar a revisão de um revisor experiente.
- Ler novamente, após a revisão oficial.
- Checar as disposições de: tamanho e tipo de letra, endereços no sumário e remissivo.
- Verificar a sequência das ilustrações.
- Encadernar a versão final em brochura (página simples).
- Encadernar a versão final da brochura (folha com duas páginas) para encaminhamento à Biblioteca Nacional para registro da obra (Escritório de Direitos Autorais).
- Registrar livro no ISBN (fotolito do código de barras).
- Montar ficha catalográfica.
- Definir textos das orelhas e da quarta capa.
- Definir o desenho da capa.
- Definir marcador, "brief" do catálogo e release.
- Editar original e imprimir.
- Montar uma sinopse do livro para apresentação ao mercado editorial.
- Montar protótipo.
- Montar planilha de custo.
- Determinar preço de capa.
- Definir quem fará a publicação (diagramação, arte final).
- Fazer contratos.
- Definir quem fará a distribuição.
- Definir comissões para autor e distribuidor.
- Planejar o lançamento do livro (coquetel, convite, postagem, e-mails).
- Colocar o livro no mercado.
- Divulgar por todos os meios de comunicação disponíveis.

**Programa de Desenvolvimento do Produto:**

- Montar um grupo de trabalho para Pesquisa & Desenvolvimento.
- Criar um banco de dados para colher ideias vindas de consumidores, fornecedores, distribuidores, pesquisadores, concorrentes, vendedores e funcionários.
- Fazer uma seleção e triagem do(s) produto(s) baseadas na capacidade instalada, produtividade, recurso, tecnologia, inovação, fonte de capital, meio de divulgação, financiamento.
- Elaborar e aplicar testes de conceituação para saber quem comprará o novo produto? Qual o benefício principal do novo produto? Sob que circunstâncias o novo produto será usado? Qual a reação

do consumidor?

- Analisar o negócio para ter uma estimativa de venda, custo, lucro, rentabilidade, retorno do investimento.
- Estudar a criação do produto pautado em: recurso, mercado, desenho, cor, composto mercadológico, manuseio, identificação, padronização, marca, protótipo, amostra, embalagem, transporte, reaproveitamento, reciclagem, nível de qualidade, espaço ocupado, utilização, uso, preço.
- Elaborar e aplicar testes de consumo para medir a reação dos consumidores, por exemplo, para variabilidade, visual e preço.
- Elaborar e aplicar testes de mercado para ter respostas sobre: Quantos testes realizar? Quanto tempo? Que métodos utilizar? Que informações obter? Como analisar dados coletados?
- Estabelecer necessidades de comercialização do produto, tais como: determinar todos os atributos do produto; treinar/motivar a força de vendas e os intermediários; desenvolver um programa de comunicação do produto ao mercado.
- Oferecer o produto certo, no momento certo e lugar certo.
- Colocar o produto ao alcance do público-alvo, através de bons canais de distribuição e preços baixos, com qualidade.

**Programa de Desenvolvimento de um Negócio:**

- Definir a missão do negócio.
- Analisar o ambiente quanto às oportunidades e ameaças.
- Buscar oportunidades e nichos de mercado.
- Verificar mercados em expansão.
- Viabilizar ideias.
- Verificar quais recursos possui o empreendedor e quais são suas restrições.
- Conhecer a situação do mercado-alvo.
- Estimar vendas possíveis.
- Saber quem são os concorrentes e como atuam.
- Definir objetivos.
- Formular estratégias.
- Dimensionar recursos necessários.
- Conhecer aspectos quantitativos e qualitativos do (s) produto (s).
- Definir uma política de preços.
- Decidir sobre preços de venda.
- Decidir se vai atuar no mercado virtual, real ou ambos.
- Conhecer os preços que são praticados no mercado.
- Definir o composto mercadológico de cada produto.
- Determinar capital de giro próprio.
- Escolher a forma jurídica de constituição do negócio.
- Estimar a possibilidade de parceria.

- Analisar a carga tributária.
- Escolher a melhor forma de se fazer anunciar.
- Preparar uma gestão de estoques.
- Ter apoio de pessoas especializadas em administração.
- Iniciar o processo de delegação.
- Analisar se há possibilidades de diversificação da produção.
- Manter registros (arquivos) que servirão no futuro (séries históricas).
- Decidir sobre: métodos; processos; políticas; táticas; procedimentos; estratégias; canais de distribuição; canais de comunicação e relacionamentos com fornecedores, empregados e consumidores.
- Dar subsídios para o plano de ação.

**Programa de Desenvolvimento de Projeto:**

Este programa foi dividido nas seguintes etapas:

**A – Concepção do Projeto:**

- Ideia Inicial
- Definição do Projeto
- Nome do Projeto
- Filosofia do Projeto
- Estudo de Metodologias de Projetos
- Metodologia Preliminar do Projeto
- Viabilidade do Projeto
- Relatório Preliminar
- Fracasso do Projeto
- Sucesso do Projeto
- Premissas Básicas do Projeto

**B – Finalidade do Projeto:**

- Objetivo Geral
- Objetivos Complementares
- Metas do Projeto
- Interesse
- Nível do Projeto
- Público-Alvo do Projeto
- Colaboradores do Projeto

**C – Fundamentação do Projeto:**

- Justificativa do Projeto
- Relevância do Projeto
- Momento do Projeto
- Motivos do Projeto
- Limitações do Projeto
- Normalização Textual
- Linguagem do Projeto

**D – Pesquisa Preliminar do Projeto:**

- Pesquisa
- Tipo de Pesquisa
- Coleta de Dados
- Questionamento Básico da Pesquisa
- Questionamento Quanto ao Mercado
- Questionamento Quanto ao Produto
- Questionamento Quanto ao Consumidor
- Questionamento Quanto à Abrangência
- Questionamento Quanto aos Recursos
- Questionamento Quanto à Gestão
- Questionamento Quanto ao Arranjo Físico
- Pesquisa de Mercado
- Questionário da Pesquisa
- Aferição dos Dados da Pesquisa

**E – Dados e Conceitos:**

- Banco de Dados
- Características dos Dados
- Classificação dos Dados
- Arquivos
- Arquivos de Dados Preliminares
- Arquivos de Resultados
- Arquivos de Conteúdo
- Arquivos de Divulgação
- Arquivos de Imagem
- Arquivos de Operacionalização
- Arquivos de Custos e Preços

- Arquivos de Negociação
- Arquivos de Contas e Controles

**F – Análise Preliminar do Projeto:**

- Análise
- Obstáculos à Análise
- Problema do Projeto
- Valores Estimados do Projeto
- Imobilização de Capital
- Risco do Projeto
- Balanço Patrimonial Inicial
- Aprovação do Projeto
- Ferramentas de Análise
- Estudo das Diversas Análises
- Relatório da Análise

**G – Desenvolvimento do Projeto:**

- Abordagem Sistêmica do Projeto
- Apropriação Tecnológica
- Sistema de Segurança
- Reunião
- Designação das atividades
- Diretrizes
- Gráficos de Suporte
- Recursos
- Máquinas e Equipamentos
- Móveis e Utensílios
- Estratégias e Táticas
- Editoração do Projeto
- Modelagem do Projeto
- Aspectos Legais
- Organização do Projeto
- Listagens
- Impressão Gráfica
- Recrutamento e Seleção de Pessoal
- Treinamento
- Biblioteca do Projeto

**H – Planejamento e Controle do Projeto:**

- Arquivos
- Correspondência
- Cadastros
- Padrões
- Planilhas de Custo
- Planos de Ação
- Marcas & Patentes
- Tributação
- Serviços
- Sinopse do Projeto
- Sumários dos Relatórios
- Controles Contábeis
- Especificações de Qualidade
- Contas Correntes
- Faturamento de Equilíbrio
- Capacidade Instalada

**I – Operacionalização do Projeto:**

- Acompanhamento
- Planta de Localização
- Arranjo Físico
- Armazenagem
- Designer
- Conta Bancária
- Inventário
- Horários
- Orçamento
- Capital de Giro Próprio
- Protótipos
- Embalagem Final
- Produtos
- Portfólio
- Preço de Venda
- Negociação
- Comercialização

**J – Implementação do Projeto:**

- Canal de Comunicação
- Canal de Divulgação
- Canal de Distribuição
- Tabela de Preços
- Exigências de Desempenho
- Exigências de Atendimento
- Força de Vendas
- Parcerias
- Terceirização
- Estratégias de Venda
- Talões de Controle
- Nota e Cupom Fiscal
- Catálogo
- Valores Agregados
- Remuneração
- Revisão
- Inserção dos Produtos no Mercado

**K – Implantação do Projeto:**

- Políticas
- Procedimentos
- Documentação Final do Projeto
- Contratos
- Formulários
- Meios de Divulgação
- Comunicação do Produto
- Comunicação com Consumidores
- Comunicação com Intermediários
- Mala Direta

**L – Avaliação do Projeto:**

- Amostras
- Avaliação de Desempenho
- Avaliação do Projeto
- Imagem do Projeto
- Indicadores de Gestão

- Monitoramento
- Correções
- Testes de Mercado

**M – Anexos:**

**Programa de Desenvolvimento Organizacional:**

- Levantar e coletar dados da situação.
- Determinar as relações entre grupos e entre indivíduos.
- Determinar as relações entre indivíduos e grupos e entre estes e a organização.
- Analisar dados disponíveis.
- Diagnosticar obstáculos ao desenvolvimento organizacional.
- Definir situação desejada.
- Estabelecer relação entre o existente e o desejado.
- Construir estratégias, táticas, métodos e procedimentos.
- Redigir um plano de ação.
- Elaborar uma programação da mudança.
- Implementar programa e acompanhar resultados.
- Montar sistemas de controle e avaliação.

**Programa de Sobrevivência da Empresa:**

- Criar práticas de racionalização, através de campanhas, reuniões, ações de pequenos grupos e orientação pessoal, no sentido de desenvolver uma postura empresarial.
- Implantar planos participativos que não terão sucesso sem o comprometimento das chefias.
- Não esquecer de que o estímulo à participação dos níveis operacionais, muitas vezes, cria uma estrutura informal de poder que tende a confrontar-se com a estrutura formal.
- Não mudar métodos e processos, baseado no princípio falacioso de que: *Time que está ganhando não se mexe, é errado.* Como saber se há a possibilidade de ganhar mais sem mudança?
- Melhorar a qualidade dos produtos, procurando sempre agregar valores aos mesmos. Estude a literatura a respeito, porém tenha o cuidado de fazer as coisas pelo foco da sua empresa.
- Ampliar o grau de adesão dos funcionários, mantendo seus empregos que são em última análise o que mantém uma economia de baixa liquidez.
- Utilizar meios de comunicação para mostrar a importância da colaboração.
- Não esquecer que tudo que for demandado deve ter uma contrapartida de oferta.
- Integrar horizontalmente os níveis de gerência, para eliminar o sistema feudal existente. É, em geral, nestes níveis que a empresa tem os maiores problemas de competição interna.
- Buscar o mais alto grau de sinergia, criando grupos interdisciplinares.
- Eliminar a lei de levar vantagem, pois dentro da empresa não se pode dizer que produção ou marke-

ting é mais importante do que finanças ou que uma função organizacional não tem nada a ver com outra, pois é dessa interação que a empresa progride e permanece no mercado.

- Sobrepor o coletivo ao individual, embora isto seja um traço da sociedade.
- Usar dificuldades e contratempos para tornar as pessoas mais solidárias. Tal atitude dará a empresa o poder de tomar medidas impopulares.

## 3.4 Programação

Programação é uma técnica que deve ter uma hierarquização, partindo das operações primárias e simples, logo implantáveis, para aquelas mais elevadas e complexas. Devem ter um seguimento lógico e um entrosamento técnico-administrativo. Assim, a programação deve ser feita de forma meticulosa, prevendo os meios tangíveis e os intangíveis, bem como todos os recursos.

Os prazos para a execução devem ser previamente fixados, em cronogramas, incluindo-se todas as tarefas ou fases de implantação e seus respectivos desdobramentos. As medidas devem ter uma hierarquização, partindo das operações primárias e simples, logo implantáveis, para aquelas mais elevadas e complexas.

Anotar ajuda a não se perder, principalmente, quando você tem de parar uma tarefa, à espera, por exemplo, de aprovação ou providência alheia. Ajuda anotar na agenda o assunto e depois riscar o que já foi realizado, remanejar aquilo que ficou pendente para um outro dia, sem exageros. A agenda também serve para anotar informações e ideias.

Programação é, basicamente, a análise de uma tarefa, a elaboração do fluxograma correspondente ao serviço a ser executado, a codificação deste fluxograma em instruções e a depuração destas instruções, a fim de que façam executar o serviço que se deseja. Já se inventou um número quase ilimitado de linguagens simbólicas. A maioria delas possui significado especial para os seus inventores e poucas pessoas.

Os suportes de programação tornaram-se muito disseminados e importantes, e isto se deve ao fato de que os fabricantes estão dando ao usuário mais facilidades.

É muito comum a confusão entre anotações na agenda e programação diária. Programe apenas 70% da jornada de trabalho e reserve os 30% para interrupções, situações inesperadas, oportunidades e problemas. Duas razões justificam tal medida.

A primeira, é que constitui missão impossível programar 100% do dia (acaba sempre sendo fonte de frustração).

A segunda, é que o inesperado pode ser muito mais importante e, portanto, você deve ter um "espaço" reservado na agenda de trabalho.

Para quanto tempo convém fazer uma programação do trabalho? A resposta, naturalmente, é que depende do que há a fazer. Como regra geral, os autores acham que uma semana é o máximo para uma programação de agenda.

## 3.5 Tipos de Programação

**Programação Dinâmica:**

Técnica da pesquisa operacional aplicada na solução de problemas de decisão. Assim, esta técnica é aplicada a problemas que possuem várias partes inter-relacionadas, sem, porém, perder de vista o objetivo último. Somente quando o efeito de cada decisão for determinado é que poderá ser efetuada a escolha final.

Um exemplo de aplicação pode ser descrito: Um motorista que deseja ir de um ponto a outro, devendo ainda interromper a viagem para almoçar, normalmente, soluciona o problema por fases. Primeiro, seleciona locais de refeição. Segundo, determina o trajeto ótimo (menor caminho). Terceiro, onde vai almoçar, em função do trajeto anteriormente traçado.

**Programação do Caminho Crítico:**

Técnica que envolve o desenvolvimento de um gráfico mostrando as atividades simultâneas e sequenciais que devem ocorrer em um projeto. Ao estimar o tempo envolvido em cada atividade, os planejadores têm condições de calcular o tempo total para a conclusão do projeto.

Qualquer atraso em alguma atividade do caminho crítico retardará o trabalho. Se houver necessidade de encurtar o tempo é preciso trabalhar a performance do caminho crítico.

**Programação do Trabalho:**

Programação que terá de levar em conta o estudo dos ritmos e métodos de trabalho com a finalidade de adaptação do homem ao processo de produção. Este estudo é feito pela Ergonomia, ou seja, a ciência da engenharia humana. É a distribuição racional dos recursos e tempos das diversas fases ou etapas de uma tarefa ou trabalho planejado.

**Programação Eletrônica:**

Programação das máquinas, ou o lado automatizado da nova sociedade, pode ser conceituado como a análise de uma tarefa, a elaboração do fluxograma correspondente ao serviço a ser executado, a codificação deste fluxograma em instruções e a depuração destas instruções, a fim de que façam executar o serviço que se deseja.

Normalmente, as atividades de análise de sistemas devem ser executadas e completadas antes que as atividades de programação sejam iniciadas, embora estas atividades possam avançar em paralelo umas em relação às outras.

**Programação Estruturada:**

Técnica para desenvolver lógica de codificação passível de correção, pois os dados trabalhados são todos conhecidos com antecedência.

**Programação Linear:**

Técnica da pesquisa operacional que visa encontrar soluções que otimizem os resultados, minimizando os custos decorrentes. É a mais bem-sucedida aplicação da pesquisa operacional. Ela é baseada na pressuposição de que existe uma relação linear entre variáveis e que os limites de variação podem ser bem determinados.

O principal objetivo da programação linear é obter soluções ótimas para relações lineares, isto é, sistemas de equações de primeiro grau.

A programação linear, de forma geral, trata de problemas que tenham as seguintes características: desigualdades entre as variáveis, restrições quanto a valores, possibilidade de que o número de variáveis possa exceder ao de equações, maximizar ou minimizar algo, necessidade de um encaminhamento direto, de forma que a mudança de uma variável altere o resultado.

O estudo da produtividade, abordado anteriormente, abusa deste tipo de programação, que se tornou a primeira técnica explícita e permanece hoje como a mais básica e útil de todas as técnicas da pesquisa operacional.

Jaques Mélèse, adverte: "Os homens agem sempre de maneira mais eficaz quando são guiados por sistemas de equações coerentes que todos possam entender para que suas ações se tornem melhor adaptadas e produtivas".

**Programação Matemática:**

Técnica que possibilita determinar os valores que otimizam alguma função, que está sujeita a um conjunto de restrições. A programação matemática destina-se a ponderar e equilibrar os numerosos fatores de margens de lucro e de produção em potencial nos seus efeitos sobre as operações administrativas totais.

Ela ajuda a administração da produção a determinar a combinação ótima de produtos, modelos e estilos em quantidades tais que maximizem o lucro total. Não podemos, é claro, atingir este ótimo teórico em operações reais. Por outro lado, podemos aplicar métodos que nos conduza a uma situação bastante folgada de produção.

No cálculo da quantidade ótima a produzir, observar que alguns produtos, em função do processo de fabricação, custam mais caros que outros.

**Programação por Contrato:**

Programação para produtos especiais, via contrato, como: construções de barragens, ferrovias, rodovias, centrais telefônicas, usinas hidroelétricas.

**Programação de Suprimento:**

Técnica que possibilita as empresas saberem com antecedência quando receberão os produtos e os fabricantes saberem sobre as matérias-primas e insumos para atender suas necessidades. Isso ajuda a reduzir a incerteza e minimizar custos.

**Programação do Serviço:**

Técnica que descreve os eventos e processos envolvidos no serviço, com o objetivo de reconhecer os pontos fracos: do controle de qualidade; do recrutamento, seleção e treinamento; do monitoramento da satisfação do consumidor, por exemplo.

**Programação da Distribuição:**

Técnica de relacionamento entre fornecedor e distribuidor, cuja finalidade é incorporar as necessidades de ambos.

**Programação da Produção:**

Técnica que permite aos gerentes de produtos e marcas estabelecerem um calendário para as promoções do varejo.

**Programação do Fornecimento:**

Técnica que possibilita os distribuidores saberem com antecedência quando receberão os produtos e os fabricantes saberem sobre as matérias-primas e insumos para atender suas necessidades. Isso ajuda a reduzir a incerteza e minimizar custos.

# Capítulo 4

# PLANEJAMENTO e PLANO

*"Vivemos mais dos sonhos do futuro do que dos planos do passado."*
Thomas Jefferson

## Objetivos do Capítulo

- Mostrar a importância de se ter um planejamento como instrumento de trabalho.
- Mostrar os benefícios do planejamento.
- Mostrar os elementos básicos de um plano.
- Apresentar uma tipologia para planos.

## 4.1 Planejamento

Planejamento é uma função administrativa que capacita a empresa a decidir qual é o melhor uso de seus recursos para atingir objetivos propostos. Se os recursos empresariais são insuficientes, cabe ao administrador planejar e apontar as necessidades. É a primeira e a mais importante função administrativa por ser ela a base para as demais funções.

Nenhuma organização sobrevive no mundo atual a menos que planeje o futuro. Aquele que gerencia por palpite, intuição, sentimento ou experiência é um oportunista. O sucesso advém menos da inspiração do que do cuidadoso planejamento da criação de oportunidades. Objetivo do planejamento visa ajudar a definir metas realizáveis, com prazos factíveis, por meio do conhecimento dos pontos fortes e fracos da organização.

No planejamento, o gerente deve se preocupar com projetos de produtos, processos de produção, seleção de equipamentos, sistemas de informação, programas de treinamento, decisão sobre novas tecnologias, materiais, localização da fábrica, arranjos físicos, sistemas operacionais, políticas de fabricação.

O planejamento disciplina a pessoa a colocar suas ideias, recursos, métodos e decisões de uma maneira lógica, racional e inteligente, levando a mesma a não perder tempo e a minimizar problemas futuros. É interessante notar que nenhuma organização sobrevive no mundo atual a menos que planeje o futuro.

O processo de planejamento envolve uma análise completa das potencialidades, oportunidades, fragilidades e limitações, no que diz respeito a: ambiente, recurso, objetivo, produto, processo, mercado, público-alvo. O planejamento não diz respeito a decisões futuras, mas às implicações futuras de decisões presentes. Planejar é desenvolver planos.

No planejamento o leitor deve: definir objetivos; preparar programas, estratégias, políticas, estruturas, procedimentos e planos; desenvolver sistemas de informação e comunicação; adotar padrões de qualidade; dimensionar recursos para que as demais funções administrativas sejam exercidas com efetividade.

É fácil estar ocupado, difícil é ser eficaz. Uma crítica a respeito do planejamento está em função da sua sistemática e inflexibilidade, não permitindo liberdade para as inovações e soluções de contingência. Mas, enganam-se os que assim pensam, porque, hoje, a flexibilidade é a ferramenta mais utilizada no planejamento. Um grande número de indivíduos resiste à ideia de planejar sua vida e seu tempo.

Como dizia Sêneca: "Não há vento favorável para quem não sabe para onde quer ir". As pessoas que usam o seu tempo apenas para atividades, sem pensar nos objetivos que pretendem alcançar, estarão, provavelmente, desperdiçando boa parte dele. Bons administradores precisam saber o que lhes aguarda na próxima semana, no próximo mês, até mesmo no próximo ano.

Planejar significa determinar: o que precisa ser feito e que se espera; por quem e quando cumprir atribuições; como, quanto e quando assumir responsabilidades. É uma função administrativa que capacita a pessoa a decidir qual é o melhor uso de seus recursos para atingir objetivos propostos.

Planejar uma empresa ou qualquer negócio é muitas vezes negligenciado por pessoas, porque acreditam que não adianta planejar, pois a sorte é quem manda.

Planejador é a pessoa que faz o planejamento. O planejador deve: avaliar as causas de resultados insatisfatórios; visualizar amplitude, abrangência e limites do planejamento; saber liderar a equipe; possuir certa dose de pessimismo. Não deve esquecer que os outros membros da equipe também pensam.

As principais características do planejador já foram abordadas (Item 2.6)

Planejador que tem um plano lógico consegue obter dinheiro para sua implementação. Não esquecer que planejar, em curtíssimo prazo, pode conduzir a resultados insatisfatórios.

## 4.2 Tipos de Planejamento

A seguir, os principais tipos de planejamento:

**Planejamento Administrativo:** Planejamento que é, necessariamente, baseado em previsões e estimativas de receitas futuras. Portanto, é, às vezes, necessário raciocinar em termos de probabilidade ou risco calculado.

**Planejamento da Franquia:** Planejamento entre franqueado e franqueador que leva em conta: mercado, conhecimento, consumidor, custo, operação e lucro.

**Planejamento da Mudança:** Planejamento da transição ou passagem de uma situação (estado) para outra diferente. A mudança passa a ser sempre mais valorizada, a estabilidade passa a ser vista como suspeita, e se procura imaginar novos tipos de estabilidade que atendam às necessidades de mudança. A mudança pode ser realizada por técnicas de indução e liderança ou pelo carisma próprio do gerente.

**Planejamento da Pesquisa:** Planejamento que compreende a definição dos objetivos da pesquisa e de toda sua operacionalização, tais como: determinação das fontes de dados, escolha dos métodos, da definição dos procedimentos, da elaboração do plano de processamento e análise, da definição dos recursos necessários, da estrutura da equipe, do estabelecimento de um cronograma.

**Planejamento da Produção:** Planejamento voltado para processos, custos, qualidade, produtividade, instalações e tecnologia de produção. No planejamento da produção a empresa deve: definir e dimensionar objetivos; preparar programas, estratégias, políticas, estruturas, procedimentos e planos; desenvolver sistemas de informação e de comunicação; adotar padrões de qualidade; dimensionar recursos para que as demais funções administrativas sejam exercidas com efetividade; preocupar-se com projetos, processos, produtos; selecionar máquinas e equipamentos; programar treinamento; decidir sobre tecnologias, materiais, localizações, arranjos físicos; identificar possíveis alternativas de produção.

**Planejamento da Qualidade:** Planejamento que desenvolve instrumentos de treinamento para responsabilidades, processos, metodologias, estruturas, desvios, acidentes e avaliações, por exemplo. Historicamente o planejamento da qualidade era feito por pessoas cuja responsabilidade se estendia a examinar folgas e tolerâncias, desvios de custo e segurança das máquinas para evitar acidentes. Hoje, o planejamento da qualidade desenvolve instrumentos de treinamento para responsabilidades, processos, metodologias, estruturas, desvios, acidentes e avaliações, por exemplo.

**Planejamento da Reunião:** Planejamento voltado a buscar a eficácia da reunião. Reuniões fazem parte da vida organizacional e, portanto, devemos aceitá-las. E quando uma reunião for coordenada por você, será preciso planejá-la

**Planejamento de Curto Prazo:** Planejamento para um período de um ano.

**Planejamento de Custo:** Planejamento voltado para encontrar elementos que minimizem o custo de um produto.

**Planejamento de Longo Prazo:** Planejamento que visa avaliar as tendências econômicas e de negócios para o futuro.

**Planejamento de Marketing:** Planejamento voltado a criar, manter e satisfazer o cliente consumidor. Planejamento de marketing implica idealizar meios para conseguir atrair e manter consumidores para os bens e serviços que a empresa produz. Ele precisa estar integrado ao planejamento global da empresa.

Quando do planejamento de marketing é preciso levar em consideração fatores específicos que afetam o ambiente de vendas que envolve a empresa, pois ajudam a diagnosticar como o mercado se mantém em equilíbrio, através do estudo das preferências dos consumidores, das políticas governamentais, do comportamento da concorrência, das mudanças tecnológicas, das leis restritivas, dos canais de distribuição e da escassez de recursos.

**Planejamento de Recursos:** Planejamento voltado a desenvolver e conseguir recursos físicos, financeiros, materiais, tecnológicos, administrativos, humanos e mercadológicos para atingir os objetivos propostos.

**Planejamento de Rede:** Planejamento onde as atividades a serem realizadas são desenhadas através de uma rede de símbolos e figuras. Estes desenhos atuam mais como uma ferramenta do que como um planejamento.

**Planejamento de Vendas:** Planejamento que responde basicamente às seguintes perguntas: O que, a quem, quanto, quando, como, por que, a que preço vender?

**Planejamento Diário –** Planejamento sobre sua organização pessoal. A fórmula para um efetivo plano de metas é trabalhar nelas todos os dias. O planejamento diário e a organização de metas vão ajudar a eliminar as perdas de tempo. Ao organizar a lista do que fazer considere o seguinte:

- Evite colocar uma quantidade de itens além da sua capacidade de trabalho.
- Certifique-se de reservar pelo menos três horas, a cada semana de trabalho, para exercícios físicos.
- Determine o início e o fim da atividade a ser analisada.
- Registre os passos do trabalho no próprio local em que ele é feito.
- Solicite ajuda de todos os interessados no trabalho a ser realizado; use símbolos para facilitar a análise.
- Faça, sempre que possível, um fluxograma, gráfico, diagrama, algoritmo, planilha.

**Planejamento do Atendimento:** Planejamento que deve conter uma metodologia que possibilite uma boa atuação junto ao cliente.

**Planejamento do Caixa:** Planejamento que envolve todos os elementos do controle e a projeção do fluxo do dinheiro que circula na empresa.

**Planejamento do Negócio:** Planejamento que o empreendedor se candidata a um financiamento.

**Planejamento do Plano:** Planejamento onde se processa o detalhamento do plano. O planejamento do plano nada mais é do que um conjunto de etapas preparatórias para viabilizar um plano. Este planejamento será visto quando do estudo de plano.

**Planejamento do Produto:** Planejamento que é o conjunto de esforços voltados a criar, desenvolver, viabilizar e lançar um produto. No planejamento do produto serão definidos todos os atributos que o mesmo deve ter, isto é, aquilo que será desenvolvido no projeto. Deve-se salientar que a qualidade não tem de ser, necessariamente, a melhor possível.

Assim, ao projetarmos uma geladeira precisamos perguntar: Para quem o produto será dirigido? Por que um produto de altíssimo nível de qualidade é caro e só poderá ser comprado por pessoas de alto poder aquisitivo? Portanto, devemos ter cuidado para distinguir entre um produto completamente novo e outro modelo ligeiramente alterado

**Planejamento do Recrutamento:** Planejamento que determina as necessidades de recursos humanos da empresa, presentes e futuras. A pessoa encarregada do recrutamento deve conhecer a classificação de cargos e funções da empresa (quadro de pessoal). Se tal quadro não existir, as dificuldades aumentarão.

**Planejamento do Treinamento –** Planejamento que deverá trabalhar as seguintes questões: o que deve ser ensinado? (Conteúdo Programático); quem deve ser treinado? (Público-Alvo); quem vai treinar? (Instrutor); onde treinar? (Local); como treinar? (Métodos e Recursos); quando treinar? (Época e Horário); quanto treinar? (Duração e Intensidade); para que treinar? (Objetivos e Resultados); qual o custo? (Relação Custo/ Benefício); quais pontos são críticos? (Avaliação e Controle).

**Planejamento Empresarial:** Planejamento que se baseia, em grande parte, em conhecimentos inéditos, oriundos de visões imaginativas a respeito de fenômenos sobre os quais inexistem dados, e que são estruturados em forma de cenários ou futuros alternativos.

**Planejamento Estratégico:** Planejamento em que os objetivos da organização são mudados em função do novo rumo que a empresa seguirá para se adequar às variações ambientais. Tal planejamento é de responsabilidade do nível mais alto da empresa. O planejamento estratégico é sempre de longo prazo.

O planejamento estratégico surgiu no momento em que as grandes organizações sentiram a necessidade de aperfeiçoar seus processos de planejamento e gerência e manter-se alerta para possíveis modificações futuras.

Segundo Paulo R. Motta, "o planejamento estratégico aparece numa época em que a visão predominante na Teoria Administrativa ainda era a de explorar ao máximo as dimensões racionais da gerência para dominar as ambiguidades que surgiam no ambiente". Essa visão valoriza o aperfeiçoamento de métodos racionais de ação administrativa para produzir maior eficiência na antecipação das mudanças.

O planejamento estratégico viria, assim, preencher a necessidade de se utilizar métodos mais racionais e analíticos na criação de futuros alternativos, inaugurando um novo campo na administração.

**Planejamento Financeiro:** Planejamento que envolve previsões do panorama econômico. Se houver uma expectativa do aumento do nível das atividades econômicas, isto pode significar que também crescerão nossas necessidades de ativo, bem como de fundos com os quais possamos financiar estas aquisições.

Uma vez que os juros sobre os fundos tomados por empréstimos constituem despesa dedutível para cálculo de impostos, os aumentos das alíquotas de imposto tornam mais desejável o capital de terceiros em relação a outros tipos de fundos, do ponto de vista do lucro.

**Planejamento Industrial:** Ver planejamento da produção.

**Planejamento Integrado:** Planejamento voltado a estudar e compatibilizar os interesses pessoais, profissionais, organizacionais e sociais, harmonizando e sincronizando os diferentes processos administrativos.

**Planejamento Operacional:** Conjunto de tarefas, atividades e métodos que ajudam a empresa a funcionar.

**Planejamento Organizacional:** Planejamento relativo à estrutura organizacional da empresa, que, em função da complexidade, tem como principal desafio gerencial a manutenção da ordem em meio ao caos circundante.

**Planejamento Tático:** Planejamento que visa corrigir desvios de resultados não determinados pelo planejamento estratégico.

**Planejamento Tradicional:** Planejamento em que todas as informações pertinentes estejam disponíveis no início do processo. O planejamento tradicional pode ser de curto prazo.

**Planejamento Tributário:** Planejamento das apurações das contribuições por profissionais especializados, envolvendo o período dos últimos cinco anos, evitando penalidades por parte da Receita Federal. Este planejamento serve para a recuperação de créditos, possibilitando a redução da carga tributária.

**Planejamento Urbano:** Assunto já abordado (Item 2.7).

**Planejamento Viário:** Assunto já abordado (Item 2.7).

## 4.3 Plano

Um plano é como um mapa, ele mostra à empresa como ela deve se conduzir, aonde deve ir e como chegar lá. O plano (produto do planejamento) é um curso de ação, onde se estabelece quem fará o que, onde, como e por que atingir objetivos. Todo e qualquer plano é retratado, formalmente, através de um documento. Se não for escrito não é plano.

O plano disciplina a pessoa a colocar suas ideias, recursos, métodos e decisões de uma maneira lógica, racional e inteligente, levando a mesma a não perder tempo, como também a agir de maneira lógica, que pode ser seguida por outros.

Um plano pode ajudar muito, porque tem uma estrutura formal e assim, além de ser escrito, proporciona condições para uma decisão cuidadosa, disciplina o pensamento, define claramente os objetivos, explicita responsabilidades de execução, enfatiza fatores chaves para o sucesso, analisa mais cuidadosamente as condições de um negócio, proporciona detalhes mais bem pensados, fornece um mínimo de coordenação, enfatiza as oportunidades e ameaças, ajuda a construir uma orientação da empresa para o mercado.

Alguns altos executivos acham que o tempo de que dispõem é muito precioso para ser gasto em outra coisa que não seja resolver problemas do dia a dia. Assim, "não perdem tempo" em participar do desenvolvimento de um plano.

Se for adequadamente preparado, um plano conterá detalhes suficientes para a sua implementação, mas se for feito às pressas e inadequadamente construído pode causar muita perda de tempo, constrangimento e desconfiança quanto ao destino da organização.

Muitos são os objetivos de um plano. Mas os mais importantes, no mundo corporativo, são:

- Criar meios que facilitem a coordenação de uma determinada atividade.
- Considerar oportunidades e ameaças.
- Preparar o administrador com argumentos convincentes para a implantação de uma estratégia, programa ou projeto, por exemplo.
- Melhorar o uso (otimizar) dos recursos existentes.
- Estimular o espírito de equipe.
- Possibilitar uma visão global do sistema-empresa.
- Adequar métodos e procedimentos que facilitem um elevado nível de produtividade.
- Proporcionar condições para um agradável ambiente de trabalho.
- Orientar o processo decisório dos dirigentes da empresa.
- Acompanhar e avaliar resultados.
- Renovar abordagens para produtos, mercados e consumidores.
- Ajudar a organização a deslocar-se em direção às suas metas corporativas.
- Construir uma base de poder suficiente para dar impulso e continuidade à mudança.
- Prever a inclusão de aspectos comportamentais que otimizem a aceitação e o apoio às novas estratégias e potencialidades.
- Reduzir os temores, as ansiedades, os conflitos e os impactos da mudança sobre grupos e indivíduos.

- Substituir a improvisação e a atuação empírica por métodos baseados em procedimentos científicos.
- Conhecer seus pontos fortes para utilizá-los.
- Conhecer seus pontos fracos para eliminá-los.
- Detectar nichos de mercado.
- Observar as ameaças externas e suas limitações internas para se tornar competitivo.
- Identificar tarefas necessárias e definir a quem cabe as responsabilidades de execução efetiva.
- Proporcionar informações, em todos os níveis, às pessoas da empresa, de forma imediata, para que possam em conjunto buscar soluções para problemas.
- Motivar a melhoria contínua, a qualidade e a produtividade.
- Reduzir custos, perdas e queixas.
- Proporcionar recursos necessários.
- Definir padrões de qualidade e quantidade.
- Assegurar que padrões serão controlados, mantidos e melhorados.
- Minimizar surpresas desagradáveis.
- Ajudar as pessoas a adaptarem-se às circunstâncias.
- Assegurar como dirigir, controlar e avaliar resultados.
- Ajudar a definir objetivos empresariais realistas e prazos factíveis.
- Criar normas e diretrizes condizentes com as possibilidades reais da organização.

## 4.4 Questões Básicas de um Plano

Quando pretendemos montar um plano devemos questionar, basicamente, sobre: ambiente, mercado, empresa, produto, comportamento, produção e consumidor. Assim, para construir um plano empresarial, comece pelas seguintes perguntas:

**Perguntas para o ambiente que afetarão a empresa:**

- Regulamentações governamentais que estão sendo propostas no Congresso trarão algum impacto?
- Dentre as questões ambientais levantadas pela sociedade, quais as mais prementes de serem tratadas?
- As informações ambientais são suficientes e confiáveis?
- Quais são as mais evidentes oportunidades e ameaças?

**Perguntas para o mercado que afetarão a empresa:**

- As pesquisas de mercado fornecem subsídios para a previsão de vendas e participação no mercado?
- Quais as estratégias usadas pela concorrência?
- Existem necessidades não atendidas (nichos de mercado)?
- Que mercados são mais lucrativos?
- Quais são as nossas suposições básicas e seu impacto sobre a nossa área?

**Perguntas para a empresa que afetarão seu comportamento:**

- Que filosofia adotar?
- Onde está a empresa agora?
- Para onde a empresa está indo? Qual o desejo da direção?
- Que objetivos (metas) definir?
- As funções administrativas são aplicadas com eficiência e eficácia?
- É fácil diagnosticar a situação do negócio?
- Qual a missão real da empresa?
- É fácil fazer um prognóstico e definir problemas?
- Quais os pontos fortes e fracos?
- Os orçamentos são bem definidos?
- É possível decidir com facilidade sobre estratégias, táticas, políticas, programas e planos?
- Qual a melhor estratégia para enfrentar o mercado?
- Que ações específicas devem ser tomadas por quem, quando e como?
- Que medidas devem ser tomadas para indicar se o plano está obtendo sucesso ou não?
- Em que negócio (setor da economia) nós estamos realmente?
- Qual é a nossa capacidade mais característica?
- Qual o tempo disponível para uma resposta efetiva às descontinuidades?
- Quais as unidades da organização que serão afetadas pelo plano?
- Qual a intensidade de perturbação política e cultural que ocorrerá nas unidades afetadas?

**Perguntas para o produto que afetarão a empresa:**

- Existe a necessidade do produto?
- O produto pode ser criado?
- Existem recursos disponíveis?
- Marketing, produção e finanças chegaram a um acordo quanto ao preço de venda?
- O *design* atende ao mercado?
- Podem ser feitos tantos protótipos quantos necessários?
- Serão distribuídas amostras?
- Há uma preocupação no estabelecimento de procedimentos que assegurem qualidade?
- Que posição matricial o produto ocupa em relação aos demais?
- O ciclo de vida do produto é bastante definido?
- Como distribuir? Como comunicar?

**Perguntas para a produção que afetarão a empresa:**

- Por que produzir? O que produzir?
- Como, quando e quanto fabricar? Quem produzirá? Quem consumirá?

- O produto deve ser mudado? Como?
- Que política de preço adotar?
- Que preço de venda praticar?
- Que margem de lucro garantirá a sobrevivência da empresa?
- Qual a quantidade ótima a produzir?
- Tenho recursos para melhorar a produção?
- Que métodos utilizar para o custeio?

**Perguntas para os consumidores que afetarão a empresa:**

- Quais as táticas para atrair consumidores?
- Qual é o poder aquisitivo atual dos consumidores?
- Quais campanhas promocionais atrairão consumidores?
- Os serviços gratuitos ajudam a vender?
- Como conhecer o grau de movimentação dos consumidores?
- Qual o valor real entregue ao consumidor?
- A empresa se preocupa com o julgamento do consumidor acerca de seus produtos?
- A taxa de perda de consumidores varia durante o ano?
- A taxa de perda de consumidores varia, em função do lugar, vendedor, intermediário ou preço de venda?
- Para onde vão os consumidores perdidos?
- Qual a estratégia dos concorrentes para manter os consumidores?

## 4.5 Elementos do Plano

A seguir, são apresentados os mais importantes elementos balizadores de um plano:

**Flexibilidade do Plano:** Por sua própria natureza, o plano restringe a liberdade de ação. O executivo pode opor-se a tais restrições, em parte porque não gosta de limitações, mas, principalmente, porque acredita que os planos não são adequados a dar solução a presente situação, isto é, o plano não é inteiramente completo. Aliás, nem pode ser, já que tudo é provisório. Felizmente, existem diversas maneiras de se obter flexibilidade sem que, ao mesmo tempo, se sacrifiquem os benefícios do plano.

**Exceções do Plano:** Esta espécie de arranjo é muitas vezes chamada de o "princípio da exceção", que salienta as vantagens de se fugir do desempenho padronizado. Para fornecer uma verdadeira flexibilidade, o administrador que pode fazer uma exceção para estabelecer os planos deve ser capaz de dizer sim ou não com a suficiente rapidez para assegurar todos os benefícios da concessão especial. Às vezes, entre as exceções desenvolve-se um padrão, e quando isto ocorre os planos podem ser elaborados para incluir o tratamento de casos raros que aparecem na estrutura regular. Entretanto, se o administrador faz muitas exceções, sem razões claras e consistentes para fazê-las, os planos, que são delineados para fornecer estabilidade e segurança, são dissipados.

**Revisão do Plano:** Muitas vezes, a técnica de revisão é bem apropriada para os planos específicos. Mas para os planos de maior durabilidade ela deve ser utilizada com moderação.

**Conflito no Plano:** Políticas, métodos, procedimentos e normas conflitam com regulamentos, que a rigor devem ser obedecidos. Nenhum plano será viabilizado enquanto não se trabalhar estes conflitos.

**Integração no Plano:** Os planos de qualquer empresa estão inevitavelmente inter-relacionados e é preciso fazer com que esses planos sejam devidamente integrados. A falta de harmonia entre os planos pode resultar em ineficiência, ou mesmo em conflito.

**Hierarquia do Plano:** Os planos devem obedecer a uma hierarquia, isto é, à medida que, em sucessivas etapas, as decisões vão sendo tomadas em relação a operações mais específicas e mais detalhadas, deve-se compreender claramente que uma etapa está subordinada a outra. Em outras palavras, um objetivo geral ou uma decisão básica são acompanhados por toda uma série de planos, cada vez mais detalhados, e destinados à efetivação do plano geral do qual faz parte.

**Interdependência do Plano:** Na medida em que um plano dependa do outro, será conveniente estabelecer um equilíbrio quanto à amplitude que terá cada um. Determinado departamento da empresa, por exemplo, pode ter plano próprio, mas se não houver um plano global da empresa a falta de dados sobre atividades correlatas imporá, provavelmente, drásticas limitações ao período de tempo que poderá abranger. A interdependência é elemento de sucesso, pois, como a empresa é tratada como um sistema, o resultado de um plano afeta os demais planos.

**Resultado do Plano:** A comparação dos resultados com os objetivos e padrões estabelecidos revela quase sempre alguns pontos onde o resultado não corresponde à expectativa. De modo geral, a ação corretiva resulta da combinação das seguintes etapas: Adequação ao Ambiente; Ajustamento ao Mercado; Revisão de Estratégias e Táticas; Aprimoramento de Métodos, Processos, Políticas, Procedimentos e Regulamentos; Treinamento e Motivação dos Recursos Humanos; Qualificação Tecnológica.

## 4.6 Classificação dos Planos

Os planos, em geral, são classificados quanto à abrangência, o contexto, o nível institucional, a restrição de tempo, a disponibilidade de recursos, o comportamento. Assim como existe plano para tudo, apenas serão abordados aqueles relativos à vida empresarial.

**Plano de Ação** – É um plano onde é mostrado e questionado: o que, por que, quanto, quando, quem, onde e como fazer. Estes planos estabelecem prazos, custos e responsabilidades. Um plano de ação pode também estabelecer metas.

**Plano Detalhado –** É um plano que dá detalhes sobre decisões, conflitos, problemas, mudanças, estratégias, táticas, acordos e negociações, por exemplo. Este plano não é incluído no corpo principal do plano corporativo, porque é colocado em anexo ao mesmo. Também é conhecido como plano componente.

**Plano de Curso –** É um plano onde se estabelece, numa certa cronologia, aquilo que se tem de fazer, como resposta ao seguinte questionamento: Onde você está agora? Aonde você quer chegar? O que é preciso fazer? Quem fará o quê? Quem informará? Quem controlará? Que método usar? Quem liderará o orçamento? Que canais de comunicação utilizar? Como divulgar o plano?

**Plano Geral** – Plano que considera a empresa em um determinado ambiente, fazendo considerações sobre tendências macroeconômicas.

**Plano Provisório –** É um plano que expressa mais reflexão do que plano propriamente dito. É uma espécie de rascunho para aquilo que será considerado pronto. Não existe plano definitivo, tendo em vista a atitude performática do ser humano. Assim, todo e qualquer plano será sempre provisório, tenha o tamanho que tiver, dure o tempo que durar.

**Plano Permanente –** É um plano que será utilizado repetidas vezes, porque o tempo e o esforço necessários para planejar bem poderiam exceder aqueles dedicados à execução dos planos, o que só seria justificado em condições excepcionais. A característica distintiva do plano permanente é que a mesma decisão é adotada várias vezes para orientar a ação. Tais planos simplificam a tarefa do administrador.

**Plano Específico –** Estabelece uma linha de conduta que se enquadra em uma situação particular e estará superado quando os objetivos (metas) forem alcançados. Com um plano específico é possível evitar a maior parte dos atrasos, destacar recursos com antecedência e traçar planos relativos à parada de máquinas, por exemplo. É um plano para analisar um determinado setor da empresa, um novo produto, um projeto, a implantação de uma nova estratégia, um novo processo, por exemplo.

**Plano Diretor** – O plano diretor é representado por um conjunto de decisões para determinado período futuro, coordenado com o planejamento geral da empresa, e define: missão, filosofia, objetivos, sistemas, recursos, custos, estratégias, estruturas, padrões. A concepção de um *Master Plan* que aborda e guarda todas as partes da organização é uma maravilhosa ideia, porém irrealista.

**Plano Estratégico** – O plano estratégico é aquele em que os objetivos da organização são mudados. Onde também são determinados os recursos que serão necessários para atingir os novos objetivos; que traçam políticas para a aquisição e uso desses novos recursos. Um plano estratégico relaciona partes da organização como se fosse um todo.

**Plano Tático** – Plano em nível operacional para corrigir desvios quanto aos resultados previstos pelo plano estratégico. O plano tático mobiliza recursos para reagir aos imprevistos, modificando processos e métodos, principalmente.

**Plano Operacional** – É aquele plano que dá detalhes, sem os quais a visão geral (plano corporativo) não passaria de uma moldura vazia. O plano operacional está voltado para o "chão" da empresa, sendo elaborado por sua própria unidade de operação, como: marketing, produção, logística, finanças, segurança, custos e outras funções organizacionais. Caberá ao nível gerencial a execução dos planos operacionais, que por sua vez, constituem o desdobramento e detalhamento final dos planos táticos da empresa.

**Plano Funcional** – É o plano relativo às funções organizacionais, tais como: produção, marketing, vendas, finanças, contabilidade, distribuição, armazenamento, comunicação, treinamento.

**Plano Metodológico** – Plano para desenvolver e criar métodos, análises, processos, procedimentos, padrões, normas.

**Plano Regulatório** – Plano para pesquisar e desenvolver regulamentos, manuais, diretrizes, políticas.

**Plano Orçamentário** – Plano orçamentário é o próprio orçamento.

## 4.7 Fases de um Plano

Independente do escopo do plano ou dos detalhes que possam ser necessários, o procedimento a ser adotado, em geral, segue determinado paradigma. As fases básicas do processo de desenvolvimento de um plano são: planejamento, implementação, implantação e controle (manutenção).

**Planejamento do Plano:**

É no planejamento que se processa o detalhamento do plano. A fase de planejamento do plano nada mais é do que um conjunto das seguintes etapas preparatórias:

- Conhecer Objetivos Corporativos – Os objetivos corporativos são estabelecidos pela alta administração e você deve ter ciência deles. Normalmente são expressos em números e definem aquilo que a organização pretende ser, num determinado momento.
- Avaliar Forças Externas – Desde que a empresa opere num ambiente de marketing, o primeiro passo é fazer uma pesquisa do mesmo. A pesquisa visa colher dados do mercado, dos produtos transacionados, das taxas de inflação e de câmbio, dos fatores políticos, fiscais, sociais e culturais.
- Avaliar Forças Internas – Talvez ainda mais importante do que a informação do mercado seja a informação histórica disponível dentro da empresa. A pesquisa interna incluirá um estudo detalhado do composto mercadológico dos produtos.
- Realizar uma Análise dos Pontos Fortes e Fracos – Estes pontos se referem àquilo que denote potencialidade e fragilidade, tais como: estratégia, estrutura, produtos, vantagens competitivas, conhecimentos, informações e recursos.
- Realizar uma Análise de Oportunidades e Ameaças – Significa saber "ler" o cenário que envolve a

empresa e colher informações sobre governos, concorrentes, sindicatos, instituições patronais, bancos de fomento, incentivos fiscais.

- Fazer Suposições (levantamento de hipóteses) – O plano em si tem de se basear num conjunto de suposições claramente entendidas. As suposições devem ser em número pequeno e devem relacionar-se apenas às questões relevantes. Para levantar hipóteses você precisará cumprir todas as etapas anteriormente explanadas.
- Desenvolver Estratégias – Estratégias são os meios que capacitarão o plano atingir objetivos. É comum se estabelecer uma estratégia para cada objetivo.
- Definir Programas – Programas estabelecem: o que, quando, quanto e onde fazer.
- Elaborar Orçamentos – Os planos precisam ser custeados e para que os orçamentos devem ser estabelecidos. A elaboração de orçamentos define os recursos exigidos, quantifica os custos e os riscos do financiamento. A adoção de um orçamento precisará de um sistema contábil eficiente, de onde o administrador retirará os dados necessários.
- Escrever o Plano – Logo que todos os passos anteriores tenham sido executados, você estará na posição de escrever o plano, que deve ser conciso e claro, sem rebuscamentos e irrelevâncias. Certos planos serão curtos e outros longos, mas um formato idêntico com seções-chave deve ser adotado para cada um, ainda que nem todos os planos tenham todas essas seções.
- Editorar o Plano – Depois de escrever deve-se partir para a editoração propriamente dita, onde são observadas certas normas textuais estabelecidas pela ABNT (Associação Brasileira de Normas Técnicas). É importante atentar para o seguinte: Não abarrotar de números uma única página; use um tamanho de letra que seja de fácil leitura; evite um plano muito longo porque não será lido; Explicite termos técnicos e abreviações. Se precisar informar em detalhes alguns assuntos, utilize-se de anexos.
- Comunicar o Plano – Se o plano não for adequadamente comunicado àqueles responsáveis por sua implantação, ele fracassará. Certifique-se de que todos entendam o plano. Apresente o plano em vez de apenas enviar uma cópia escrita pelo correio interno. Um plano que não seja entendido adequadamente será pior do que a não existência de um plano em absoluto, porque ele será trabalhado incorretamente ou não será trabalhado de forma alguma.
- Aceitação do Plano – O planejador deverá buscar a aceitação do plano por parte daqueles que decidem, bem como os membros da equipe de elaboração do plano.

**Implementação do Plano:**

Após a comunicação do plano é chegada a hora de passar à ação. Por implementação entende-se a transposição do plano, ainda em tese, para o campo e seu funcionamento. Implementação significa "fazer acontecer" aquilo que foi delineado no plano. Ela representa o caminho entre a decisão e a execução.

Toda a implementação será um processo interativo, porque se ocorrerem grandes desvios, talvez você precise modificar os objetivos, mudar as estratégias ou revisar a metodologia. Enfim, fazer correções.

**Implantação do Plano:**

A implantação pode ser pura e simples ou, se o plano seja substituto de outro plano, temos de ter cuidado e agir progressivamente, isto é, em etapas, em módulos ou incrementos. Dependendo do porte do plano a ser implantado, essa implantação pode ser feita por diversos processos, sendo que o mais comum, quando se trata de grandes projetos, é proceder a uma implantação progressiva, cuidando primeiro de atacar aquelas partes do plano que redundam em maiores vantagens para a empresa.

**Controle do Plano:**

É preciso controlar a implementação e avaliar o desempenho do plano. O plano deve ser monitorado à medida que avança. Correções devem ser recomendadas quando o desempenho se desviar do padrão. O sistema de controle deve trabalhar com padrões predeterminados para a avaliação dos desvios. Estes padrões podem ser criados em laboratório. O controle serve para:

- Avaliar resultados e desempenhos.
- Rever, ajustar, atualizar e propor mudanças.
- Fazer correções necessárias, mudando estratégias.
- Modificar objetivos.
- Revisar prazos e orçamentos.
- Corrigir desvios dos padrões estabelecidos.
- Dar feedback para atualizar o plano.
- Criar táticas para corrigir uma estratégia mal elaborada.
- Propor mudanças.

## 4.8 Estrutura do Plano

Um plano para ser devidamente estruturado deve levar em consideração os mesmos elementos, premissas, princípios e requisitos de um relatório. A estrutura descritiva de um plano pode ser a seguinte:

Capa – Visual agradável e sóbrio que convide o leitor à sua apreciação.

Folha de Rosto – Uma espécie de capa interna onde ficam caracterizadas a autoria, a data e a propriedade do plano.

Agradecimentos – O responsável (coordenador) do plano deve fazer os agradecimentos de praxe àqueles que colaboraram para a sua consecução.

Sumário – Um sumário deve ser incluído de forma que as várias seções do plano possam ser facilmente localizadas, através de um índice.

Introdução – A introdução fornece a essência do plano e as razões para a sua preparação e delineia seus propósitos e utilidades. Em um livro, esta introdução leva o nome de prefácio.

Síntese – A síntese deve apresentar os pontos fundamentais do plano numa forma clara e concisa. A síntese deve incluir as suposições básicas sobre as quais o plano se baseia.

Análise da Situação – A análise busca apontar: falhas estruturais; objetivos, propósitos e metas mal definidos; desperdícios de recursos; controles insuficientes; carga de trabalho mal distribuída; inadequabilidade de meios e recursos; rotinas ineficientes; estratégias mal formuladas; falta de conhecimento adequado e muito mais.

Suposições – Consistem nas hipóteses fundamentais sobre as quais o plano se baseia. Elas devem ser em número pequeno e devem se relacionar apenas à identificação de problemas e oportunidades (nichos de mercado).

Objetivos – Os objetivos são estabelecidos para fornecerem às pessoas elementos necessários e suficientes para que exerçam seus respectivos papéis. Os objetivos permitem o trabalho em equipe e eliminam as tendências egocêntricas de grupo, servem como referência para avaliar decisões, orientar o questionamento, estimular o empenho das pessoas para resultados positivos, ajudar a utilização e otimização de recursos próprios.

Estratégias – As estratégias ajudam a mostrar o caminho (meio) para a empresa alcançar, preferencial e diferentemente, os objetivos e desafios em um ambiente mutável, cambiante, complexo e altamente competitivo. Nesta seção o relator do plano indicará quais as alternativas estratégicas que serão adotadas para produtos, mercados, preços, vendas, processos de produção, recursos, estruturas e canais de distribuição, por exemplo.

Planos Componentes – Planos detalhados, colocados em anexo ao plano principal, para tratar, especificamente, de ações, decisões, problemas, conflitos e mudanças.

Orçamento – O orçamento tratará basicamente do custo de implementação do plano, da alocação dos recursos financeiros, da receita (origens e fontes) e da justificativa dos gastos (aplicações).

Resultado – Como o plano pretende um resultado futuro, na realidade esta seção poderá mostrar uma simulação do demonstrativo de resultado e do balanço patrimonial. Em geral, as variáveis que podem afetar o resultado são: vender mais, aumentar a produtividade, baixar preços, racionalizar custos, otimizar recursos, zerar desperdícios, agregar valores ao(s) produto(s), melhorar a imagem da empresa (marca, qualidade e comunicação).

Controle – Nesta seção criar um sistema de controle para medir o desempenho das pessoas e da organização. O processo de controle envolve: Estabelecer padrões para vendas, custos e prazos; medir o desempenho, comparando-o com o padrão estabelecido; propor medidas para corrigir desvios e padrões.

Comunicação do Plano – Concluído o plano, este deve ser então comunicado a todos aqueles que o implementarão, bem como a alta administração. Se o plano não for devidamente comunicado fracassará.

Atualização do Plano – Seção que estabelece a periodicidade para as alterações, atualizações e revisões necessárias.

## 4.9 Tipos de Plano

A seguir, outros planos não abordados anteriormente:

**Plano Componente:** Plano detalhado, colocado em anexo ao plano principal.

**Plano de Aula:** Plano, que preparado com cuidado, ajuda o professor a orientar e mensurar a qualidade do encontro.

**Plano de Distribuição:** Plano que buscará um canal para atingir um mercado por mais difícil que ele seja. Um plano de distribuição sempre fará parte do plano de marketing, mas, em muitas empresas, a distribuição é tão importante que há também um plano de distribuição, anexo ao plano corporativo. O ponto de partida do plano de distribuição é que sempre haverá um canal para atingir um mercado por mais difícil que ele seja.

**Plano de Divulgação do Produto:** Plano componente de um maior, chamado plano do produto. Na realidade, é conhecido como Plano de Comunicação do Produto, isto é, o instrumento que vai fazer a sua divulgação.

**Plano de Higiene:** Plano que envolve, além dos serviços médicos adequados, os seguintes objetivos:

- Eliminação das causas das doenças profissionais.
- Redução dos efeitos prejudiciais provocados pelo trabalho em pessoas doentes ou portadoras de defeitos físicos.
- Prevenção do agravamento de doenças e lesões, por meio da preservação ambiental.
- Manutenção da saúde dos trabalhadores e aumento da produtividade.

**Plano de Incentivo:** Plano sistemático de remuneração, em função de: metas alcançadas, lucratividade, produtividade, performances de processos, por exemplo.

**Plano de Investimento:** Plano que ajudará a coordenar, controlar e constatar a conveniência de investir capital financeiro a fim de cobrir todas as despesas de operação e de imobilização para viabilizar o projeto. Tal plano deve ser submetido a revisões periódicas, para assegurar a sua adequação às situações variáveis da empresa.

É um plano dentro do plano de negócio, e procura demonstrar um conjunto de projeções abrangentes que possam refletir o desempenho futuro da empresa em termos financeiros. Com este instrumento é possível estabelecer e cumprir metas. Quando bem fundamentado, transmite uma imagem positiva e dá crédito aos empreendedores, pois se estabelece como um dos referenciais do projeto.

**Plano de Mudança:** Plano que busca uma mudança comportamental e/ou estrutural. Sempre haverá um plano para mudar os rumos da empresa. A mudança é problemática, mas necessária.

**Plano de Negócio:** Plano de partida do empreendedor que busca financiamento. Ele é o cartão de visitas para apresentar o empreendedor e o empreendimento. É pelo movimento do dinheiro que o empreendedor irá detectar a saúde de seu negócio. No início das operações, raramente, se escapa do vermelho.

**Plano de Produção:** Plano que deve mostrar a sequência lógica das etapas que o produto passa desde a sua idealização até o momento em que é consumido, num determinado período. O plano de produção mostra os produtos e as quantidades a serem completadas em determinados períodos de tempo.

Mas, antes de montar um plano de produção, é útil pensar num questionamento, tal como:

- Situação Competitiva – O que os outros estão fazendo?
- Valores da Empresa – O que temos ou podemos conseguir para competir?
- Estratégia da Empresa – Como podemos competir?
- Tarefas da Função Produção – O que realizar para atuar no mercado?
- Economia do País – Quais as restrições e oportunidades da indústria?
- Tecnologia – A defasagem tecnológica da empresa é muito acentuada a nível regional, nacional e internacional?
- Avaliação – Quais são os pontos fortes e fracos da empresa?
- Política – Que política industrial é a mais adequada no contexto atual?
- Procedimento – Que procedimentos aumentam a produtividade?
- Controle – Qual o grau de controle mais adequado, isto é, aquele controle que não é muito oneroso e que justifique a sua existência?
- Competição – A função produção pode ser uma arma competitiva ou um pesado encargo?
- Operações – Quais os fatores críticos para o sucesso?
- Resultado – Como está a performance da empresa?
- Feedback – Quais mudanças serão necessárias para corrigir os desvios?

O plano de produção considerará os seguintes aspectos: seleção do produto, determinação do custo do produto, cálculo da quantidade ótima a produzir, características intrínsecas do produto (composição, forma, tamanho, cor...), nível de qualidade do produto, capacidade de produção, linha de produtos e outros aspectos ligados às pessoas.

**Plano de Propaganda:** Plano que representa a ação estratégica a ser desenvolvida com a finalidade de comunicar, ao provável consumidor, uma mensagem de venda com os pontos positivos de um produto. O plano de propaganda deve ser um documento escrito para que as partes (empresa, anunciante e agência) saibam exatamente quais as diversas etapas que serão cumpridas, qual a estratégia que vai ser adotada e que recursos serão utilizados.

**Plano de Teste:** Plano que contém as seguintes informações: objetivo do teste, local do teste, cronograma do teste, descrição do teste, procedimentos no teste. Deve haver um plano de teste para cada versão do sistema.

**Plano de Trabalho:** Plano que possibilita a obtenção de uma visão global do sistema. Alguns aspectos podem contribuir para a otimização deste documento. No desenvolvimento e implementação de um plano de trabalho existe, em geral, um mecanismo de negociação, por meio de reunião, cuja decisão grupal mais produtiva é o consenso em que todos sentem que ganharam, ou pelo menos sentem que mesmo se não obtiveram, exatamente, o que queriam, podem aceitar a decisão sem comprometer qualquer convicção ou requisito importante.

**Plano de Treinamento:** Plano que requer uma série de providências, tais como: Conteúdo Programático; Metodologia; Recursos; Linguagem; Conduta do Instrutor; Avaliação.

**Plano de Vendas:** Plano que deve identificar as oportunidades de negócios mais promissoras para a empresa e esboçar como penetrar, conquistar e manter posições em mercados identificados. Ele é uma ferramenta de comunicação que combina todos os elementos do composto mercadológico num plano de ação coordenada. Um plano de vendas é o documento que ajuda a empresa comercializar bens e serviços.

Um plano de venda estabelece objetivos, sugere estratégias e recursos para alcançá-los. Deve identificar as oportunidades de negócios mais promissoras para a empresa e esboçar como penetrar, conquistar e manter posições em mercados identificados.

**Plano Diário:** Plano que detalha o que fazer numa jornada de trabalho.

**Plano do Produto:** São muitas as razões que levam uma empresa a desejar fabricar um novo produto. Uma das principais é a melhor utilização dos seus recursos. Outro motivo de procura de novos produtos é o desejo de diversificar a atual linha de produção. Os novos produtos têm de satisfazer cada vez mais as necessidades e desejos dos consumidores, além de prometerem lucros razoáveis para a empresa.

Ao construir um plano de um produto é preciso levar em consideração os seguintes aspectos: viabilidade do produto, desenvolvimento do produto, inovações, composto mercadológico, lançamento do produto, adoção do produto.

**Plano Empresarial:** Plano que disciplina o empresário naquilo que é essencial para a sobrevivência da empresa. Quando pretendemos montar um plano empresarial, devemos questionar sobre as variáveis básicas, tais como: ambiente, mercado, produto, recurso, produção, orçamento, consumidor, custo, atitude, motivação, percepção, lucro, cooperação, interação, conflito, integração, personalidade, autoridade, liderança, poder, valor, padrão, política, processo, restrição, oportunidade, patrimônio, investimento, interesse, rentabilidade e referencial de qualidade, por exemplo.

**Plano Financeiro:** Plano que, durante um determinado período, envolve certas previsões do panorama econômico. Se houver uma expectativa do aumento do nível das atividades econômicas, isto pode significar que também crescerão nossas necessidades de ativo, bem como de fundos com os quais possamos financiar estas aquisições.

**Plano Inadequado:** Plano fora do contexto que não ajuda e, sim, atrapalha.

# Capítulo 5

# MÉTODO e METODOLOGIA

*"Há mais oportunidades para aprender com as contradições, as reformulações e os fracassos do que com as confirmações de nossas teorias".*

Karl Popper

## Objetivos do Capítulo

- Mostrar que o ser humano se valeu, em toda sua história, de métodos e metodologias.
- Mostrar diversos enfoques de construção de uma metodologia.
- Mostrar exemplos de métodos.
- Mostrar as vantagens de ter à mão métodos e metodologias para economizar tempo, esforço e recursos.

## 5.1 Método

Método é um procedimento, em geral, para tratar de encontrar, analisar ou resolver um problema, de maneira sistemática, com um mínimo de esforço, custo e tempo. O método é o conjunto de atividades sistemáticas e racionais que, com maior segurança e economia, permite alcançar um objetivo, um conhecimento válido, traçando um caminho e detectando erros, sendo capaz de gerar um produto ou um estado desejado.

Porém, é importante estender o assunto, observando que um método é um procedimento primordial para encontrar a solução de um problema, pois se baseia na tradição da investigação independente. O estímulo para a investigação decorre da experiência individual ou da familiaridade com a área do problema.

A utilização do método não é de uso exclusivo da ciência. Mas não há ciência sem o emprego de métodos. Quando lemos os autores, encontramos diversos conceitos de método. Destes conceitos retiramos as seguintes palavras: segurança, economia, regra, certeza, resposta, eficiência, eficácia, efetividade, produtividade, caminho, ordem, racionalidade, repetição, resultado e solução.

Não basta dominar os métodos de uma ciência, pois eles somente são úteis quando conhecemos o enunciado do problema para dar solução. A grande dificuldade com que nos deparamos é que, na maioria esmagadora dos casos, nossos problemas não estão bem enunciados. Além disso, é preciso reconhecê-los e, para tal, é preciso mais do que métodos. A própria avaliação de desempenho, para ter caráter científico, se fundamenta em um método.

Os elementos que dão suporte ao método são: ciência, juízo, raciocínio, filosofia, conhecimento, modo de pensar, fato, lei, teoria, lógica, intuição, ideia, princípio, premissa, regra, fenômeno, técnica, leitura, por exemplo.

Os métodos, de um modo geral, se classificam em:

Métodos de Investigação – Recebem este nome os métodos que se destinam a descobrir novas verdades, a esclarecer fatos desconhecidos, a enriquecer o conhecimento.

Métodos de Organização – Recebem este nome aqueles métodos que trabalham sobre fatos conhecidos; procuram ordenar e disciplinar esforços, para que se atinja a eficiência com eficácia.

Métodos de Ensino – Recebem este nome os métodos que objetivam transmitir conhecimentos.

Um entendimento mais amplo do papel dos métodos no processo de administrar organizações pode ser facilitado pela classificação dos métodos segundo seus propósitos fundamentais. Assim, os métodos podem ser em função do raciocínio, da argumentação, da especificação e da técnica.

## 5.2 Desenvolvimento Histórico do Método

A preocupação em descobrir e, portanto, explicar a natureza vem desde os primórdios da humanidade. O senso comum, aliado à explicação religiosa e ao conhecimento científico, orientou as preocupações do homem com o universo.

Somente no Século XVI é que se iniciou uma linha de pensamento para encontrar um conhecimento embasado em maiores garantias. Não se busca mais as causas absolutas ou a natureza íntima das coisas. Ao contrário, procura-se compreender as relações entre elas, assim como a explicação científica dos acontecimentos.

Um dos pioneiros a tratar do assunto, no âmbito do conhecimento científico, foi Galileu, primeiro teórico do método experimental. Tal método pode ser descrito como "indução experimental", chegando-se a uma lei geral por intermédio da observação dê certo número de casos particulares.

Os principais passos são: observação dos fenômenos, análise das partes, estabelecimento de relações quantitativas, indução de hipóteses, verificação das hipóteses (experimentos), generalização dos resultados, confirmação das hipóteses e estabelecimento de leis gerais.

Contemporâneo de Galileu, Francis Bacon assinalou que somente a observação e a experimentação dos fenômenos podem confirmar a verdade. Seu esquema é o seguinte: experimentação, formulação de hipóteses, repetição, teste das hipóteses, formulação de generalizações e leis.

O tipo de experimentação proposto por Bacon é denominado "coincidências constantes". Parte da constatação de que o aparecimento de um fenômeno tem uma causa necessária e suficiente, em cuja presença o fenômeno ocorrerá sempre e em cuja ausência nunca se produzirá.

## 5.3 Tipos de Método

**Método Algébrico:** Método representado por uma equação algébrica, mostrando a solução para um determinado problema. O método algébrico pode ser considerado um método complementar ao método gráfico, porque, depois de definido o ângulo de inclinação da reta e onde a mesma corta o eixo das ordenadas (eixo Y), é possível determinar os coeficientes da reta.

**Método Analógico:** Método criado pelo homem parecido com que existe na natureza. Por exemplo, aviões imitando pássaros.

**Método Cartesiano:** Método científico de René Descartes (1637) que é baseado em quatro fatores: dúvida sistemática, análise ou decomposição, síntese ou comparação e enumeração ou verificação. Tal método influenciou poderosamente a maneira de abordar e solucionar problemas, pois o mesmo decompõe o problema em partes, que são estudadas separadamente.

**Método Científico:** Método orientador da investigação e que, por esta razão, pode derivar outros métodos. Ele é um traço característico da ciência aplicada. O modo pelo qual se aplica este método e a natureza dos problemas aos quais se emprega é que tem gerado certas apreciações selecionadas às formas mais diversas do pensamento científico e ao próprio proceder científico.

**Método Comparativo:** Método que realiza comparações com a finalidade de verificar similitudes e explicar divergências, isto é, consiste em investigar coisas, ou fatos, e explicá-los, segundo suas semelhanças e suas diferenças. Comparando-se semelhanças e divergências pode-se mais bem explicar fenômenos, fatos, fatores, dados, elementos, por exemplo. É um método que propicia investigações de caráter indireto.

**Método da Amostragem:** Método de selecionar unidades, elementos e amostras com o objetivo de estimular outros valores, tais como: média, mediana, moda, variância e desvio padrão. A finalidade deste método é reduzir custos, eliminar desperdícios de tempo, obter dados mais confiáveis e simplificar o trabalho.

Por esse método, cada elemento de uma população deve ter a mesma probabilidade de ser incluído na amostra. Além da amostragem aleatória existe a: amostragem por conglomerado, amostragem estratificada e amostragem de múltiplos estágios.

**Método da Consulta Direta:** Método que se baseia em consultas a consumidores e usuários sobre suas intenções de compra num dado período de um ou mais produtos. A consulta direta ao mercado é, especialmente, desejável na previsão de vendas de um novo produto ou de um novo canal de distribuição, por exemplo. A consulta direta mede a satisfação do consumidor. Pequenos negociantes devem ouvir o que os consumidores têm a dizer para preverem quais as necessidades a serem atendidas.

**Método da Criatividade:** Método que busca encontrar informações ensinando regras e processos para desenvolver a capacidade criativa, ou roteiros para se chegar ao encontro de novas soluções. Mas, tanto a capacidade, como a oportunidade de criar, são raras. O espírito criador não é atributo dos artistas e inventores, tanto que engenheiros, escritores e outros têm a oportunidade de demonstrar sua genialidade.

**Método da Fórmula:** Método cuja solução de um problema é conseguida por meio de uma fórmula.

**Método da Observação:** Método de pesquisa onde aquilo que é observado independe da boa vontade das pessoas, não havendo influência no processo de respostas. As desvantagens são: mais lento, maior custo, dados mais difíceis de interpretação, difícil de se obter dados para situações íntimas.

**Método da Opinião de Especialistas:** Método de previsão de vendas feito por pessoas bem informadas (distribuidores, consultores).

**Método da Opinião de Executivos:** Método de previsão de vendas baseado na média das opiniões dos diversos executivos da empresa.

**Método da Opinião de Vendedores:** Método de previsão de vendas baseado no ponto de vista combinado de vendedores. Esta previsão é feita através da opinião de cada vendedor e no que ele espera vender, em seu território, durante o exercício seguinte. Naturalmente, este método é baseado na crença de que os que estão mais perto do mercado têm melhor conhecimento dele.

**Método da Ponderação:** Método de previsão de vendas baseado em fatores de peso. Adota-se a ponderação, pela simples razão de que os acontecimentos mais recentes são bem mais importantes e influem mais sobre a previsão do que as observações mais antigas.

**Método da Regressão:** Método de previsão de vendas baseado na simplificação das variáveis que determinam a matriz de vendas.

**Método das Coincidências:** Método de causa e efeito que postula: aparecendo a causa, dá-se o efeito, retirando-se a causa o efeito não ocorre, variando-se a causa o efeito se altera.

**Método das Médias Móveis:** Método de previsão de vendas baseado em médias por grupos de valores. A tendência é descrita mediante um ajuste das flutuações de dados através de médias parciais. São eliminados, através deste método, os fatores irregulares, sazonais ou cíclicos por meio de médias sucessivas de grupos de dados.

A média móvel é um dos métodos mais elementares de previsão de vendas, e na sua forma simples pressupõe a existência de tendências ascendentes ou descendentes, eliminando valores aleatórios que podem mascarar o resultado.

**Método das Partidas Dobradas:** Método contábil que mostra o equilíbrio nas diversas contas do ativo e do passivo, porque um débito do ativo corresponde a um crédito do passivo, e vice-versa.

**Método de Análise** – Método em que se busca a melhor solução (resposta) para uma questão colocada em estudo ou dúvida. Ela permite dividir aquilo que se deseja conhecer em tantas partes, dentro do possível, de modo a trazer conhecimento de cada uma delas, e, com isso, chegar ao detalhamento do todo.

**Método de Avaliação:** Método que compara os resultados obtidos com os padrões propostos anteriormente. Uma avaliação deve ter, de preferência, um relato escrito.

**Método de Coleta de Dados:** Método em que as operações precisam ser detalhadamente planejadas e controladas para que os dados coletados tenham alta qualidade e para que as previsões de prazo e custo sejam atingidas.

**Método de Decisão:** Método para decidir qual o melhor caminho soluciona um problema. É um conjunto de atividades sistemáticas e racionais que, com maior segurança e economia, permite alcançar o conhecimento válido na tomada de decisão.

**Método de Ensino:** Método que objetiva transmitir conhecimentos, atitudes e ideais, por exemplo, para conduzir a objetivos conhecidos, para quem transmite e desconhecidos para quem os recebe.

**Método de Escrever:** Método que ajuda a construir bons relatórios. Para que a pessoa saiba escrever é preciso que faça com naturalidade, conheça a língua, saiba pensar, escreva para o leitor e não para si, demonstre acuidade para detalhes e possua capacidade de observação. Um método de escrever pode ser, por exemplo: escolha um assunto, um tema; pense consequentemente; prepare uma lista de ideias; faça um programa de ação; desenvolva um sumário; escreva um esboço (rascunho); revise o rascunho; escreva o texto; faça revisão; mande imprimir; torne a revisar; faça uma avaliação final; solicite críticas de terceiros; edite; publique.

**Método de Investigação:** Método que se destina a descobrir novas verdades, a esclarecer fatos desconhecidos, a enriquecer o conhecimento. É comum que este método seja feito por entrevista.

**Método de Organização:** Método que trabalha sobre fatos conhecidos, procurando ordenar e disciplinar esforços, para que se atinja a eficiência com eficácia.

**Método de Pesquisa:** Método que requer um tratamento científico, permitindo descobrir novos caminhos na busca de verdades, em qualquer campo do conhecimento. Se o método é usado com cuidado, com plena compreensão das possibilidades e limitações, pode se constituir em valiosa ajuda.

**Método de Previsão:** Método para determinar futuros eventos que poderão ocorrer (registros de uma série probabilística) ou não. Todo método de previsão é, por definição, incerto, porque não há um grau de certeza absoluto. Método que estará em função de: recursos disponíveis, conhecimento do coordenador, orçamento, nível de percepção dos envolvidos no processo de previsão. A utilização de um determinado método de previsão terá vantagens e desvantagens como toda escolha entre alternativas. É um método para determinar futuros eventos que poderão ocorrer (registros de uma série probabilística) ou não.

**Método de Solução:** Método que ajuda no tratamento de um problema. É bom, sempre que possível, agir com maturidade, objetividade, estabelecendo relações entre fatos, fenômenos, ideias, acontecimentos e pessoas.

**Método de Trabalho:** Método que mostra a atividade humana voltada para a transformação da natureza, no sentido de satisfazer uma necessidade.

**Método Dedutivo:** Método que parte do geral para o particular, do mais alto nível para o mais baixo nível e da generalidade para o detalhe. Analisando isso sob outro enfoque, diríamos que os métodos dedutivos ou estão corretos ou incorretos, não há meio termo. O método dedutivo tem um propósito explicativo/conclusivo. Por exemplo, todo mamífero tem um coração. Se todos os cães são mamíferos, logo todos os cães têm um coração.

**Método Dialético:** Método baseado no conflito que a mudança causa e como tudo se altera e se esclarece. A dialética é a lógica do conflito, do movimento e da vida.

**Método do Ajuste da Curva:** Método que minimiza as ondulações da curva resposta de uma série histórica. Quando estabelecemos os desvios em relação à média aritmética e aplicamos um fator de correção para o ajuste da série, estamos praticando um ajuste que leva para novos valores.

**Método do Caso:** Método que é uma técnica de simulação. Ele parte do princípio de que existe sempre mais de uma solução adequada para qualquer problema. Tal método requer que seja designado um coordenador que deverá ser o elemento capaz de fazer o grupo trabalhar de maneira organizada, não sendo levado à dispersão.

**Método do Modelo:** Método baseado no cálculo de probabilidade, utilizando modelos anteriores onde as variáveis são mudadas e aí se analisa o resultado.

**Método dos Mínimos Quadrados:** Método de previsão de vendas também conhecido como análise de regressão de Galton, estatístico do Século XIX.

**Método Ensaio e Erro:** Método da tentativa em que se faz o aprendizado por experiência própria, imitação e identificação com modelos já existentes. Este método pode se basear no estudo dos erros e acertos.

**Método Específico:** Método que representa o detalhamento mais completo da investigação. Os métodos específicos mais conhecidos são: Observacional; Histórico; Comparativo; Monográfico; Estatístico; Tipológico; Funcionalista; Estruturalista.

**Método Estatístico:** Método aplicado ao estudo dos fenômenos aleatórios. Praticamente, todos os fenômenos que ocorrem na natureza são aleatórios. Tais fenômenos se destacam, porque eles se repetem e estão associados a uma variabilidade. Após a ocorrência de um fenômeno aleatório, é impossível prever com precisão o resultado de nova ocorrência.

**Método Estruturalista:** Método que caminha do concreto para o abstrato e vice-versa.

**Método Experimental:** Método em que as variáveis, de maneira preestabelecida e seus efeitos suficientemente controlados desempenham dupla função para descobrir conexões causais e atingir a demonstrabilidade. O princípio central da aplicação dos métodos experimentais é que devemos aceitar os resultados tal como eles se apresentam com tudo que neles haja de imprevisto e de acidental e, diante dos resultados, é necessário esquecer as próprias opiniões e as opiniões alheias. No método experimental, os agentes são examinados nas relações de uns para com os outros, devendo ser dimensionados.

**Método Funcionalista:** Método que estuda a sociedade do ponto de vista da função de suas unidades, isto é, um sistema organizado de atividades.

**Método Geométrico:** Método baseado, principalmente, na geometria plana para se calcular, sem contas, o valor que se deseja. Utiliza sempre um referencial cartesiano, cujos eixos são quantificados.

**Método Gráfico** – Método baseado na representação gráfica que permite, com razoável rapidez, chegar-se à conclusão sobre a evolução da situação (fenômeno), bem como estabelecer relações entre os dados apontados, suas relações entre si e com o todo. O método gráfico, para facilitar o seu entendimento, precisa ser racional, claro, preciso e conciso.

**Método Heurístico:** Método onde se busca a solução através de tentativas ao acaso, examinando cada uma até onde ela constitui uma resposta ao problema existente, oferecendo uma solução, pois cada tentativa permite corrigir os erros e melhor caminhar em direção ao objetivo, tendo a desvantagem de ser mais dispendioso. Como os computadores têm muita velocidade e podem testar muitas alternativas. O método heurístico tem sido empregado para a solução de problemas aparentemente insolúveis e que acabam sendo resolvidos mediante o emprego da analogia, que é partir do conhecido para chegar ao desconhecido.

**Método Histórico:** Método que consiste em investigar acontecimentos, processos, cenários, ambientes, situações, mercados e organizações do passado para verificar a sua influência na sociedade de hoje.

**Método Indutivo:** Método que parte do particular para o geral, do detalhe para a generalidade. Neste caso, apresenta-se como uma forma de raciocínio que vai de simples dados para uma verdade geral. O método indutivo tem como objetivo final à inferência perfeita. Assim, por exemplo, se todos os cães que foram observados tinham um coração, logo todos os cães têm um coração. Os principais tipos de inferência indutiva são: da amostra para a população; da população para a amostra; da amostra para outra amostra; das observações verificáveis para uma hipótese.

**Método Intuitivo:** Método que julga pequenas amostras tão convincentes quanto as grandes, ou mais convincentes ainda. São milhares e milhares os dados experimentais, coletados desde muito tempo atrás, que revelam o fato de que as pessoas pensam intuitivamente. Elas pensam de acordo com regras de decisão simples, o que é uma maneira eufemística de dizer que, em nosso mundo complexo elas confiam no "faro". Necessitamos de meios para

**Método Lógico:** Método que consiste em partir da premissa certa e, através de raciocínio dedutivo ou indutivo, avançar por etapas até chegar a uma solução válida e relevante.

**Método Matemático:** Método que utiliza: números, fórmulas, equações, formas geométricas, quadros, matrizes, planilhas, tabelas, por exemplo, de maneira lógica e simples.

**Método Monográfico:** Método que consiste no estudo de determinados indivíduos, profissões, condições, instituições, grupos ou comunidades, com a finalidade de obter generalizações.

**Método Observacional:** Método que se fundamenta em procedimentos de natureza sensorial, como produto do processo em que se empenha o pesquisador no mundo dos fenômenos empíricos. A observação deve ser sempre uma atividade humana para um aprendizado ativo com uma postura dirigida para um determinado fato. O método observacional é considerado o primeiro passo de um estudo de qualquer natureza, no entanto, a observação do indivíduo estará em função da sua percepção. Por isso, uns veem coisas que outros nem desconfiam.

**Método Racional:** Método cujos elementos estão embasados na razão. O ser humano, ao fazer uso da sua razão sobre os acontecimentos que o cercam, chega, necessariamente, à condição ou inferência fundamentada nas observações analíticas dos acontecimentos.

**Método Simbólico:** Método representado por uma ideia (tangível ou intangível), por meio de símbolos que são desenhos que têm uma relação gratuita com o que eles representam.

**Método Simulatório:** Método utilizado para situações não facilmente definidas ou parcialmente definidas; ver simulação.

**Método Tabular:** Método que utiliza tabela na solução de um problema.

**Método Tipológico:** Método que cria tipos ou modelos ideais, construídos a partir da análise de aspectos essenciais do fenômeno.

## 5.4 Metodologia

A metodologia é o arranjo de etapas (passos) de ação, por meio de uma organização lógica de procedimentos, visando atingir um determinado objetivo, que pode ser a solução de um problema. Se tal objetivo não for alcançado, é provável, que as etapas não foram seguidas ou as mesmas estão equivocadas.

Também pode ser considerada como uma coleção de métodos, técnicas, procedimentos e ferramentas para otimizar um determinado processo, levando o indivíduo a conhecer, agir e fazer um determinado estudo. É importante esclarecer que a metodologia é conhecida como a Ciência dos Métodos.

A contribuição da metodologia é a de organizar as atividades, tornando mais provável que os problemas sejam atacados no momento apropriado. Toda metodologia deve possuir uma filosofia própria, isto é, um conjunto de ideias iniciais que constitui a sua fundamentação conceitual e que serve de embasamento para as demais regras de sua construção.

Dessa forma, a ação adequada deve ser precedida de diagnósticos dos sintomas dos problemas, o que não é muito complicado, quanto às questões técnicas e operacionais. Mas, que se torna muito complexo quando envolver temas comportamentais e afetivos, cujas sutilezas exigem análise mais intensa.

A contribuição da metodologia é a de organizar as atividades, tornando mais provável que os problemas sejam atacados no momento apropriado.

A seguir, algumas vantagens que a metodologia pode proporcionar:

- O desenvolvimento de um produto (projeto) é muito mais rápido.
- Uma redução importante nos custos.
- A maioria dos erros é encontrada antes da implementação.
- Cada nível de construção precisa do anterior (visão sistêmica).
- Especificações internamente completas e consistentes são reforçadas.
- Garantia da integridade da solução após a implantação.
- Menos problemas de comunicação e de pessoal.
- Diminuição da papelada.

- Identificação, utilização e facilidade de módulos comuns.
- Facilidade de manutenção.
- Todas as modificações são feitas de forma clara e transparente.
- O processo metodológico pode ser utilizado para diferentes ambientes e situações.

## 5.5 Tipos de Metodologia

**Metodologia Estruturada:** Metodologia que preconiza que o projeto deve ser administrado por meio de ações gerenciais, que são executadas com base na experiência do gerente do projeto e de sua equipe. E, também, em um conjunto de documentos que são confeccionados a partir de conceitos básicos, tendo como preocupação a: conceituação, objetividade, clareza, concisão e reflexão. A metodologia estruturada:

- Permite uma abordagem disciplinada de projetos em computador.
- Permite que a forma do problema guie a forma da solução.
- Resolve a complexidade por meio da segmentação.
- Utiliza ferramentas, especificamente gráficas, de fácil compreensão.
- Oferece um conjunto de estratégias.
- Oferece critérios para avaliar a qualidade de um dado.
- Produz sistemas fáceis de entender, confiáveis, passíveis de longa vida, facilmente desenvolvidos, eficientes e que funcionam.

**Metodologia Gerencial:** Metodologia para dar suporte ao trabalho a ser desenvolvido, quer seja na solução de um problema, na tomada de decisão, na construção de um plano, na elaboração de estratégias, na implementação de um programa, na análise de risco, no gerenciamento dos recursos, na condução de um projeto e muitas outras atividades gerenciais. A metodologia de gerenciamento:

- Avalia a situação, fazendo um estudo preliminar de sua abrangência.
- Identifica o público-alvo (usuário, consumidor, paciente, colaborador).
- Avalia o risco, definindo como será a abordagem.
- Faz uma primeira versão do plano de ação.
- Dimensiona os recursos que pode dispor e como otimizá-los.
- Define prioridades, responsabilidades, prazos e orçamentos.
- Verifica quais modelos e políticas possui a empresa.
- Estabelece a relação Custo/Benefício (custo, preço, qualidade e lucro).
- Faz uma apreciação preliminar de resultados.
- Implementa e comunica a solução aos interessados e envolvidos no processo.
- Estabelece mecanismos de controle, avaliação e realimentação.
- Relata os desvios e como fazer para corrigir o sistema.

**Metodologia da Reunião:**

As fases principais de uma metodologia que auxiliará a transformar uma reunião em uma atividade agradável podem ser, por exemplo:

- Preparar o ambiente.
- Animar e dirigir a discussão.
- Fazer, vez por outra, um balanço da situação.
- Concluir a reunião.
- Fazer uma ata da reunião.

**Metodologia da Pesquisa:**

Os principais passos de uma metodologia de pesquisa são:

- Ocorrência e/ou percepção de uma dificuldade.
- Definição do problema.
- Planejamento do trabalho e do orçamento.
- Determinação dos recursos (todos) necessários.
- Elaboração de uma hipótese (possível solução).
- Coleta de dados.
- Operacionalização, interpretação e análise de dados.
- Elaboração racional de um diagnóstico.
- Formulação de uma solução e/ou conclusão.
- Justificação da solução.
- Apresentação do relatório da pesquisa.
- Aplicação da metodologia para um novo problema.

**Metodologia do Planejamento:**

A metodologia do planejamento é de extrema importância, porque servirá de guia para o desenvolvimento de um planejamento adequado. Tal metodologia não deve ser abandonada de imediato se algo não for certo. É preciso ter a inteligência de mudar, caso esteja fora de ordem para a sua abordagem, pois uma etapa só é iniciada após a conclusão da anterior. As etapas básicas de uma metodologia para elaboração de um planejamento são:

- Analise o ambiental (ler cenário), identificando oportunidades e ameaças.
- Defina a missão da empresa (finalidade do negócio).
- Faça um diagnóstico estratégico (definir problemas de responsabilidade da empresa).
- Determine os objetivos básicos (um a três) e complementares (dois a quatro).

- Determine quais recursos serão necessários, bem como as informações.
- Formule as alternativas e modelos, pela análise do fluxo de decisões.
- Estude a relação custo/qualidade/preço/lucro, escolhendo a estratégia do negócio.
- Estude as vantagens, desvantagens, pontos fortes e pontos fracos.
- Desenvolva planos estratégicos, táticos e operacionais.
- Monte a estrutura organizacional e sistemas de informação e de comunicação.
- Defina os instrumentos prescritivos, quantitativos e qualitativos.
- Defina os padrões de desempenho compatíveis com os objetivos.
- Estabeleça os meios para controle, avaliação e feedback.
- Implemente o planejamento (plano), corrigindo desvios.

**Metodologia do Projeto:**

Muitas são as metodologias para se abordar um projeto, mas a mais utilizada é a metodologia estruturada. A seguir, estão sendo apresentadas as fases da metodologia do projeto:

- Apresente a ideia inicial e reconheça as necessidades do projeto.
- Identifique o problema a resolver.
- Estude a viabilidade do projeto e mostre a sua finalidade.
- Dimensione os recursos necessários.
- Faça uma pesquisa de mercado e uma análise da situação.
- Estruture o projeto e redija um plano.
- Conheça a expectativa da direção da empresa.
- Conheça o produto a ser desenvolvido e seu ambiente.
- Defina a provável equipe.
- Conheça as vantagens, importâncias e benefícios.
- Faça considerações iniciais sobre as melhores estratégias.
- Defina o escopo do projeto, a data de início e de término.
- Defina as metas e estabeleça critérios de aceitação.
- Monte a estratégia de execução, estabelecendo as fases do cronograma.
- Defina responsabilidades de execução e elabore a lista de atividades, suas durações e precedências.
- Levante as necessidades de cada atividade e seus custos.
- Identifique os riscos (baixo, médio ou alto), estabelecendo contramedidas.
- Defina as normas de acompanhamento da execução do projeto.
- Defina as normas de controle de modificações.
- Faça o plano de treinamento com inclusão de datas.
- Analise e escolha as ferramentas gerenciais sugeridas.
- Determine os fatores críticos de sucesso.
- Anote sugestões e críticas, revisando o plano do projeto.
- Consolide os planos num documento único.

- Consiga aprovação e comprometimento, implante o projeto.
- Faça divulgação e testes, avaliando resultados.

**Metodologia do Treinamento:**

A metodologia a ser aplicada estará, em função dos resultados que se quer obter e, também dos recursos instrucionais de que dispõe a empresa. As fases básicas dessa metodologia são:

- Levantamento das necessidades por setor.
- Aplicação dos princípios de aprendizagem.
- Escolha do método adequado ao público-alvo.
- Reunião dos materiais e dados para a instrução.
- Elaboração do programa.
- Treinamento dos instrutores.
- Implementação do treinamento.
- Avaliação e controle do resultado.
- Relatório.

A metodologia do treinamento pode variar em função dos meios e dos objetivos pretendidos. As ferramentas mais usadas são: apostilhas, manuais, filmes, regulamentos, simulações, estudos de caso, teleconferências, testes, palestras, modelos, esquemas, gráficos

**Metodologia Empregada:**

A análise, mesmo de acordo com uma metodologia científica, apresenta dificuldades, limitações, obstáculos, problemas e riscos, dos mais diversos, antes, durante e depois da análise. De um modo geral, cabe à administração da empresa determinar que um estudo seja feito, seu grau de profundidade, sua duração e seu custo.

Essas determinações agem, daí em diante, como limitações ao trabalho do grupo de análise, e, em alguns casos, podem ocasionar conflitos. Seria o caso de, por exemplo, o estudo de uma determinada atividade indicar que uma outra, a ela ligada, deve também ser reformulada. Se o custo, ou a duração dessa reformulação, não for aceito, o estudo não será feito e, com isso, a atividade inicialmente em pauta ficará certamente com alguma falha, o que não agradará ao grupo de análise.

**Metodologia da Comunicação:**

Uma metodologia de comunicação pode ser estruturada da seguinte forma:

- Definir o objeto da comunicação.

- Identificar o público-alvo.
- Determinar objetivos a serem alcançados.
- Escolher o sistema de comunicação mais apropriado.
- Selecionar o canal de comunicação.
- Escolher o tipo de linguagem.
- Escolher e selecionar mensagens.
- Estudar viabilidade de execução.
- Montar orçamento.
- Implementar sistema de comunicação.
- Avaliar resultados.
- Estabelecer correções.

**Metodologia da Pesquisa Operacional**:

Os principais passos da pesquisa operacional são:

- Formulação do problema.
- Construção do modelo matemático que represente o problema.
- Inferência (dedução) de uma solução através do modelo.
- Teste do modelo e da solução dele derivada.
- Estabelecimento de controles de avaliação.
- Implementação da solução.

**Metodologia do Plano Empresarial:**

- Definir Objetivos Corporativos.
- Avaliar Forças Externas.
- Avaliar Forças Internas.
- Realizar uma Análise dos Pontos Fortes e Fracos.
- Realizar uma Análise de Oportunidades e Ameaças.
- Fazer Suposições (levantamento de hipóteses).
- Desenvolver Estratégias.
- Definir Programas.
- Elaborar Orçamentos.
- Escrever o Plano.
- Comunicar o Plano.
- Implementar o Plano.
- Usar um Sistema de Controle.
- Avaliar Resultados.
- Fazer Correções Necessárias.

- Fazer Revisão e Atualização.

**Metodologia do Ensino:**

A metodologia a ser aplicada estará, em função dos resultados que se quer obter e, também dos recursos instrucionais de que dispõe a empresa. As fases básicas dessa metodologia são:

- Levantamento das necessidades do público-alvo.
- Aplicação dos princípios de ensino.
- Escolha do método adequado ao público-alvo.
- Reunião dos materiais necessários ao ensino.
- Elaboração do programa de ensino.
- Treinamento dos professores.
- Implementação do curso.
- Avaliação e controle do resultado.

**Metodologia de Avaliação:**

- Escolha os fatores de avaliação.
- Dê pesos aos fatores de avaliação.
- Monte uma escala de pontuação.
- Tabule os resultados da avaliação.
- Estabeleça um gráfico ou uma matriz de análise.
- Compare com valores históricos.
- Defina os novos padrões.

**Metodologia de Construção de Projeto:**

- Produza o documento de abertura do projeto.
- Conheça a expectativa da direção.
- Conheça o produto a ser desenvolvido.
- Conheça o ambiente, defina a provável equipe.
- Conheça as vantagens, importâncias e benefícios.
- Faça considerações iniciais sobre as melhores estratégias.
- Defina o escopo do projeto.
- Defina meta, data de início, data de término e custo.
- Defina as metas intermediárias.
- Estabeleça os critérios de aceitação das metas.
- Monte a estrutura de decomposição do projeto.
- Monte a estratégia de execução.

- Estabeleça as fases do cronograma.
- Defina responsabilidades de execução.
- Defina as faixas de incerteza aceitáveis (tempo, custo, qualidade).
- Elabore a lista de atividades, suas durações e precedências.
- Levante as necessidades de cada atividade e seus custos.
- Identifique os riscos, qualifique o tamanho do risco (nulo, baixo, médio ou alto).
- Estabeleça contramedidas.
- Defina as normas de acompanhamento da execução do projeto.
- Defina as normas de controle de modificações.
- Faça uma tabela das fases do projeto versus tecnologias a serem empregadas.
- Faça uma tabela de tecnologias versus conhecimentos da equipe do projeto.
- Faça uma tabela de necessidade de treinamento para cada membro da equipe.
- Faça o plano de treinamento com inclusão de datas.
- Identifique os setores externos à sua autoridade que estarão envolvidos neste projeto.
- Defina as responsabilidades de cada um em documento.
- Consiga o "de acordo" dos envolvidos.
- Identifique o tipo do projeto.
- Analise as ferramentas gerenciais sugeridas, escolha a ferramenta mais adequada.
- Determine os fatores críticos de sucesso.
- Apresente o plano do projeto a um grupo para uma avaliação.
- Anote sugestões e críticas, revise o plano do projeto.
- Consolide os planos num documento único.
- Consiga aprovação e comprometimento.
- Faça a divulgação enviando para cada membro do grupo somente o necessário ao seu conhecimento.

**Metodologia de Construção de Sistema**:

- Inventariar sintomas.
- Definir a missão do negócio.
- Determinar aquilo que é essencial.
- Definir objetivos das funções vitais.
- Comparar o real com o desejado, determinar os desvios.
- Escolher variáveis a serem alteradas.
- Definir as estratégias.
- Recolher, no mercado, modelos semelhantes à situação.
- Desenvolver planos e escolher modelos a serem adotados.
- Determinar a abordagem da implementação.
- Incentivar a participação ativa dos usuários.
- Desenvolver anteprojeto.
- Determinar tecnologia de apoio.

- Projetar mudanças culturais.
- Projetar banco de dados e sistemas de conversão.
- Projetar testes de sistema e programa de treinamento.
- Efetuar aprovação de projeto e de tarefas de avaliação.
- Preparar e delinear a construção do sistema.
- Implementar pacote de aplicação.
- Testar sistema.
- Acompanhar trabalho dos usuários.
- Manter o sistema em funcionamento.

**Metodologia de Reconstrução de Sistema**:

- Identificação, seleção e reconhecimento do sistema.
- Estudo de viabilidade e de alternativas.
- Levantamento e análise detalhada da situação atual.
- Delineamento e estruturação do novo sistema.
- Detalhamento do novo sistema.
- Implementação, testes e treinamento.
- Implantação, acompanhamento, avaliação e atualização.

**Metodologia de Desenvolvimento de Projeto**:

- Identificação do problema-alvo.
- Análise do ambiente do projeto.
- Definição dos objetivos, desafios e metas a serem alcançados.
- Definição dos critérios e parâmetros de avaliação do projeto.
- Elaboração dos estudos de viabilidade necessários.
- Negociação e definição dos recursos necessários.
- Identificação da equipe de trabalho; programação e alocação dos recursos.
- Elaboração do manual do projeto.
- Utilização dos recursos disponíveis de acordo com o programado.
- Supervisão da equipe de trabalho.
- Acompanhamento e controle das atividades.
- Avaliação final dos trabalhos executados.

**Metodologia de Reengenharia:**

- Avaliar a posição da empresa em relação aos concorrentes, relacionando as vantagens competitivas de cada um.
- Definir objetivos próprios e uma estratégia que possibilite a empresa superar seus concorrentes e

aumentar a satisfação do consumidor.

- Relacionar todos os processos e atividades que viabilizam a nova estratégia da empresa; organizar a equipe que vai realizar a reengenharia.
- Avaliar cada processo atual, principalmente, para o que diz respeito a: problemas, índices de desempenho, revisões de atividades, reavaliações dos custos.
- Aplicar os princípios básicos para a prática da reengenharia, que são: benchmarking (plataforma de qualidade), terceirização, parceria, downsizing (enxugamento da estrutura) e tecnologia digital da informação.
- Construir um novo modelo, numa visão de solução ótima, buscando: simplificar e combinar funções, centralizar ou descentralizar funções, criar múltiplas versões do processo, achar local adequado, eliminar controles e verificações, realizar atividades em paralelo, estabelecer ligações eletrônicas, incorporar e melhorar interfaces.
- Formular alternativas para encontrar soluções mais econômicas e mais viáveis para implementação.
- Implantar, a partir de um plano, todas as atividades a realizar, recursos a consumir e responsabilidades a assumir.

**Metodologia do Projeto de Parceria**:

- Defina os objetivos; escolha o parceiro.
- Avalie a competência do parceiro.
- Faça um contrato, se for o caso; defina as regras da parceria.
- Monte a equipe executiva; estabeleça responsabilidades e prazos.
- Desenvolva um banco de dados.
- Monte um cronograma do projeto.
- Faça a implementação.
- Avalie o desempenho.

**Metodologia de Desenvolvimento de Novo Produto**:

- Crie um grupo de trabalho.
- Busque uma grande quantidade de ideias possíveis para o produto.
- Consulte consumidores, fornecedores, distribuidores, concorrentes, vendedores, funcionários.
- Estabeleça critérios de seleção e triagem.
- Questione sobre o produto.
- Faça análises e estimativas.
- Desenvolva protótipos e amostras.
- Faça testes de consumo e de mercado.
- Infira dados.
- Determine os atributos do produto.
- Desenvolva métodos e técnicas de comercialização.

**Metodologia de Racionalização:**

- Identificação do problema.
- Decomposição do problema em seus elementos mais simples.
- Análise dos dados (componentes) obtidos.
- Hierarquização e classificação dos componentes.
- Eliminação do desnecessário.
- Integração lógica dos elementos necessários.
- Aferição da validade.
- Formulação de alternativas.
- Escolha da melhor solução.
- Estimativa do desempenho.
- Aprovação da solução.
- Elaboração do modelo.
- Implantação oportuna.
- Controle de resultados.
- Correções e aperfeiçoamento.

**Metodologia de Investigação:**

- Perceber o problema.
- Formular e enumerar perguntas.
- Prever especificidades.
- Verificar se os elementos são familiares.
- Fazer comparações.
- Arbitrar conjecturas para contestar as perguntas.
- Reestruturar e redefinir o problema.
- Formular hipóteses de solução.
- Substituir as hipóteses conflitantes.
- Determinar o método de análise.
- Analisar o problema.
- Aferir e interpretar os resultados.
- Estimar a pretensão de verdade das conjecturas e fidelidades das técnicas.
- Determinar os domínios em que valem as hipóteses.
- Declarar verdadeira a hipótese satisfatória.
- Formular soluções.
- Questionar o caminho proposto e aventar outras possibilidades.
- Escolher a solução mais plausível.
- Aplicar a solução.

- Formular novo problema.

**Metodologia de Estudo de Caso:**

O coordenador deverá conduzir o debate no sentido de que não haja perda de tempo ou que alguém não desvie o grupo do tema em questão. Embora o caso seja discutido em grupo, é comum dividi-lo em subgrupos menores. Cabem ao coordenador-geral os seguintes procedimentos:

- Anunciar e apresentar o caso, pedindo aos participantes que façam anotações individualmente.
- Explicar que os participantes não devem perder tempo com dúvidas momentâneas, porque estas serão dirimidas pelo grupo.
- Dar início a discussão, trazendo perguntas, como: O que chamou mais atenção? Qual é realmente o problema?
- Dar a palavra a quem solicitar, administrando o tempo de cada um; fazer comentários.
- Incitar o debate.
- Pedir que cada grupo estude um determinado aspecto do problema.
- Ser mais ouvinte do que orador para não inibir os participantes.

Independente do grupo, cada um deve apresentar o seu relatório. Cabe ao coordenador apresentar: a sua definição do problema e qual a definição de consenso dos grupos; a sua análise e quais foram as análises apresentadas pelos grupos; a sua solução, as soluções parciais e a solução "final" dada pelo(s) grupo(s).

**Metodologia de Leitura:**

- Delimitar a unidade de leitura.
- Distinguir as ideias principais das secundárias.
- Diferençar as ideias secundárias entre si.
- Identificar as ideias, através das palavras que as exprimem.
- Classificar as ideias acessórias que servem de apoio às ideias secundárias.
- Procurar as ligações que unem duas ideias sucessivas.
- Distinguir ideias paralelas, opostas, coordenadas ou subordinadas entre si.
- Analisar a sequência das ideias, procurando distinguir o encadeamento lógico, o raciocínio dedutivo, indutivo ou misto das demonstrações (exposições).

**Metodologia de Modelagem de Projeto**:

- Questões iniciais.
- Motivos.
- Definição do projeto.
- Definição dos produtos a serem criados.

- Definição dos objetivos.
- Projeção do ciclo de vida.
- Identificação da demanda.
- Análise da demanda.
- Finalidade do projeto.
- Descrição do processo de modelagem.
- Capacidade técnica, capacidade econômica.
- Distribuição e transporte.
- Insumos e recursos.
- Sequência lógica do projeto.
- Descrição das atividades.
- Construção de redes.
- Utilização de software.
- Cronograma.
- Interação socioeconômica.
- Inserção cultural e política.
- Planos e programas.
- Inserção organizacional.
- Relações do projeto.
- Administração do projeto.
- Organograma.
- Aprovisionamento e controle.
- Provisão de recursos humanos.
- Descrição de tarefas.
- Recrutamento, seleção e contratação.
- Provisão de bens tangíveis.
- Estoques.
- Matriz de comunicação.
- Planejamento da qualidade.
- Orçamento.
- Análise de custos.
- Demonstrativos financeiros.
- Especificações de investimentos.
- Aporte financeiro.
- Decisão e risco.
- Sistemas de controle.

**Metodologia de Ouvir:**

- Achar áreas de interesse, mesmo que o assunto seja árido.
- Julgar o conteúdo e não a apresentação.

- Manter o sentido de audição alerta.
- Prestar atenção, controlar seu entusiasmo.
- Procurar sempre ver quem fala, a visão ajuda a audição.
- Não encostar o corpo na mesa.
- Aplicar-se em ouvir, evitar as interrupções.
- Resistir às distrações.
- Fazer o possível para não se entregar as emoções.
- Ouvir para compreender e não para responder.
- Ter tempo para ouvir as ideias, os fatos e o tema central.
- Ser flexível.
- Tomar notas (três a quatro esquemas).
- Tirar vantagens do fato de que o pensamento é mais rápido que a fala.
- Desafiar, antecipar, resumir mentalmente e pesar as evidências.
- Ligar objetivamente o material à própria experiência.

**Metodologia de Editoração:**

- Selecionar temas, assuntos, matérias e tópicos de abordagem.
- Definir o campo de conhecimento a ser trabalhado.
- Pesquisar, analisar, classificar e avaliar os dados coletados.
- Reconhecer e definir o problema a ser investigado, destacando os seus elementos.
- Preparar um esquema de trabalho.
- Hierarquizar as ideias e inter-relações.
- Identificar a ideia principal e partir dela para construir o relatório.
- Apresentar hipótese de solução.
- Sistematizar a exposição.
- Argumentar a favor da decisão escolhida.
- Escolher o estilo redacional e a forma de apresentação.
- Revisar todo o rascunho.
- Redigir o relatório dentro da estrutura organizacional prevista, fazendo pequenas modificações.
- Comunicar o relatório a quem de direito.
- Solicitar leitura crítica do superior.
- Acompanhar a implementação daquilo que foi sugerido.

**Metodologia do Teste Brinde:**

- Convidar um grupo de pessoas (seis a dez), de categorias profissionais diferentes.
- Oferecer transporte gratuito de ida e volta para o local do teste.
- Elaborar os novos alimentos que vão ser avaliados.
- Preparar uma sala especialmente para o teste, designando um coordenador.

- Providenciar produtos concorrentes e misturá-los com os nossos.
- Identificar os provadores (degustadores) com crachás.
- Identificar os produtos a serem testados, apenas por um número.
- Ter o chefe da cozinha presente ao evento.
- Anotar tudo que for dito e comentado sobre os alimentos colocados em teste.
- Elaborar um pequeno questionário para facilitar a tabulação de dados.
- Explicar o motivo da reunião e como o teste será realizado.
- Explicar que cada participante pode provar quantas vezes quiser cada amostra.
- Aplicar, ao final da reunião, o questionário de pesquisa.
- Desenvolver um relatório com os detalhes observados e suas sugestões de melhoria.
- Realizar uma reunião com os funcionários envolvidos no processo, para corrigir erros.

**Nota:** Muitos temas parecem que tem metodologias semelhantes. Na realidade cada tratamento possui peculiaridades distintas.

# Capítulo 6

# PROCESSO e PROCEDIMENTO

*"Um dos importantes aspectos das modernas transformações do pensamento científico é não haver um único sistema que abranja todas as coisas".*

L. Von Bertalanffy

## Objetivos do Capítulo

- Mostrar as vantagens de ter bons processos e procedimentos.
- Mostrar exemplos de processos e procedimentos.
- Mostrar que processos bem elaborados são ferramentas que dão um grande suporte às funções administrativas.
- Mostrar as diferenças entre processo, procedimento e rotina.

## 6.1 Processo

Processo é um conjunto de etapas (passos) sequenciais que apresenta mudança ao longo do tempo, tendo certa continuidade. É dinâmico, cíclico e sistêmico (cada etapa afeta as demais). É o detalhamento de como fazer. Praticamente, todo e qualquer trabalho é visto como um processo.

Mesmo que se faça uma atividade de diferentes maneiras, é básico que se siga um processo já estabelecido anteriormente ou que seja fruto de um ato empírico, constituindo-se, em ambos os casos, num padrão momentâneo. Então este processo é antigo, porque sempre foi assim.

O processo está relacionado com as decisões, atividades, estratégias, táticas, políticas, restrições, oportunidades, controles, planos. O processo de produção, por exemplo, será avaliado, em função das técnicas e práticas operacionais de fabricação. Não há nenhuma maneira universalmente correta de elabora um processo, qualquer que seja.

O passo é a parte elementar do processo. Dificilmente, se encontram trabalho de apenas um passo. Heráclito destacou a importância do conceito de processo ao declarar: "um homem não cruza, mais de uma vez, um mesmo rio utilizando determinado processo".

Na prática, dificilmente se encontram trabalhos formados por um só passo. Pode-se dizer que cada trabalho seja constituído por uma sequência de passos, mais ou menos, numerosa. O processo mostra em detalhes como fazer uma operação, atividade ou tarefa. Ele apresenta contínua mudança no tempo. É bom observar que na definição de passo e de processo não é importante buscar uma cronologia

## 6.2 Tipos de Processo

A seguir, exemplos de processos;

**Processo Administrativo:** Processo voltado para a ação empresarial para atingir objetivos (resultados). A finalidade do processo administrativo é garantir a realização de objetivos por meio da aplicação de recursos. Assim, o leitor precisa pensar em como otimizar os recursos que possui para produzir bens e serviços, com lucro.

**Processo Criativo:** Processo crítico da realidade que resulta em algo antes desconhecido e não praticado. É um movimento que está ligado a algo novo e diz respeito a uma capacidade de encontrar novos caminhos ou novas soluções para problemas e/ou oportunidades do momento. Pressupõe um poder de alterar o ambiente corporativo para melhor;

**Processo de Delegação:** Processo que passa pelas seguintes etapas: verificar se a política da empresa aborda a abrangência, suficiência e necessidade; definir e distribuir tarefas; estabelecer metas, autoridade e responsabilidades; comunicar com clareza as atividades delegadas; estabelecer sistemas de controle.

**Processo de Previsão:** Processo que considera fatos importantes, fatores sazonais, ciclos de demanda, tendências e métodos possíveis para realizar a pesquisa. Toda previsão tem valor relativo, pois, como já foi visto, não há certeza, devido a sua própria natureza. As previsões diferem apenas na extensão dos seus erros. Por isso, a previsão deve ser considerada sempre como um meio e nunca como um fim em si mesmo.

O processo de previsão impõe considerar fatos importantes, fatores sazonais, ciclos de demandas, tendências e métodos possíveis para realizar a pesquisa.

**Processo de Venda:** Processo que é um conjunto de fases (etapas) de forma sequencial, apresentando mudanças ao longo do tempo, tendo certa continuidade. Processo onde se faz necessário analisar dois principais aspectos: as fases da venda e os elementos componentes.

Estas etapas ajudam a identificar o consumidor, chegar até ele e convencer o mesmo a comprar. Então este processo é antigo, porque sempre foi assim. O problema está em como: identificar, chegar e convencer o comprador.

**Processo Histórico:** Processo que é um conjunto de conhecimentos adquiridos através da tradição oral e/ou por documentos relativos à evolução da humanidade.

**Processo de Aprendizagem:** Processo que desempenha importante papel na percepção. As pessoas trazem, para a organização, determinados padrões aprendidos e não outros possíveis. De fato, as expectativas oriundas de experiências passadas podem fazer com que as pessoas introduzam fenômenos que não estão presentes no objeto que está sendo estudado e, também, por influências individuais.

Às vezes, as pessoas deixam de “ver” coisas que se opõem as suas ideias preconcebidas ou as que possam perturbá-las.

**Processo de Controle:** Processo que se realiza nas seguintes etapas: estabelecimentos de padrões, mensuração, comparação e correção. Verifica e compara os resultados alcançados com aquilo que foi estabelecido no planejamento (resultados esperados).

**Processo Decisório:** Processo que escolhe as diretrizes que vão nortear as ações, no sentido de mudar do estado presente para o estado desejado (objetivo, por exemplo). Uma boa maneira para poder começar a entender o processo de tomada de decisão é fazer uma abordagem idealizada e totalmente racional do problema, comparando o ideal com o real.

O processo de decisão não deve ser considerado como um sistema mecânico com diferenciações e relações precisas. As interações podem facilitar ou impedir o processo de decisão, mas elas não podem ser eliminadas das organizações.

As pessoas agem como se os problemas empresariais fossem resolvidos por um único cérebro. As decisões têm um caráter descentralizado na sua essência, já que ninguém poderá sozinho controlar as decisões em todos os níveis de uma organização. Para decidir qual o caminho a tomar para a solução de um problema empresarial, normalmente, deve-se agir com maturidade, objetividade e método.

**Processo de Pesquisa:** Processo que consiste de atividades intimamente relacionadas e que, continuamente, se sobrepõem, em vez de seguir uma sequência estritamente determinada e única. Se os processos subsequentes não forem considerados nos estágios iniciais, podem surgir sérias dificuldades que impedirão a complementação do objeto de estudo.

É bom observar que o interesse pela minúcia, muitas vezes, dificulta a percepção do todo.

**Processo de Negociação:** Processo que é um tipo de interação humana em que as partes buscam resolver diferenças através da obtenção de um acordo, troca, partilha, barganha, doação. Negociação não é recente. Ela tem sido empregada por milhares de anos como modo não violento e, socialmente, aceitável de alcançar e conciliar as diferenças e os conflitos

Todos sabem que um processo acontece em etapas e, portanto, precisa ser bem delineado. Assim, negociação, provavelmente, não apresentará problemas, se as fases do processo seguirem uma determinada cronologia, que vai da preparação até a avaliação de resultado.

É verdade que o resultado da negociação é muito importante. Mas, se nós vamos voltar a negociar com a mesma pessoa, é crítico que passemos a considerar também o andamento do processo de negociação. Certamente, a próxima negociação poderá ser beneficiada ou prejudicada, em função de como foi conduzida a anterior.

**Processo de Planejamento:** Processo que envolve uma análise completa das potencialidades, oportunidades, fragilidades e limitações, no que diz respeito a: ambiente, recurso, objetivo, produto, processo, mercado e público-alvo. Se o processo de planejamento for bem elaborado todos chegarão a uma compreensão do significado do vocabulário utilizado e a comunicação fluirá melhor.

Não há nenhuma maneira universalmente correta de elaborar um planejamento. Cada um tem o seu esquema favorito para implementar o planejamento, reconhecendo que o processo de redigir o plano é que é fundamental. Mas o planejador também sabe que uma uniformidade no feitio de qualquer plano torna tal processo mais fácil, para todos os envolvidos, seja o autor, o revisor ou o analista.

**Processo de Padronização:** Processo realizado por meio das seguintes fases:

Estabelecimento de Padrões – Nesta fase são estabelecidos padrões (resultados desejados) de desempenho como base de comparação com os resultados obtidos. Os padrões podem ser expressos em tempo, dinheiro, qualidade, custo, quantidade, índice, indicador. Podem ser tangíveis, intangíveis, vagos, específicos, explícitos e implícitos.

Simplificação – Esta fase consiste em reduzir a variedade ou diversidade, tanto de bens quanto de materiais ou serviços e, também, para processos, tarefas e movimentos, embora haja uma inexplicável pressão esmagadora para que tudo se complique.

Especificação – Esta fase consiste em fazer uma descrição detalhada das características e propriedades de bens e serviços. Muitas vezes, a especificação depende de ensaios em laboratórios.

Adoção do Padrão – Esta fase consiste em adotar um padrão, podendo implicar em substituição de equipamentos e treinamento de recursos humanos. A padronização do produto é a ação de determinar limites (especificações) para os produtos com o intuito de atender melhor o mercado. Ela ajuda a empresa a ter um referencial como mecanismo de comparação de valores, relativos à eficiência, eficácia e efetividade. A adoção de padrões para produtos visa dois aspectos básicos:

**Processo de Recrutamento:** Processo que envolve meios conforme a organização. O início do processo de recrutamento depende de decisão do órgão de linha, porque o setor de recrutamento é uma função de staff. Seu trabalho dependerá de uma requisição de empregado feita por um departamento ou seção de linha.

Praticamente existem dois meios de recrutamento: interno e externo. O recrutamento é denominado externo, quando aborda candidatos reais ou potenciais, disponíveis ou aplicados em outras empresas. Será interno, quando aproveita o seu próprio pessoal.

**Processo de Treinamento:** Processo que terá como fases básicas: diagnóstico da situação; levantamento das necessidades; decisão quanto à estratégia, programa e plano de treinamento; implementação do treinamento; execução do treinamento; sistema de controle; avaliação dos resultados; identificação dos resultados insatisfatórios; realimentação dos desvios para correção.

**Processo Sucessório:** Processo que cuida da sucessão em família e que ajuda a evitar sobressaltos, sabendo a hora propícia de passar o bastão, faz toda a diferença para a perenidade de uma empresa. Nas organizações familiares, a questão é ainda mais crucial, pois envolve instâncias de poder, propriedade e gestão, mescladas a aspectos afetivos e emocionais.

**Processo de Produção:** Processo que está relacionado com todas as decisões, atividades, estratégias, táticas, políticas, restrições, oportunidades, controles, planos, por exemplo. O processo de produção será avaliado, em função das técnicas e práticas operacionais de produção.

O tempo de duração do processo é importante, devido à necessidade de se gastar o menor tempo possível, tendo em vista que o tempo, embora seja intangível, ele é muito importante sob o aspecto da efetividade. O processo produtivo exige essencialmente o uso de máquina, de trabalho humano e de matéria-prima.

Assim, a prevalência de um fator sobre outro caracteriza o processo. Este pode estar situado em um departamento ou em uma máquina crítica e pode, desproporcionalmente, limitar a produção de outros itens, os quais talvez apresentassem menos lucro por unidade, mas contribuem mais, especificamente, para o lucro total, quando o custo final for levado.

**Processo de Comunicação:** Processo que é o verdadeiro objeto de estudo da comunicação. É a sua essência. No processo de comunicação se questiona: Quem é o comunicador? Que diz a mensagem? Quem é o receptor? Qual o meio utilizado? Que reação provoca a mensagem?

O processo de comunicação é fundamental numa organização, pois pode: minimizar diferenças pessoais, melhorar o nível de entendimento, mostrar problemas estruturais, racionalizar o uso do tempo. Mas também pode agravar problemas e conflitos.

**Processo de Compras:** Processo que envolve as seguintes pessoas:

- Pessoa que sugere a ideia de comprar (iniciador da compra).
- Pessoa que abaliza a decisão de comprar (influenciador da compra).
- Pessoa que decide o que, como, quanto e quando comprar (decisor da compra).

- Pessoa que autoriza a compra (autorizador da compra).
- Pessoa que realiza a compra (comprador).
- Pessoa que vai dispor da compra (usuário, consumidor, paciente).

**Processo de Melhoria Ambiental:** Processo dedicado a melhoria do entorno da organização. A melhoria ambiental pode abrir a indústria, em geral, uma série de mercados dinâmicos e lucrativos, representando gastos que no final se pagarão por si mesmos.

Os processos de melhoria ambiental que se fazem necessários e as mudanças institucionais só surgirão se um influente segmento do empresariado agir com vigor e uniformidade em seu próprio interesse, em longo prazo. As iniciativas essenciais precisam provir das mais altas cúpulas das organizações.

**Processo de Interação Humana:** Processo que se traduz pela própria comunicação humana que se realiza mediante símbolos organizados em mensagens. A interação se faz por meio da comunicação.

**Processo de Mudança:** Processo que ocorre em um campo dinâmico de forças que atua em vários sentidos". De um lado, existem forças positivas que atuam como apoio e suporte à mudança e, de outro, forças negativas que atuam como oposição e resistência à mudança. Vários autores apresentam diversos modelos de processo de mudança.

**Processo do Orçamento –** O processo orçamentário deve ser um instrumento de comunicação e coordenação entre as partes da empresa e possibilitar ampla troca de ideias, em busca da seleção do melhor plano operacional. As vantagens do processo orçamentário é explicitar os planos futuros e atribuir-lhes valores financeiros.

Os orçamentos gerados a partir dessa participação são mais fáceis de controlar do que aqueles orçamentos impostos por determinação superior. São ferramentas mais amplamente utilizadas e altamente cotadas para a redução de custos e controle.

Os defensores do orçamento reivindicam que o processo orçamentário force o gestor a tornar-se um administrador mais capaz e colocar o planejamento estratégico como guia. Na verdade, muitas empresas, aparentemente saudáveis, têm falido porque seus dirigentes falharam em projetar, monitorar e ajustar os orçamentos para os ambientes mutantes e situações contingenciais.

**Processo de Troca:** Processo que será conseguido se houver satisfação na troca de um produto por outro. Um produto é o foco da negociação entre compradores e vendedores. Por outro lado, vivemos numa época em que nossa ideia do que seja um produto é muito diferente do que foi no passado.

**Processo de Adoção do Produto:** Processo que começa quando termina a última etapa de desenvolvimento do novo produto. A mais antiga abordagem utilizada pelos especialistas em marketing para o lançamento de um novo produto era a de distribuir amplamente e de informar todo mundo que pudesse ser um comprador potencial do mesmo.

A abordagem de mercado de massa apresenta duas objeções: exige altas despesas e envolve um número substancial de exposições perdidas com compradores não potenciais. Observou-se que, mesmo dentro do grupo de grandes usuários, as pessoas diferem no tocante ao interesse em novos produtos e na rapidez com que são levadas a experimentar a novidade.

## 6.3 Procedimento

É uma série de passos lógicos, através dos quais todas as ações repetitivas numa empresa são iniciadas, executadas, controladas e finalizadas. Um conjunto de rotinas padronizadas para permitir a perfeita e ordenada execução de uma operação. Um procedimento define que ação é requerida, quem a executa (pessoa ou máquina), quando a ação deve ter lugar (cronologia e implementação) e como é executada (método).

Procedimento é como fazer, isto é, se a despesa será paga em cheque ou dinheiro. O papel mais importante do procedimento é servir de canal transportador dos dados até o ponto de processamento dos mesmos. Os procedimentos permitem a execução de ciclos completos de ação.

Assim, como a política é um guia para pensar e decidir, um procedimento é um guia para fazer. Como exemplo, pode-se citar: a decisão de pagar uma despesa. O procedimento é como a despesa será paga, se em cheque ou dinheiro. Já a política é a de pagar somente no último dia do vencimento.

É importante observar a existência de pessoas que aprofundam demais os procedimentos. Acabam se perdendo num cipoal de informações e acabam por identificar e manipular árvores, sem compreender a floresta. Outras tentam agir sobre o mesmo fenômeno como se fossem coisas completamente diferentes. Pior, pretendem subordinar todos os procedimentos ao computador.

Um Manual de Procedimentos estabelece conjuntos de atribuições que orientam as ações de pessoas, como um programa de computador estabelece procedimentos de processamento. Nem sempre tal visão é percebida.

## 6.4 Tipos de Procedimentos

A segui, exemplos de procedimentos

**Procedimento de Armazenagem:** Procedimento que visa a preservação da qualidade do material estocado, a disposição adequada dos produtos e o controle da sua movimentação e da sua utilização. Os produtos acabados (ou semiacabados) precisam ser armazenados, tanto no estabelecimento do produtor como no do distribuidor.

As matérias-primas devem ser armazenadas em condições, cujo controle garanta: proteção contra a contaminação; redução, ao mínimo, das perdas da qualidade nutricional; não deterioração do produto. Os critérios básicos de armazenagem visam à preservação da qualidade dos alimentos, a disposição adequada dos produtos e o controle na utilização.

**Procedimento de Expedição:** Procedimento cujos pontos de atenção são:

- Não transportar os alimentos prontos com alimentos crus, pessoas, animais, substâncias tóxicas, materiais de higiene e limpeza. Assegurar que os materiais usados para proteção e fixação da carga não representem fontes de contaminação e/ou deterioração de alimentos.
- Usar viatura com cabine isolada da parte que contém os alimentos.
- Possuir certificado de vistoria, de acordo com a legislação.
- Garantir que o transporte de produtos perecíveis ocorra em material liso, resistente, impermeável, atóxico, lavável e aprovado por autoridade sanitária.
- Garantir que o alimento não esteja em contato com o piso da viatura.

**Procedimento de Recepção:** Procedimento que visa conferir documentos relativos ao pedido, como: nota fiscal, fatura, nota de fornecimento, além da quantidade, qualidade e estado físico-químico do material. Qualquer queixa sobre às especificações deve ser relatada aos setores interessados no controle de estoque.

Assim, tão logo o material comprado chegue, devem ser feitos os seguintes procedimentos de recepção:

- Baixa do pedido e respectiva comunicação ao Departamento de Compras.
- Inspeção do produto.
- Comunicação da chegada do produto à seção requisitante,
- Aviso à Contabilidade.

O recebimento de mercadorias é uma importante etapa do controle de qualidade. É recomendável que a área de recebimento possua pia para a pré-higienização. Também é conveniente ter um setor, para transferir as mercadorias de caixas de papelão e madeira para recipientes próprios (monoblocos), devidamente limpos, como, por exemplo, sacos plásticos específicos para alimentos.

**Procedimento nas Relações Humanas:** Procedimento que objetiva o sucesso em relações humanas. É grandemente determinado pela espécie de pessoa com a qual se tem de lidar. Uma vez que tenham sido contratados empregados com boas características de relações humanas, o passo seguinte é desenvolver as mesmas ao seu potencial máximo.

No trabalho surgem muitas dificuldades e, portanto, muitos problemas. Uns são de natureza técnica, outros de natureza financeira e outras, ainda, de natureza humana.

Eis algumas medidas para o bom relacionamento humano:

- Explicar, cuidadosamente, os deveres do indivíduo diante do grupo.
- Evitar discussões intermináveis, quanto aos direitos e deveres de cada um.
- Dar salários proporcionais à produtividade e ao mérito.
- Apresentar os novos companheiros a todos os membros do grupo.
- Evitar de magoar um chefe, passando por cima de sua autoridade.
- Mostrar critérios objetivos para promoções.
- Evitar admissões de novos membros no grupo, que não tenham as qualidades necessárias para a função.
- Criar comissões para propor soluções objetivas para problemas de relacionamento.
- Diminuir a distância social entre chefes e subordinados.

**Procedimento de Seleção:** Procedimento que varia em sofisticação, de uma simples e informal entrevista a um teste altamente detalhado e demorado. Mesmo depois de selecionado, o candidato passa por um período de adaptação, onde são passadas as informações necessárias para o desenvolvimento de suas funções. Às vezes, se faz necessário treinamento.

## 6.5 Rotina

A rotina é uma sequência de atos, fases, passos, etapas ou procedimentos que se faz, em função de, por exemplo, um hábito, uma observação, um método, uma metodologia, um estudo, isto é, a rotina tem como finalidade descrever os fluxos de trabalho ou estabelecer sequência de procedimentos dentro do estabelecido na área do manual a que pertence.

Rotina é uma descrição dos passos dados para a realização de uma atividade (operações), envolvendo, geralmente, mais de um agente. As rotinas escritas também evitam improvisações, na medida em que definem com antecedência os agentes que serão envolvidos, propiciando-lhes treinar as suas ações, desta forma eliminando ou minimizando os erros.

A análise da rotina objetiva a sua simplificação.

Lembre-se que cada rotina é constituída de fases e estas se compõem de operações. A fase é um conjunto de operações que mantém entre si uma conexão ou uma afinidade. A operação é um conjunto de ações relacionadas capaz de efetuar alguma transformação, mudança, ou de dar lugar à criação de alguma coisa.

A seguir, um exemplo de rotina de pedidos de compra de produtos:

Passo 01 – Listar pedidos.
Passo 02 – Verificar itens faltantes dos pedidos.
Passo 03 – Verificação da conveniência de atendimento.
Passo 04 – Aprovar ou não o pedido.
Passo 05 – Baixar produtos do estoque.
Passo 06 – Atualizar controle de cotas de venda.
Passo 07 – Faturamento dos pedidos.
Passo 08 – Avisar Recepção de pedidos faturados.
Passo 09 – Avisar Contabilidade para contas a receber
Passo 10 – Registrar comissões dos vendedores.

A análise da rotina objetiva a sua simplificação. Para tal é preciso fazer um levantamento compreendendo:

- Espécie, natureza ou denominação de cada rotina.
- Órgãos e pessoas envolvidas.
- Desdobramento da rotina em fases e operações.
- Referências ao tempo e volume de cada operação.
- Espaços existentes entre cada operação.
- Síntese de cada operação.
- Exposição gráfica.
- Tempos de espera e de execução de cada operação.
- Fixação das unidades de trabalho.
- Indicação das qualificações dos executores.
- Apontamento das falhas.
- Identificação das vinculações entre as rotinas.
- Especificação da clientela servida.

A seguir, algumas regras para orientar a simplificação da rotina:

- Reduza o número de operações.
- Disponha as operações de maneira racional.
- Torne as operações tão econômicas quanto possível.
- Reduza a um número mínimo as manipulações.
- Combine operações, se for econômico.
- Encurte ou elimine movimentos.
- Providencie meios mais econômicos.
- Reduza o serviço ao mínimo exequível.
- Use um número mínimo de pontos de controle.

Uma empresa não pode funcionar em uma anarquia. Ela deve ser organizada, rotinizada e instrumentalizada nas suas operações. Daí, o motivo de tantas organizações diferentes. Nenhuma empresa pode ter pessoas correndo de um lado para o outro sem coordenação.

As rotinas são viciosas. E, em muitos casos, devem ser encaradas como remédios amargos. A rotina ajuda a evitar os tipos de ansiedade que surgem nas novas situações.

As rotinas são tirânicas nos negócios como em nossa vida particular. Por isso que a maioria das pessoas deixa as coisas acontecerem. As rotinas podem: manter baixa a produtividade; estimular a preguiça; diminuir a habilidade de ler o cenário, como também a de diagnosticar problemas.

O leitor deve lembrar que as rotinas são próprias de cada empresa.

# Capítulo 7

# POLÍTICA

*"Se você obtém sucesso, é sempre pelas razões erradas. Se você se torna popular é sempre pelos piores aspectos de sua vida".*

Ernest Hemingway

## Objetivos do Capítulo

- Mostrar que uma organização que tenha boas políticas não perderá muito tempo na busca de soluções para problemas semelhantes.
- Buscar, no leitor, a habilidade de desenvolver e estruturar uma política.
- Observar algumas considerações básicas que devem ter políticas empresariais.
- Mostrar a dificuldade em definir a abrangência de uma política.

## 7.1 Política

Etimologicamente, política deriva da palavra grega "polis" que significa cidade. Por extensão, pode-se dizer que política é a arte de governar as pessoas de uma organização. Políticas são guias de raciocínio planejadas para a tomada de decisões repetitivas. Quando não existem políticas, já se sabe qual é o resultado: "Cada cabeça uma sentença". A cada dia um caminho diferente.

Pode-se operar uma empresa bastante descentralizada, utilizando políticas bem elaboradas e compreendidas. Uma organização, que tenha políticas bem definidas, utilizará seu tempo inteligentemente, tendo parâmetros que serão a base de sustentação do planejamento estratégico.

Política é um padrão de ação que facilita a tomada de decisão para situações parecidas, aumentando o poder de comparação e avaliação do gerente. A função de uma política é aumentar as chances dos dirigentes e subordinados fazerem escolhas semelhantes ao enfrentarem, independentemente, situações análogas. Uma política bem traçada ajuda a se cometer menos erros. Políticas são condutas preestabelecidas, pois proporcionam um padrão de decisão para problemas recorrentes.

Quanto mais alto estiver um administrador na estrutura da organização, mais importante será o papel na formulação de políticas. Como os administradores nos níveis inferiores, em geral, têm de utilizar políticas fornecidas pelos superiores, há muito poucos gerentes que não tenham, alguma vez, formulado suas próprias políticas. Uma política rege, mas não faz o trabalho. Seu propósito é guiar a ação para os objetivos pretendidos, mas não são objetivos em si mesmo.

Como há confusão entre diretriz e política, segue o conceito de diretriz. Diretriz é o conjunto de orientações macroeconômicas da empresa. Já a política possui um caráter microeconômico. Mas, cuidado, algumas traduções de autores estrangeiros tratam diretriz e política como sinônimos.

As políticas são elaboradas por alguém, em alguma ocasião, dentro ou fora da empresa. Além do mais, a formulação de políticas não é reservada, como se supõe, à alta administração. Embora quanto mais alto estiver um administrador na estrutura da organização, mais importante será o papel na formulação de políticas.

Como os administradores nos níveis inferiores, em geral, têm de utilizar políticas fornecidas pelos superiores, há muito poucos gerentes que não tenham, alguma vez, formulado suas próprias políticas. O administrador que quiser ser um profissional politicamente correto deve:

- Usar de cautela ao aceitar conselhos, evitando relação entre superior e subordinado muito íntima.
- Manter jogo de cintura e usar resistência passiva quando necessária.
- Não hesitar em ser implacável quando conveniente, limitando o que deve ser comunicado.
- Reconhecer que raramente são guardados segredos na organização.
- Aprender a não depender muito de um subordinado, a menos que veja nele lealdade.
- Estar disposto a transigir em pequenas coisas.
- Ser hábil em dramatização e ser um negociador persuasivo.
- Irradiar autoconfiança, dando demonstração de sucesso material, evitando a rigidez burocrática.
- Lembrar de elogiar em público e censurar isoladamente.
- Ser compreensivo e receptivo em relação às opiniões que difiram das suas.

## 7.2 Desenvolvimento de uma Política

Sabemos que uma política é uma orientação geral para tomar decisões e agir. Um dirigente que passa a maior parte do seu tempo às voltas com "novo" problema, buscando, desesperadamente, suas respectivas soluções, raramente tem políticas definidas.

É a administração do tipo "apaga incêndio". Muitas vezes tende a pensar: – Se eu determinar com precisão quais são as nossas políticas, meus empregados poderão tomar decisões e não precisarão mais de mim.

Mesmo sendo uma política provisória e não definitiva, como tudo na vida, é importante ter políticas, pelas seguintes razões: melhora o processo de decisão; minimiza o risco, o custo e a incerteza; ajuda a comunicação entre as pessoas; poupa tempo, esforço e dinheiro.

É importante observar que você deve definir suas políticas de modo que as pessoas possam tomar a maior parte das decisões, a fim de não lhe tomarem seu precioso tempo. Para tal é preciso: ter visão estratégica para negócio, definir sua filosofia administrativa, consolidar os objetivos e tratar dos desvios para possíveis correções no futuro.

Todavia, o conceito de desenvolvimento de uma política está ligado a uma mudança progressiva, em que os fatores básicos dessa política são alterados, em função das relações que as mesmas mantêm com as alternativas estratégicas e suas diversas táticas que consolidam a política proposta, que, não sendo eternas, provocam mudanças nas políticas atuais, não só por resultados adversos como também pela necessidade que o ser humano tem de provocar mudanças por ficar cansado de estar amarrado a uma rotina.

## 7.3 Relações da Política

A seguir, são mostrados exemplos de relações e suas implicações com estratégias e táticas:

**Política de Produto e suas Relações:**

| Estratégias | Táticas |
|---|---|
| Mudar Linha de Produtos | Ofereça só uma linha de produto. |
| | Amplie a linha de produtos para cobrir um maior mercado. |
| | Desenvolva produtos distintos para diferentes mercados. |
| | Faça diferentes versões do produto. |
| | Adquira novos produtos de novas empresas. |
| Retirar, adicionar, modificar os produtos. | Retire os produtos marginais. |
| | Desenvolva novos produtos. |
| | Modifique um produto. |
| Mudar desenho, qualidade e desempenho. | Crie uma imagem de qualidade. |
| | Faça distinções de seu produto da concorrência. |
| | Crie a reputação de inovador. |
| | Crie novas utilidades para o seu produto. |
| Padronização | Racionalize a linha de produtos. Retire componente extra e caro. |

**Quadro 7.1:** Relações da Política de Produto.

**Política de Preço e suas Relações:**

| Estratégias | Táticas |
|---|---|
| Mudar preços, prazos e formas de pagamento | Dê preços baixos e obtenha lucro com peças de reposição. |
| | Estabeleça prazos e preços diferenciados. |
| | Coloque o preço 10% abaixo do líder do mercado. |
| | Diminua a margem de contribuição (lucro). |
| Conquistar mercados seletivos | Estabeleça o preço do novo produto 30% acima do anterior. |
| | Promova os benefícios do novo e revolucionário desenho. |
| Penetrar no mercado | Estabeleça um preço baixo. |
| | Aumente o giro dos produtos. |

| | |
|---|---|
| Dar descontos | Ofereça descontos por volume. |
| | Ofereça descontos retroativos. |
| | Ofereça descontos maiores para futuras compras. |

**Quadro 7.2:** Relações da Política de Preço.

**Política de Promoção e suas Relações:**

| Estratégias | Táticas |
|---|---|
| Mudar a força de vendas | Fortaleça a organização de vendas. |
| | Reorganize a equipe de vendas por áreas específicas. |
| | Introduza um esquema de bonificação. |
| | Aumente o esforço para produtos mais lucrativos. |
| Mudar o relacionamento com o público | Aumente a propaganda. |
| | Inicie nova campanha. |
| | Introduza um esquema de vale-brinde. |
| | Incentivos para os distribuidores. |
| | Execute uma campanha de mala direta. |
| | Amplie a propaganda sobre a imagem da marca e da empresa. |
| Aumentar a participação em feiras e exposições | Aumente o espaço físico. |
| | Peça assistência da Associação Patronal. |
| | Estimule os distribuidores externos. |

**Quadro 7.3:** Relações da Política de Promoção.

**Política de Distribuição e suas Relações:**

| Estratégias | Táticas |
|---|---|
| Mudar canais de distribuição | Crie uma distribuição própria e direta. |
| | Mude o distribuidor para a região. |
| | Aumente o número de armazéns para o produto. |
| | Limite o número de armazéns. |
| Melhorar o serviço de entrega | Crie uma rede de serviço nacional de entrega. |
| | Organize os serviços através de uma grande empresa. |

**Quadro 7.4:** Relações da Política de Distribuição.

## 7.4 Tipos de Política

**Política Administrativa:** Política desenvolvida no nível intermediário que se relaciona com os aspectos internos da empresa. É o caso das políticas: de produção, mercadológica, financeira, de manutenção.

**Política Ambiental:** Política que preserva o ecossistema.

**Política Empresarial:** Política voltada a realização das funções administrativas e organizacionais.

**Política Cambial:** Política governamental de compra e venda de moeda estrangeira, para regular a taxa de câmbio.

**Política Comercial:** Política que ajuda a empresa a decidir sobre que estratégia ou tática adotar, caso não haja venda de um determinado produto e como enfrentar a concorrência. Uma boa política comercial ajuda a determinar qual o capital de giro necessário para levar a empresa a atender o mercado, da melhor maneira possível.

**Política Corporativa:** Política voltada a manter boas práticas de relacionamento entre sócios, acionistas, diretores, funcionários, conselheiros, conselho de administração, diretoria executiva, auditoria interna e conselho fiscal e agentes do governo.

**Política de Abastecimento:** Política voltada à aquisição de itens de produção.

**Política de Aquisição:** Política voltada à aquisição de recursos (toda espécie) para fazer a empresa funcionar. Tal aquisição deve ser necessária e suficiente. Nunca comprar mais do que o necessário.

**Política de Armazenamento:** Política voltada a minimizar o tempo de espera e guarda, até que o produto seja movimentado para seu destino.

**Política de Atendimento do Pedido:** Política voltada a atender a carteira de pedidos. A carteira de pedidos é um controle que dá uma visão clara se a empresa tem capacidade para atender ao mercado, e, também, ajuda a observar como está sendo feito o atendimento dos pedidos de sua carteira.

**Política de Avaliação:** Política que estuda como os consumidores avaliam uma organização, sob diversos aspectos.

**Política de Comercialização:** Política que ajuda a empresa a decidir sobre que estratégia ou tática adotar, caso não haja venda de um determinado produto, e também como enfrentar a concorrência. Uma boa política comercial ajuda a determinar qual o capital de giro necessário, para levar a empresa a atender o mercado, fazendo com que os recursos humanos da organização tenham uma atitude proativa em relação ao mercado, atendendo-o da melhor maneira possível.

Em exportação, a política deve estar voltada a atender as exigências do comércio internacional que é exigente, dinâmico e muito competitivo

**Política de Competitividade:** Política voltada a uma espécie de adequação do empreendimento ao seu microambiente consiste no bom atendimento das necessidades dos clientes, na diferenciação desse atendimento em relação aos concorrentes, no bom relacionamento com os fornecedores e também na existência de barreiras à entrada de novos concorrentes no setor.

**Política de Comunicação:** Política que divulga a empresa, seus produtos e marcas, através de publicidade, propaganda, promoção e relações públicas.

**Política de Compra:** Política, que adotará a periodicidade de abastecimento e a forma como determinados alimentos serão adquiridos. A periodicidade de abastecimento poderá intervir, sobretudo, no dimensionamento das áreas de armazenamento e a forma de aquisição dos gêneros. Interferirá na área de processamento, pois a eliminação de algumas fases da preparação descartará a necessidade de determinados equipamentos, o que leva a uma redução da área.

Esta política consiste na fixação dos critérios para escolha dos fornecedores e organização do controle de recepção e armazenamento.

**Política de Consumo:** Política voltada a criar e manter consumidores.

**Política de Desconto:** Política que dá desconto em relação ao preço de lista, sob a forma de moeda corrente ou alguma outra coisa de valor, podendo ser até produto.

**Política de Distribuição:** Política voltada para a melhoria dos meios de transporte, canais de distribuição e dos intermediários da distribuição.

**Política de Dividendos:** Política voltada à distribuição do lucro, sob a forma de dividendos. Historicamente, os dividendos foram a remuneração dos acionistas. As recompras de ações eram relativamente pouco importantes até meados da década de 1980. Hoje, as decisões sobre política de dividendos são as mais cruciais de uma empresa, principalmente, em um mercado globalizado e em crise.

**Política de Estoque:** Política que é encarada como um instrumento nos processos de criação e satisfação da demanda. Entretanto, não é realista do ponto de vista do custo que a empresa mantenha um estoque que, virtualmente, garanta a possibilidade de executar todos os pedidos imediatamente.

Uma razão importante é que o custo de estoque aumenta a uma taxa crescente, à medida que o nível de serviço ao cliente se aproxima do ideal.

**Política de Exportação:** Política voltada a atender as exigências do comércio internacional que é exigente, dinâmico e muito competitivo. Custo, qualidade e entrega é o chamado trinômio da competência internacional.

**Política de Fabricação:** Política como processo ordenado em função da estratégia global da empresa. O processo de determinação desta política é justamente o meio que a alta administração tem à sua disposição para realmente dirigir a produção.

**Política de Gastos Públicos:** Política de despesas do governo para o bem da sociedade, isto é, tem aspecto social.

**Política de Marketing:** Política voltada a atender as necessidades dos consumidores.

**Política de Motivação:** Política voltada, principalmente, para remuneração, incentivo e motivação das pessoas. Também se refere ao nível de expectativa e de expectação dos funcionários.

**Política de Negociação:** Política que visa preparar o processo de negociação, trabalhando suas fases que são: preparação, planejamento, iniciação, avaliação, movimentação, desfecho e análise do resultado. As políticas de negociação são basicamente relativas às questões: trabalhistas, comerciais, administrativas, estruturais e corporativas.

Para melhor utilização de uma política de negociação é importante que o leitor procure lembrar-se de fatos e situações que possam ajudar a diagnosticar a existência de algum problema. Busque quantificar os eventos problemas e qualificar seus causadores. Um primeiro problema a ser considerado é a não observância de uma sequência adequada durante o processo de negociação.

**Política de Negócio:** Política voltada a comparar os resultados econômicos com os custos da manutenção de um negócio.

**Política de Padronização:** Política de trata do estabelecimento de padrões. Os padrões representam o desempenho desejado e estão sempre relacionados com o resultado que se deseja alcançar. A padronização é, portanto, a aplicação de padrões com a finalidade de uma uniformização e redução de custo. Ela conduz à simplificação dos processos à medida que a uniformidade reduz a variabilidade e o desvio.

Portanto, cabe ao governo estar atento para as políticas de padronização.

A padronização ajuda a resolver problemas quanto à quantidade, qualidade e variabilidade de produtos; facilita ou mesmo permite a produção em massa, pela repetição de operações com os mesmos materiais e mesmas ferramentas; proporciona economia de materiais, equipamentos, tempo, energia e espaço; permite o intercâmbio de peças e órgãos de máquinas de um lugar para outro; diminui a variedade de coisas que têm a mesma utilidade ou finalidade; facilita o treinamento.

**Política de Penetração:** Política voltada para preços baixos e grande volume negociado. Aqueles que estabelecem preços baixos acreditam que haja uma correlação entre preço e volume comprado, dessa forma, gerando uma maior demanda. Tal política é adequada a novos produtos.

**Política de Pessoal:** Política voltada, principalmente, para remuneração, incentivo e motivação das pessoas (recursos humanos). Também se refere a avaliar o nível de expectativa e de expectação dos funcionários.

As políticas de pessoal procuram condicionar o alcance dos objetivos e o desempenho das funções de pessoal. Servem para prover respostas às questões ou aos problemas que podem ocorrer com certa frequência, fazendo com que os subordinados procurem, desnecessariamente, seus supervisores para esclarecimento ou solução.

Cada organização desenvolve a política de pessoal mais adequada à sua filosofia e às suas necessidades.

As pessoas, dentre os recursos, são as que precisam ser analisadas sob os pontos de vista do profissionalismo, comportamento e comprometimento. Por sua própria natureza também apresentam considerável grau de mutabilidade e influência na tomada de decisão. Dependendo de seus conhecimentos técnicos, habilidades e personalidades, associados ao atendimento de suas necessidades, as pessoas colaborarão em maior grau para a construção do sistema empresa.

**Política de Portfólio:** Política voltada para o desenvolvimento e criação de meios inovadores de divulgação, visando reforçar a imagem do mostruário (catálogo).

**Política de Preço:** Política voltada a administrar o conflito entre desconto e fixação de preço. É bom lembrar que a definição do preço a ser cobrado pelos bens e serviços oferecidos na praça é um dos itens cruciais para o sucesso de qualquer empreendimento. Não se pode incorrer no erro, comum ao necrológio de milhares de micros e pequenos negócios que surgem no país anualmente, de apenas considerar a prática de um preço menor que o da concorrência já estabelecida.

A empresa tem que considerar muitos fatores ao definir sua política de preço, tais como: seleção do objetivo do preço; determinação da demanda; estimativa de custos; análise dos preços e das ofertas dos concorrentes; seleção de um método para determinar preços; seleção do preço final.

Mas, a grande questão na política de preços é: Como reagir às alterações de preço?

Em algumas situações de mercado, a empresa não tem escolha, a não ser enfrentar a mudança de preço efetuada pelo seu concorrente. Isto é particularmente verdadeiro quando o preço é reduzido num mercado de produtos homogêneos. A não ser que a empresa não reduza o preço, a maioria dos consumidores comprará do concorrente de menor preço.

Aquele que trabalhar na definição de uma política de preço terá de estar atento às variações do mercado. Qualquer variação de preço terá como consequência uma variação nos lucros.

**Política de Preço Fixo:** Política que atribui um único preço ao produto e o oferece a todos os consumidores que comprem a mesma quantidade sob as mesmas condições. Tal política dá um tratamento igual a todos os consumidores e elimina o tratamento diferenciado, que provoca descontentamento.

**Política de Preço Flexível:** Política em que os mesmos produtos e quantidades são oferecidos a preços diferentes (preços negociáveis). Tais preços oscilam em função do potencial de compra do consumidor.

**Política de Preço Nivelado:** Política que procura manter os preços ao nível da concorrência, lastreando a ação de vendas em promoção, liquidação e queima de estoques.

**Política de Prevenção de Acidentes:** Política que começa pela conscientização do que seja um acidente, seus efeitos e os problemas que causa. O custo direto do acidente é o total das despesas decorrentes das obrigações para com os empregados expostos aos riscos inerentes ao exercício do trabalho, como as despesas com assistência médica e hospitalar aos acidentados e suas respectivas indenizações, sejam estas diárias ou por incapacidade permanente.

Em geral, estas despesas são cobertas pelas companhias de seguro. O custo indireto do acidente do trabalho envolve todas as despesas de fabricação, despesas gerais, lucros cessantes e demais fatores cuja incidência varia conforme a indústria. O custo indireto representa quatro vezes o custo direto do acidente no trabalho.

**Política de Prevenção de Incêndio:** Política que pode ser praticada desde que as pessoas saibam o que provoca o incêndio e como fazer para a sua extinção. O fogo que provoca um incêndio é uma reação química onde os seguintes elementos devem estar presentes: combustível (sólido, líquido ou gasoso), comburente (geralmente o oxigênio da atmosfera) e catalizador (a temperatura).

A extinção de um incêndio pode ser feita por meio dos seguintes princípios: remoção ou isolamento (neutralização do combustível), abafamento (neutralização do comburente) e resfriamento (neutralização da temperatura).

**Política de Prevenção de Roubos:** Política que inclui: controle de entrada e saída de pessoal, controle de entrada e saída de veículos, estacionamento fora da área da empresa, ronda pelos terrenos da mesma e pelo seu interior, registro de máquinas, equipamentos e ferramentas, controle contábil.

**Política de Produção:** Política voltada a otimizar recursos, visando o lucro máximo ou custo mínimo.

**Política de Produto:** Política voltada a manter vivo o produto, a marca e a imagem da empresa, através de um reestudo da embalagem, do desenho, das especificações, das características e do composto mercadológico do produto. Em relação ao tipo de produto, as políticas podem ser de: simplificação (fabrica uma variedade reduzida de produtos) e diversificação (fornece ao mercado uma linha bastante variada de produtos).

**Política de Promoção:** Política que leva o produto ao consumidor, procurando tornar o mesmo mais interessante e atrativo depois que o consumidor o vê (influência direta). A promoção de vendas é o lugar comum dos diversos instrumentos que estão classificados como propaganda, venda pessoal e publicidade.

**Política de Público-Alvo:** Política voltada a definir que produtos devem ser oferecidos a determinado público-alvo, bem como que preços negociar e que recursos utilizar. Ajuda a empresa a decidir sobre que estratégia ou tática adotar, caso não haja venda de um determinado produto, e também como enfrentar a concorrência, determinar qual o capital de giro necessário para levar a empresa a atender o mercado, fazendo com que os recursos humanos da organização tenham uma atitude proativa em relação ao cliente consumidor, atendendo-o da melhor maneira possível.

**Política de Qualidade:** Política voltada à conscientização da necessidade da qualidade em tudo que se faz na empresa. A qualidade do produto é composta da qualidade do projeto e da qualidade de conformação. A qualidade do projeto deve ser fixada ao nível da alta administração e especificada, em detalhes, pelo projetista do produto.

A qualidade de conformação do produto é evidenciada nos seguintes fatores: desenhos, especificações, tolerâncias reais, confiabilidade adequada para o projeto e padrões visuais apropriadamente especificados.

**Política de Recrutamento:** Política voltada a buscar as pessoas para o preenchimento dos cargos e funções da empresa. As empresas sabem que não apenas o seu sucesso competitivo atual, mas também o futuro delas, depende de bons recursos humanos.

Geralmente, o Departamento de Recursos Humanos de uma empresa é encarregado de procurar o pessoal do nível operacional. O recrutamento do pessoal de nível médio, em geral, é entregue a uma agência. O pessoal de alto nível fica a cargo de um conselho de executivos criado especialmente para isto.

Uma empresa que deseja um bom time deve começar a procurar os elementos adequados. Atrair bons candidatos a emprego não é coisa fácil e de pouca importância. Somente uma série de procedimentos administrativos, racionalmente orientados, poderá satisfazer à necessidade de recrutamento. A empresa deve checar tudo, mesmo aquilo que possa parecer irrelevante.

**Política de Recursos:** Política voltada a atualizar informações do mercado de recursos. Política que procura condicionar o alcance dos objetivos e o desempenho das funções pessoais. Serve para prover respostas às questões ou aos problemas que podem ocorrer com certa frequência, fazendo com que os subordinados procurem, desnecessariamente, seus supervisores para esclarecimento ou solução.

A rigor, tal política deve abranger as seguintes subpolíticas:

- A política de suprimento (fontes de recrutamento, critérios de seleção, admissão e integração de novos empregados, promoção e dispensa de funcionários).
- A política de aplicação (requisitos básicos da força de trabalho, alocação e movimentação interna, critérios de avaliação e adequação, horário de trabalho, férias, condições ambientais).
- A política de manutenção (critérios de remuneração, comparação com os níveis do mercado, faixas salariais, incentivos, benefícios, mecanismos de motivação, plano de carreira, integridade do funcionário).
- A política de desenvolvimento (treinamento, educação, reciclagem, performance, atribuições, responsabilidade social): A política de assistência (atividades sociais, recreação, seguro de vida, saúde, higiene e limpeza, pensão, segurança, acidentes).
- A política de controle (banco de dados de candidatos, critérios de avaliação de desempenho, auditoria).
- A política de relações (contrato de trabalho, queixas, arbitragem, cooperativa, clube, colônia de férias, relação com sindicatos).
- A política de demissão (conjunto de regras).

**Política de Regulamentação Governamental:** Política atenta às diversas políticas governamentais que regulam a vida nacional e, por tabela, interferem nas organizações públicas e privadas. Na maior parte das vezes, o governo atravanca o crescimento econômico por omissão. Mas há momentos em que a administração pública atrapalha o progresso não pela omissão, mas pela ação.

O protecionismo é frequentemente excessivo, daí resulta o afastamento do comprador e um consequente prejuízo para a própria indústria que se pretendeu beneficiar. A indústria protegida gera um caráter parasitário, que a desvitaliza e a desprepara para as contingências econômicas do futuro.

**Política de Relacionamento:** Política que ajuda a manter um bom relacionamento com consumidores, funcionários, auditores, fornecedores, colaboradores, pacientes, concorrentes, agentes do governo, empresas, universidades, institutos de pesquisa, sindicatos.

**Política de Renda:** Política que acompanha o nível de renda dos consumidores, o valor do PIB, o número de empregos, o valor da massa salarial, as desigualdades regionais, a recessão mundial.

**Política de Risco:** Política voltada a minimizar o risco de uma decisão, buscando um tratamento que seja o melhor possível para a ocasião.

**Política de Segmentação:** Política que objetiva tratar cada consumidor, ou grupo de consumidores, de acordo com as suas características. Para isso, é fundamental: conhecer o consumidor e suas necessidades; conhecer a imagem que o consumidor faz da empresa.

**Política de Segurança Condominial:** Política que está fundamentada nos seguintes elementos: síndico, porteiro, condômino, infraestrutura e estranhos ao edifício. Quanto ao síndico, esperamos que este faça a seleção de pessoal de maneira rigorosa, com pesquisa da vida pregressa dos candidatos, verificação criteriosa das fontes de referência. Sempre atualize procedimentos de segurança, porque métodos criminosos se sofisticam.

**Política de Segurança no Trabalho:** Política que objetiva um conjunto de medidas técnicas, educacionais, instrucionais, médicas e psicológicas empregadas para prevenir acidentes, roubos e incêndios. As normas de segurança são colocadas na cabeça das pessoas através de treinamento (cursos, palestras, seminários).

Os serviços de segurança têm a finalidade de estabelecer normas e procedimentos, pondo em prática os recursos possíveis para conseguir a prevenção de acidentes e controlar os resultados obtidos. Do ponto de vista da administração de recursos humanos, a segurança dos empregados constitui uma das principais bases para a preservação da força de trabalho.

**Política de Seleção de Pessoas:** Política que vem em seguida ao recrutamento de pessoas. Ao admitir um empregado para ocupar determinado cargo, a empresa precisa certificar-se de que ele possui as habilidades e os conhecimentos necessários ao desempenho das funções daquele cargo, ou, se não os possui, se tem condições de adquiri-los de forma satisfatória em tempo hábil.

A seleção de pessoal tem vários objetivos, como: escolher para cada vaga o candidato que oferece os melhores requisitos para o cargo; escolher a pessoa certa para o lugar certo; aproveitar melhor as aptidões e as habilidades do candidato.

**Política de Treinamento:** Política voltada a desenvolver, treinar e educar funcionários. Os principais objetivos de uma política de treinamento são:

- Preparar o pessoal para execução imediata das diversas tarefas peculiares à organização.
- Proporcionar oportunidades para o contínuo desenvolvimento pessoal, não apenas em seus cargos atuais, mas também para outras funções para as quais a pessoa pode ser considerada.
- Mudar a atitude das pessoas, com várias finalidades, entre as quais criar um clima mais satisfatório entre empregados, aumentar-lhes a motivação e torná-los mais receptivos às técnicas de supervisão

e gerência.

- Capacitar o indivíduo a alcançar níveis de performance para cumprir seus deveres e responsabilidades para com a organização a que pertence
- Ajudar os empregados a alcançar os objetivos da empresa, proporcionando oportunidades para que todos, em todos os níveis, obtenham conhecimentos, práticas e condutas requeridos em suas atividades.

Treinamento é bom para os profissionais, mas a boa educação é fundamental para desenvolver a capacidade de absorção ou mesmo de criação de novos conhecimentos. Um ser humano treinado é capaz de assimilar rotinas e praticar as mesmas no seu dia a dia. Uma pessoa educada é capaz de questionar e/ou criar conceitos, contribuindo de forma ativa para o desenvolvimento das organizações.

**Política de Vendas:** Política voltada a definir quais produtos devem ser ofertados a determinado público-alvo, bem como que preço negociar e que recursos utilizar. Ajuda a empresa a decidir sobre que estratégia ou tática adotar, caso não haja venda de um determinado produto, e também como enfrentar a concorrência; determinar qual o capital de giro necessário para levar a empresa a atender o mercado, fazendo com que os recursos humanos da organização tenham uma atitude proativa em relação ao cliente consumidor, atendendo-o da melhor maneira possível.

**Política do Conhecimento:** Política voltada a reconhecer o conhecimento como peça fundamental para a empresa, pois maior será a importância da diversidade, da flexibilização e da competição. Esse fato também suscitará questões significativas sobre o conhecimento e fará com que alternativas para a política do conhecimento se façam, cada vez mais, necessárias.

Está ficando cada vez mais claro que o conhecimento não é um bem absoluto em si mesmo do que qualquer outra coisa. Este pode ser neutro, mas a neutralidade não se aplica de modo algum ao que fazemos com ele.

**Política Específica:** Política utilizada em um determinado setor da empresa.

**Política Estabelecida:** Política implantada pela alta administração.

**Política Explícita:** Política expressa em afirmações escritas ou orais. Normalmente estas políticas são apresentadas de maneira formal (escrita), para quem toma decisões, de modo a ajudá-lo a saber como escolher entre alternativas.

**Política Financeira:** Política voltada para o emprego, captação, proteção do capital e distribuição dos lucros. No emprego do capital, os fatores a considerar são: proporção do investimento em ativo fixo; limites de estoques; concessão de crédito; necessidades mediatas e imediatas. Nas fontes de capitação de dinheiro, os fatores a considerar são: proprietários; credores a longo prazo; credores a curto prazo.

Na proteção do capital, os fatores a considerar são: redução do risco; seguro; transações compensatórias na bolsa de mercadorias; reservas de capital. Na distribuição de lucros, os fatores a considerar são: reinvestimento; valor das retiradas (dividendos); adequação do lucro.

**Política Fiscal:** Política voltada a conciliar a necessidade de manter o alto nível de despesas governamentais e os requisitos da sociedade, cabendo às empresas agirem com base no interesse público. Não é suficiente partir da premissa de que "o que é bom para a empresa é bom para o país, e vice-versa".

Quando o governo passa a ser fator preponderante na distribuição da renda, na tributação e no investimento, praticamente todo administrador deve levar em conta a política fiscal do governo no planejamento estratégico de sua empresa. O papel importante desempenhado por esta política tem significativo impacto em todas as organizações.

**Política Geral:** Política fundamentada na filosofia da organização, que desenvolvida no nível institucional, relaciona-se com aspectos globais da empresa. Todas as demais políticas deverão conformar-se com esta.

**Política Heterodoxa:** Política que se apresenta como uma das causas da inflação, por utilizar mecanismos de indexação.

**Política Implícita:** Política não falada que é baseada na observação de pessoas mais experimentadas e preparadas; política que não é expressa por escrito, porque muitas vezes reflete ilegalidade ou uma ética questionável.

**Política Imposta:** Política, normalmente, determinada pelo governo e amparada na lei.

**Política Industrial:** Política voltada a adequar a empresa (organização) ao imperativo tecnológico (especialização, automação). Pouquíssimos países foram bem-sucedidos sem uma adequada política industrial. É muito difícil criar uma que funcione, mas é impossível ter sucesso sem nenhuma. Política industrial isolada não existe.

Ela é fruto de uma política econômica, envolvendo a definição e a orientação dos instrumentos de intervenção proporcionados pelas empresas, institutos de pesquisa, universidades e governos. Uma política para a indústria tem de estar acoplada ao processo de capacitação tecnológica, porque ela não pode ser confundida com uma política de fabricação.

Tal política deve partir da estratégia global da empresa e ser encarada como um processo vital, que interage com os demais segmentos da empresa.

**Política Monetária:** Política voltada a observar: a taxa de inflação, a base monetária (quantidade de moeda em circulação), a cotação do dólar, a dívida externa, o déficit público, a dívida interna, o depósito compulsório dos bancos, a balança de pagamentos.

**Política Operacional:** Política desenvolvida para os aspectos específicos da atividade empresarial, como: de redução de custos, de compras por lote econômico, de salários equitativos, de controle de qualidade, de otimização de recursos, por exemplo.

**Política Organizacional do Mercado:** Política voltada a reconhecer que as economias de mercado geram desequilíbrios graves entre a capacidade produtiva e a demanda, cuja correção passa por períodos depressivos. Então, se faz necessária a intervenção do estado, porque tal tipo de economia tem concentrado a riqueza na mão de poucos, agravando a desigualdade entre as pessoas.

Quando o governo passa a ser fator preponderante na distribuição da renda, na tributação e no investimento, praticamente todo administrador deve levar em conta a política fiscal do governo no planejamento estratégico de sua empresa. O papel importante desempenhado por esta política tem significativo impacto em todas as organizações.

**Política Protecionista:** Política voltada a observar as atitudes do governo quanto a medidas antidumping, barreiras fitosanitárias, alíquotas de importação, nem sempre dentro dos princípios do livre comércio.

**Política Pública:** Política que está pautada em: déficit zero, redução do custeio do estado, redução do número de cargos de confiança, redução da estrutura organizacional, melhor remuneração do servidor, transparência, auditoria externa, conselhos de ética, recuperação das malhas rodoferroviárias, racionalidade da matriz energética e revolução da educação ambiental, por exemplo.

O papel importante desempenhado por esta política tem significativo impacto em todas as organizações.

**Política Salarial:** Política voltada para o cargo, o salário e a promoção. Política salarial de uma empresa é o conjunto dos princípios e regras que refletem a orientação e a filosofia da organização, no que tange aos assuntos de remuneração de seus empregados, em função do cargo ocupado.

Uma política salarial deve abordar o seguinte: significado do salário, faixa salarial, sistema de remuneração, piso salarial, administração de salários, promoção, posição no mercado, cargo, transparência, socialização, recompensa, desenvolvimento profissional, aprendizagem.

**Política Social:** Política voltada a criar e manter um bom clima organizacional.

**Política Solicitada:** Política, geralmente, encaminhada por subordinados.

**Política Tecnológica:** Política voltada para a mudança tecnológica, porque impõe-se a necessidade crescente de atualização, se não para manter uma posição de vanguarda, pelo menos para acompanhar de perto as transformações.

Em resumo, pode-se dizer que a tecnologia tem a propriedade de determinar a natureza da estrutura e do comportamento organizacionais das empresas.

A tecnologia cria incentivos, para levar os empreendedores a melhorarem, cada vez mais, a eficácia, mas sempre dentro dos limites do critério normativo de produzir eficiência. Quem não investir em tecnologia não melhorará sua produtividade e qualidade, correndo risco de perder mercado.

Pesquisa & Desenvolvimento passaram a ser uma preocupação básica da empresa atual. Para tal, precisa de uma política de produção vinculada a uma política tecnológica.

A tecnologia determina o nível e o tipo de formação profissional, as habilidades manuais e intelectuais, as capacitações, as aptidões e características de personalidade que as pessoas devem possuir para poderem ser recrutadas, selecionadas e admitidas na empresa.

Nem todas as organizações contam com pessoal categorizado para desenvolver capacitação tecnológica.

**Política Tributária:** Política voltada a observar as atitudes do governo quanto a: arrocho fiscal, juros altos, alíquotas do imposto de renda.

**Política Verde:** Política de tratamento dos despejos, efluentes de toda espécie, materiais de embalagem e policiamento às agressões aos rios, mares, lagos, lagoas, matas, florestas e oceanos.

# Capítulo 8

# TEORIA

*"Nada é mais prático do que uma boa teoria."*
Kurt Lewin

## Objetivos do Capítulo

- Mostrar o esforço que os cientistas fazem no sentido de criar novas teorias.
- Mostrar os principais aspectos de cada teoria.
- Mostrar os diversos tipos de teoria.
- Mostrar diversas teorias que dão suporte a arte de administrar.

## 8.1 Teoria

Teoria é um conjunto de princípios fundamentais que se constituem em instrumento científico apropriado na procura e, principalmente, na explicação dos fatos. Teoria é uma abstração conceitual da realidade que se pretende estudar. Abstração é o ato de separar um ou mais elementos de uma totalidade complexa (coisas, objetos, representações, fatos) que só, mentalmente, pode subsistir fora desse todo.

Sob o aspecto científico, entretanto, se fato é considerado uma observação empiricamente verificada, a teoria se refere às relações entre fatos, conceitos, classificações, correlações, generalizações, princípios, leis, regras, teoremas, axiomas.

Ter uma teoria à mão é importante, porque é possível se chegar a deduções sobre o que ocorrerá, sob condições específicas, em diversas situações. Por que são tão poucas as pessoas que se interessam pela teoria? Um dos motivos é que a prática (execução) mostra, geralmente, resultados imediatos.

O teórico se interessa em observar e analisar os fenômenos, a fim de descobrir generalizações, princípios e regras. Nota-se uma busca constante, para o desenvolvimento de regras de ação ampla, que culminam numa nova teoria. Teórico é uma pessoa que explica tudo por meio de teorias.

Quanto ao papel da teoria em relação aos fatos, podemos dizer que a teoria tem como principais funções:

- Orientar os objetos de estudo, sob dois aspectos: restringir a amplitude dos fatos a serem estudados em cada campo do conhecimento e definir os principais fatos de uma investigação, precisando, portanto, de dados abstraídos da realidade, como objeto de análise.

- Oferecer um sistema de conceitos que representa os fatos, emitindo sua verdadeira concepção, fornecendo um universo vocabular científico, próprio de cada ciência.
- Facilitar a compreensão dos fenômenos e a comunicação entre os cientistas, expressa numa relação entre fatos estudados.
- Classificar e sistematizar os fatos, acontecimentos, fenômenos e objetos da realidade.
- Resumir a explicação dos fatos, expressando sua concepção e correlação.
- Resumir o conhecimento, porque serve para sintetizar o que já se sabe sobre o objeto de estudo, através de generalizações empíricas e das interrelações entre afirmações comprovadas.
- Prever fatos, porque a teoria se baseia na relação dos fatos já conhecidos com os que estão sendo descobertos.
- Indicar lacunas do conhecimento, porque serve para mostrar os fatos e as relações que ainda não estão satisfatoriamente explicados.
- Explicar acontecimentos e fenômenos, relacionando observações.
- Prever a ocorrência de determinados fatos ainda não observados.
- Comprovar hipóteses anteriormente formuladas.

Como teoria sem prática constitui especulação inútil, a prática sem a teoria é intransmissível. O homem de negócios que não possui uma base científica poderá, dentro de certos limites, ser um praticante mais hábil do que um cientista, mas terá de pagar, algum dia, o preço da estagnação.

A teoria orienta os objetos de estudo, oferece um sistema de conceitos, resume o conhecimento, prevê fatos, indica lacunas do conhecimento. Porém, é o fato que inicia, reformula, rejeita, redefine e esclarece uma teoria.

## 8.2 Considerações sobre Teoria

Leis e teorias surgem da necessidade que se tem de encontrar explicações para a realidade. A teoria apresenta um guia importante para a orientação da pesquisa, pois indica áreas que tendem a ser produtivas, isto é, em que há probabilidade de encontrar relações significativas.

A teoria aumenta a eficiência da pesquisa, pois apresenta indicações significativas para esta, ligando resultados aparentemente isolados através de processos semelhantes. Assim, pode indicar áreas em que a pesquisa tende a ser produtiva, pode sumariar os resultados de vários estudos específicos e pode dar uma base para explicação e predição.

Teoria e fato não são diametralmente opostos, mas interrelacionados, consistindo em elementos de um mesmo objeto de estudo. Não existe teoria sem ser baseada em fatos. Por sua vez, a compilação de fatos ao acaso, sem um princípio de classificação (teoria), não produz ciência. Teríamos um amontoado de fatos dispersos, impossíveis de serem interligados e explicados.

A teoria se distingue da hipótese, porquanto esta é verificável experimentalmente, enquanto aquela não. Todas as proposições da teoria se integram no mundo do conhecimento, enquanto a hipótese comprova a sua validade. A teoria é interpretativa, enquanto a hipótese resulta em explicação através das leis naturais. A teoria formula hipóteses, ao passo que estas subsistem independentemente da teoria.

## 8.3 Elementos da Teoria

A seguir, os principais elementos que dão suporte ao estudo da teoria:

**Fato** – O fato é um acontecimento passível de ser observado empiricamente, sendo expresso por meio de uma afirmativa, que tem validade geral e que não pode ser contrariada. Assim, aquele que pretende solucionar um problema terá de considerar seriamente os fatos, porque estes podem: iniciar, reformular, redefinir, esclarecer ou rejeitar uma hipótese de solução.

Além do mais, faz-se necessário esclarecer o papel do fato em relação à teoria:

Iniciar uma Teoria – Um fato novo, uma descoberta, pode provocar o início de uma nova teoria.

Reformular e/ou Rejeitar Teorias – Os fatos não conduzem a conclusões teóricas completas e definitivas, por produzirem constantemente novas situações. Qualquer teoria é passível de modificação. Como a pesquisa é uma atividade contínua, a rejeição e a reformulação das teorias tendem a ocorrer simultaneamente com a observação de novos fatos.

Redefinir e Esclarecer Teorias – Os fatos redefinem e esclarecem uma teoria previamente estabelecida. Eles trazem pormenores, já que a teoria faz uma abordagem mais geral.

Clarificar uma Teoria – Os fatos, descobertos e analisados pela pesquisa empírica, exercem pressão para esclarecer conceitos contidos nas teorias.

**Fenômeno –** Embora já tenhamos abordado este assunto, é bom fazer um contraste com a realidade do observador.

**Ideia –** A ideia também chamada de noção, ou conceito, é a simples representação intelectual de um objeto, porque se constitui num ato cognitivo. Não se confunde com a imagem que é a representação apenas sensível do objeto. A expressão verbal do conceito é o termo. Este se distingue também da ideia.

Uma ideia pode ser expressa por vários termos, assim como um termo pode exprimir várias ideias. Pode-se considerar a ideia segundo a sua compreensão e sua extensão. Assim, ela pode ser: singular, particular, geral, universal, transcendental (metafísica). Do exposto conclui-se que, no campo da lógica formal, a compreensão o de uma ideia está, necessariamente, na razão inversa de sua extensão.

**Juízo** – Francis Bacon admite a inferência do juízo do indivíduo na avaliação de um determinado problema, isto é, vale a pena se dedicar a resolver tal problema ou este não tem tanta importância assim? Juízo é considerado um ato pelo qual o raciocínio afirma ou nega alguma coisa em função de outra.

É o vetor fundamental do pensamento reflexivo, sendo que a expressão lógica do juízo é o raciocínio. Assim, um homem comum não se envolverá em problemas complexos. Primeiro, por achar que pessoas mais capacitadas se importarão. Segundo, porque a solução está além do seu raciocínio.

**Raciocínio** – É a operação pela qual o indivíduo de uma relação, ou de várias relações conhecidas, extrai uma outra. Como estas relações se exprimem por juízos, pode-se dizer que raciocinar é encadear juízos com o fim de concluir alguma coisa. Há duas espécies de raciocínio.

Um que vai do particular para o geral, chamado indutivo e outro que vai do geral para o particular, chamado dedutivo. Os instrumentos da indução são: observação, experimentação, analogia, comparação. Os instrumentos da dedução são: decomposição, análise, regressão, demonstração.

**Lei –** Assunto já abordado.

**Opinião –** É a afirmação de qualquer coisa apoiada em razões pessoais. É um modo de ver que não se baseia, muitas vezes, na fundamentação certa. É subjetiva e nem sempre merecedora de crédito. Caracteriza-se por uma convicção provisória, sujeita a erro. Portanto, toda vez que perceber que suas afirmações são meras opiniões, procure juntar a elas fatos que as transformem em argumentos lógicos.

**Conhecimento –** Assunto já abordado.

**Princípio –** Assunto já abordado.

**Intuição** – A intuição é vista como um "impulso" para a ação, onde não há raciocínio lógico. Segundo Motta, "a intuição deverá merecer explicações mais apuradas no futuro, porque parece que o nível de intuição da pessoa aumenta, em função das experiências, pesquisas, estudos e conhecimentos acumulados, que não foram ainda adicionados ao consciente do indivíduo". A razão é desconhecida. A verdade é que muitas pessoas resolvem problemas na base da intuição.

## 8.4 Tipos de Teoria

**Teoria Administrativa:** Teoria que estuda o funcionamento das organizações.

**Teoria Behaviorista:** Teoria que aproximou os aspectos formais e informais da organização. Essa convergência, para muitos, passou a ser a base da análise comparativa das organizações. Esta teoria passou a considerar o conflito como nem sempre indesejado.

**Teoria Clássica da Administração:** Teoria onde era dada ênfase na estrutura organizacional e no estabelecimento de princípios a fim de que a organização fosse eficiente. Enquanto a administração científica preconizava a eficiência do indivíduo a teoria clássica buscava a eficiência da organização como um todo. Esta teoria, desenvolvida por Henri Fayol, faz uma abordagem anatômica e estrutural da organização.

**Teoria Comportamental da Administração:** Teoria que surgiu dos estudos da psicologia organizacional, do comportamento humano nas organizações e de seus instrumentos de motivação. Esta teoria se fundamentou nas contribuições de McGregor, Maslow, Herzberg e Ouchi, que atualizaram os estudos da teoria das relações humanas.

Para a teoria comportamental, todo indivíduo é um tomador de decisões, baseado no sistema de informações que o envolve. A organização é vista como um sistema de decisões, daí ser encarado o indivíduo como um homem administrativo, onde a solução ótima é a melhor possível.

**Teoria Contingencial da Administração:** Teoria que mostra a administração como um processo de princípios relativos, isto é, dependerá da situação, do momento, do ambiente e, principalmente, dos recursos tecnológicos que a organização poderá dispor.

Segundo esta teoria a organização terá de se ajustar ao imperativo tecnológico e à situação ambiental.

Assim, o conhecimento do ambiente passou a ser vital para a compreensão dos mecanismos organizacionais e para a utilização de tecnologias adequadas para o enfrentamento de situações desfavoráveis.

**Teoria da Administração Científica:** Teoria que primeiro aplicou métodos da ciência aos problemas da administração, a fim de alcançar elevada eficiência industrial. Os principais métodos, à época, eram: observação e mensuração.

**Teoria da Amostragem:** Teoria em que os resultados oferecidos por um número muito grande de amostras se encaixam num modelo padrão chamado de distribuição normal. É verdadeiro que uma população de muitos milhões pode ser avaliada a partir de apenas 500 pessoas, se a amostra for adequadamente selecionada.

Esta teoria é um estudo das relações existentes entre a população pesquisada e as amostras utilizadas, tanto em quantidade (tamanho), como em qualidade (confiança, precisão). Mas, nem sempre o tamanho da amostra é diretamente proporcional à sua precisão, porque é preciso considerar os critérios de seleção das amostras.

A teoria da amostragem é útil para determinar se as diferenças observadas entre duas amostras são realmente devidas a uma variação casual ou não.

**Teoria da Amplitude de Comando:** Teoria também denominada amplitude de controle, refere-se ao número de subordinados que um chefe pode supervisionar pessoalmente, de maneira efetiva e adequada. De acordo com o conceito de unidade de comando, cada subordinado reporta-se apenas a um superior.

A teoria da amplitude de comando (esfera de controle) de Alan Graicunas declara que: "À medida que o número de subordinados cresce numa progressão aritmética, as relações resultantes tendem a aumentar geometricamente". Um dos elementos de maior importância na gestão da empresa é a comunicação entre o dirigente e o subordinado.

**Teoria da Aprendizagem:** Teoria em que a aprendizagem implica no desenvolvimento das relações entre estímulo e resposta. Assim, uma pessoa aprenderá se for estimulada. Se não for, permanecerá na escuridão. Como a aprendizagem está intimamente ligada à percepção, podemos dizer que ela se processa, em função das mudanças comportamentais que resultam de nossas experiências, novos conhecimentos, habilidades, capacitações e práticas.

**Teoria da Burocracia:** Teoria em que a forma de organização se baseia na racionalidade, isto é, na adequação dos meios aos objetivos (fins) para garantir a máxima eficiência possível. Ela apareceu no Campo da Administração, a partir da década de 1940, em função da fragilidade das teorias de administração existentes, tendo em vista posições contraditórias e sem possibilidades de uma abordagem global da organização.

Por outro lado, havia a necessidade de um modelo organizacional racional capaz de envolver todas as variáveis que dariam solução aos problemas da época. Entretanto, a burocracia não acompanhou a evolução da sociedade nem a das organizações, tornando-se um obstáculo ao pleno desenvolvimento e progresso atuais.

Emergiu, destarte, uma outra perspectiva, popular, emocional, imprecisa, em que a burocracia é considerada como um tipo de organização caracterizada pela paixão à rotina e à não criatividade. A teoria da burocracia surgiu da necessidade de se possuir uma abordagem que não fosse mecanicista, como na teoria clássica, e nem tivesse a ingenuidade da teoria das relações humanas.

**Teoria da Complexidade:** Teoria que tem como princípios: a incerteza e a indeterminação. Esta teoria diz que o homem é, por natureza, subjetivo e que, portanto, poderá ser objetivo por forças das circunstâncias, mas no fundo é subjetivo, até por uma questão existencial. Para esta teoria não existe conhecimento completo.

**Teoria da Comunicação:** Teoria fundamentada no princípio geral da percepção. A concepção do nosso próprio universo, e de tudo que este contém, depende do conhecimento que temos dos processos de sua percepção. Naquilo que significa para nós, os símbolos visuais e sonoros convencionais do nosso repertório (conjunto de conhecimentos) comum chamamos palavras.

**Teoria da Contingência:** Teoria considerada por alguns autores como mais uma filosofia para se fazer uma leitura do cenário, como propriamente uma teoria da administração.

**Teoria da Decisão:** Teoria em que as pessoas tomam decisões, em função do seu nível de percepção. É muito comum o administrador basear sua tomada de decisão em modelos, inferências estatísticas, estudos de amostras e cálculo de probabilidade.

As amostras devem ser escolhidas de modo a serem representativas do universo pesquisado.

**Teoria de Decisão Aplicada:** Teoria que se caracteriza pelo uso de uma amostra de elementos da população, em que os elementos são medidos uma única vez no tempo, visando atender um objetivo específico.

**Teoria da Decisão Estatística:** Teoria que permite determinar o curso de ação que produz o valor máximo esperado. Na prática, somos chamados com muita frequência a tomar decisões baseadas nas informações das amostras. É importante poder deduzir informações relativas a uma população, mediante a utilização de amostras dela extraídas.

**Teoria da Departamentalização:** Teoria derivada da teoria da organização, onde a departamentalização ideal é reunir na mesma unidade todos os elementos que estiverem executando o mesmo trabalho, pelo mesmo processo, para a mesma clientela, no mesmo lugar.

**Teoria da Empresa:** Teoria que aborda os motivos pelos quais a empresa deve ser remunerada pelo que faz. A teoria da empresa deve ser conhecida e entendida por toda a organização. Isto é fácil nos primeiros tempos, mas à medida que a empresa começa a ter sucesso, há uma tendência crescente de se tomar a teoria como fato consumado e de se ter cada vez menos consciência dela.

A teoria se transforma em uma cultura. Por isso, a teoria da empresa deve ser constantemente testada.

**Teoria da Equidade:** Teoria que preconiza que as recompensas devem ser proporcionais ao esforço e igual para as partes. Há nesta teoria a ideia de igualdade para um mesmo esforço, o que é tremendamente subjetivo, porque dependerá de um avaliador que é humano. Por outro lado, as pessoas vivem se comparando.

**Teoria da Escolha Individual:** Teoria fundamentada no pressuposto de que o bem-estar da sociedade é o resultado da convergência entre quem vende e quem compra, numa transação voluntária e competitiva.

**Teoria da Esfera de Controle:** Ver teoria da amplitude de comando.

**Teoria da Expectativa:** Teoria em que as pessoas se esforçam para alcançar resultados ou recompensas, que para elas são importantes, ao mesmo tempo em que evita os resultados indesejáveis. Trata-se de uma teoria que retrata a ideia intuitiva de que o esforço depende do resultado que se quer alcançar, isto é, a motivação é função da crença de que é possível alcançar um resultado desejado.

Esta teoria procura explicar a relação entre causa e efeito e todo esforço para conseguir o resultado final.

A Teoria da Expectativa considera que pode ser necessário haver uma sequência de eventos interligados para que um resultado desejado se realize. A maioria dos dirigentes, porém, trata seus subordinados de forma que os conduzam a um desempenho inferior ao que são capazes de conseguir.

**Teoria da Fixação de Objetivos:** Teoria em que a realimentação, ou conhecimento dos resultados, afetará a motivação e o desempenho somente no grau em que ela influi sobre a fixação de objetivos e na sua orientação. A realimentação pode levar a um objetivo mais elevado após atingir o anterior.

Num circuito de feedback, as saídas do sistema são comparadas com valores desejados de saída. Os desvios são retornados à entrada do sistema até que as operações (tarefas, movimentos) sejam ajustadas para proporcionar saídas coerentes aos padrões estabelecidos

**Teoria da Forma:** Teoria em que as pessoas enxergam os objetos e fenômenos em seu conjunto. Assim, quando olham um objeto qualquer, elas enxergam como se tudo tivesse uma finalidade dentro de um conjunto (sistema) e não como elementos independentes que necessitam interpretação própria. Esta teoria é mais outra para explicar como as pessoas percebem o mundo e seus objetos.

**Teoria da Hierarquia:** Teoria em que, qualquer que for o sistema, há sempre uma hierarquia entre os subsistemas e um deles comandará os demais. Tal comando se distribui entre os diversos níveis de: autoridade, poder e conhecimento. É fácil entender esta teoria, porque entre duas pessoas, uma sempre estará no comando, podendo até ser de forma temporária.

**Teoria da Informação:** Ramo da matemática aplicada que utiliza o cálculo da probabilidade e surgiu, em definitivo, com as pesquisas de Claude E. Shannon e Warren Weaver. Esta teoria estabeleceu um importante fator de ligação entre os sistemas físicos e os sistemas de gestão. Toda empresa manipula vários fluxos de informação que afetam a sua administração.

**Teoria da Intencionalidade:** Teoria que parte da premissa de que a intenção do indivíduo para agir constitui a força propulsora básica de seu comportamento. As intenções dependem das crenças e atitudes que definem a maneira de um indivíduo ver o mundo, ou seja, suas percepções.

Portanto, as intenções são as causas imediatas e principais do comportamento, sendo as crenças e atitudes apenas causas remotas. Segundo essa perspectiva, os indivíduos possuem objetivos que desejam alcançar e agem intencionalmente de acordo com suas percepções da realidade.

**Teoria da Máquina:** Teoria que considera todos de maneira mecanicista (sim ou não), onde a organização é concebida como um arranjo estático de peças, cujo funcionamento é deterministicamente previsto.

**Teoria da Motivação de Freud:** Teoria em que as pessoas não compreendem muito bem suas motivações. Podem estar afirmando que compram um novo carro para suas necessidades de trabalho, quando na realidade estão a fim de status.

**Teoria da Probabilidade:** Teoria, desenvolvida por matemáticos e estatísticos, que tem sido útil na solução de alguns problemas de decisão. Baseia-se no pressuposto de que um grande número de acontecimentos passados pode ser usado para predizer acontecimentos semelhantes no futuro. Mas esta teoria não pode determinar qual a casa que será destruída pelo incêndio ou quem irá morrer.

As técnicas estatísticas fornecem uma base para previsão de ocorrências, tais como: o número de avarias de máquinas, desvios no controle de qualidade, substituição de empregados, devoluções de mercadorias.

**Teoria da Representação:** Teoria utilizada para descrever as escolhas formais de medidas de desempenho e recompensa.

**Teoria da Satisfação:** Teoria, de Frederick Herzberg, tem exercido grande influência sobre o pensamento administrativo, no que se refere à satisfação das pessoas no trabalho, como também: reconhecimento, realização, responsabilidade, crescimento, progresso, por exemplo. Herzberg deu o nome de fatores higiênicos às fontes de satisfação.

**Teoria das Espécies:** Teoria que promove uma espécie de seleção natural, na qual só os melhores sobrevivem.

**Teoria das Filas:** Teoria fundamentada no estudo da otimização de arranjos de recursos em situações de espera, aglomerações, gargalos ou restrições ao processo produtivo.

**Teoria das Necessidades:** Teoria que leva uma pessoa a um determinado comportamento, consciente ou inconsciente, com a finalidade de satisfazê-lo. Estes comportamentos podem ser fisiológicos, psicológicos ou sociais.

Abraham Maslow tentou explicar por que as pessoas são dirigidas por certas necessidades em ocasiões específicas. Ele considera que as necessidades humanas são hierarquizadas, partindo das mais urgentes às mais sofisticadas. Uma vez satisfeita a necessidade, a motivação cessa.

**Teoria das Organizações:** Teoria que estuda as organizações de uma maneira geral e interdisciplinar. É o campo do conhecimento humano que se ocupa do estudo das organizações. Por seu tamanho e pela complexidade de suas operações, as organizações, ao atingirem certo tamanho, precisam ser bem administradas. Para tal precisam de recursos humanos qualificados.

**Teoria das Redes:** Teoria que estuda o conjunto de atividades interligadas.

**Teoria das Relações Humanas:** Teoria que é uma corrente administrativa iniciada com a experiência de Hawthorne e que enfatiza as pessoas, os grupos e a organização informal em contraposição aos pressupostos formais da teoria clássica.

A teoria das relações humanas crítica, sobremaneira, a civilização industrial, só preocupada com eficiência operacional e lucro, fazendo apologia da cooperação humana.

**Teoria das Restrições:** Teoria derivada da teoria das filas e que visa diagnosticar, localizar e eliminar pontos de espera e de estrangulamento (gargalos).

**Teoria de Campo:** Teoria, de Kurt Lewin, que estabeleceu uma ligação entre a teoria social e a ação social. A abordagem desta teoria tem sido a responsável pelo grande progresso da psicologia social nos últimos anos. Além do mais, ela possibilitou a percepção e cognição de um modo jamais alcançado pela teoria da aprendizagem.

Sua principal contribuição se deu no campo da psicologia individual. Lewin observou que o comportamento de um indivíduo estará em função da própria pessoa e do ambiente que a cerca.

**Teoria de Sistemas:** Teoria que é uma corrente que visualiza as organizações como sistemas abertos e em constantes trocas com o ambiente. A teoria de sistemas é um ramo da Teoria Geral de Sistemas. A Teoria de Sistemas é, frequentemente, identificada como Cibernética e Teoria do Controle, o que é totalmente errado.

**Teoria Dinâmica da Personalidade:** Teoria que busca uma ponte entre a teoria social e a ação social, através das experiências com mudanças de hábito, liderança e comunicação: Ver dinâmica de grupo.

**Teoria do Bem-Estar:** Teoria que estuda como alcançar soluções socialmente eficientes para a alocação de recursos de maneira otimizada.

**Teoria do Caos:** Teoria que afirma que nada é definitivo e que tudo é provisório. O ambiente é dinâmico em constante mutação. Não existe, portanto, equilíbrio, mas mudança.

**Teoria do Controle:** Teoria que afirma que todo sistema é baseado na comunicação (transferência de informação) entre o sistema e o ambiente.

**Teoria do Desenvolvimento Organizacional:** Teoria que apareceu no meio acadêmico e empresarial para analisar e compreender o comportamento das pessoas e o desempenho das mesmas nas organizações, porque seu objeto de estudo é a relação entre as pessoas.

Esta teoria, da década de 1960, nasceu para: instrumentalizar a mudança; considerar os métodos de pesquisa, anteriormente usados, como ultrapassados; dar ênfase ao treinamento, não esquecendo da formação eclética que deve ter o administrador.

**Teoria do Equilíbrio Organizacional:** Teoria em que o equilíbrio organizacional só será alcançado quando a remuneração, o incentivo e a motivação aos participantes derem um retorno igual ou maior à organização da qual fazem parte.

**Teoria do Lugar Certo:** Teoria que preconiza haver condições econômicas que governam as locações comerciais. Deve sempre haver um volume mínimo de negócios que dê suporte a sobrevivência de um varejo. A área comercial terá como limites as distâncias máximas que os consumidores estarão dispostos a percorrer antes de ir a outro local de compra. Pequenos varejos são encontrados em toda parte. Grandes varejos somente em grandes concentrações populacionais, ou, eventualmente, às margens de rodovias.

**Teoria do Papel:** Teoria que reconhece as pessoas como as próprias condutoras de suas vidas, pelo desempenho de muitos papéis. Esta teoria sustenta que, para cada posição que o indivíduo ocupe na sociedade, ele terá de ter um comportamento compatível com tal posição. Mas, também é levada em conta a personalidade de cada um; ver teoria da expectativa.

**Teoria do Preço:** Teoria baseada na razão de troca entre o objeto que se negocia e qualquer outro. Em geral, uma unidade monetária determina o preço. Então, um bem ou serviço pode ser avaliado como caro ou barato, em função do mercado, da necessidade do comprador, da persuasão do vendedor, da escassez, da fartura, do governo.

**Teoria do Valor:** Teoria em que o valor de um bem surge não só pelo seu preço, como também da relação social entre as pessoas, sendo o custo de produção de menor importância. Esta teoria ajudou a diferenciar o valor de uso com o valor de troca. O valor de uso está associado à utilidade que um bem tem para o consumidor. Já o valor de troca é dado pelo mercado (oferta e procura).

**Teoria dos Autômatos:** Teoria que diz que todo sistema deve mostrar que qualquer processo de qualquer complexidade pode ser simulado por uma máquina, se este processo for capaz de ser expresso em um número finito de operações lógicas.

**Teoria dos Compartimentos:** Teoria que diz que todo sistema é composto de subunidades com certas condições de fronteiras entre as quais podem ocorrer processos de transporte.

**Teoria dos Fatores Higiênicos:** Ver teoria da satisfação.

**Teoria dos Grafos:** Teoria que é a aplicação de diagramas em rede para a otimização do tempo e do custo. A rede mais famosa, PERT/CPM, é utilizada para analisar o caminho crítico de um projeto, entendido como o mais longo de todas as etapas de sua consecução.

**Teoria dos Jogos:** Teoria que é a aplicação da lógica matemática ao processo de tomada de decisão, na solução de problemas com informações incompletas. Esta teoria pode ser utilizada no processo de negociação onde as partes são vistas como jogadores. Também ajuda a determinar o curso de ação que minimizará a perda máxima do tomador de decisão face à incerteza de comportamento do ambiente, por exemplo.

**Teoria Econômica:** Teoria cuja principal tarefa é explicar por que os bens têm preços e por que alguns deles são caros e outros baratos. Por que é que bens, serviços, ideias e fatores de produção têm preços? É porque eles são úteis e escassos em relação aos usos a que se destinam. A carne, por exemplo, jamais alcançaria preço numa economia composta inteiramente de vegetarianos, fossem muitos ou poucos os bois e carneiros ali existentes.

Quando se forma no mercado o preço de qualquer bem, é porque a utilidade e a escassez se exprimem concretamente na procura por parte dos compradores e na oferta por parte dos vendedores. O preço se forma pela interação de duas forças de influências: a Procura e a Oferta. Mas a utilidade e a escassez são apenas as forças subjacentes que causam a existência dos preços.

**Teoria ERG:** Teoria que acredita que as necessidades humanas não são um sequencial, mas acontece simultaneamente, porque, segundo ela, uma necessidade pode acontecer ao mesmo tempo em que ocorrem outras necessidades. A teoria ERG não revoga a teoria de Maslow, apenas dá certo aperfeiçoamento quanto às necessidades não atendidas.

ERG quer dizer: existência, relacionamento e crescimento.

**Teoria Estruturalista da Administração:** Teoria que tem como base a sociologia organizacional, onde os autores procuram ver as organizações como subconjuntos da sociedade. Daí a abordagem múltipla, tanto da organização formal quanto da informal. Ela levou em conta que as organizações são diversas e diferentes, criando um estudo que se chamou tipologia das organizações; ver estruturalismo.

**Teoria Geral da Administração:** Teoria que pode ser considerada como um conjunto integrado de teorias, processos, princípios, leis, conceitos e ideias para se considerar a Administração como uma ciência ou arte. Não existe, até agora, uma visão universal da administração. Tal teoria talvez seja impossível de ser concebida. O mínimo que se pode induzir é de que não existem modelos de soluções para resolver novos e complexos problemas administrativos.

**Teoria Geral de Sistemas:** Teoria que sucedeu as teorias behaviorista e estruturalista da organização, como um alívio às diversas limitações destas teorias. Esta teoria adveio dos estudos de organismos vivos, realizados pelo biólogo Ludwing Von Bertalanffy e fundamenta-se em três premissas básicas, a saber: os sistemas existem dentro de sistemas, os sistemas são abertos e as funções de um sistema dependem de sua estrutura e estratégia.

**Teoria Gerencial:** Teoria que é baseada no planejamento estratégico, na descentralização e na ação integrada das diversas unidades organizacionais. A moderna Teoria Gerencial tem trilhado o planejamento estratégico, a descentralização e a ação integrada das diversas unidades organizacionais. Ter domínio cognitivo, analítico ou conhecer alternativas de comportamento só faz sentido, na gerência, se esse domínio conduzir a uma ação mais eficaz.

**Teoria Matemática:** Teoria que utiliza a matemática para análise e solução de problemas. Muitas decisões administrativas são tomadas com base em soluções contidas em sistemas de equações matemáticas que simulam situações reais, que obedecem a leis, estudos de séries e teoremas. É muito comum que os administradores chamem pesquisa operacional de teoria matemática aplicada aos problemas gerenciais.

Esta teoria ajuda a tratar o processo decisório de modo lógico e racional, por meio de uma abordagem quantitativa e determinística. Na teoria matemática, todas as situações devem ser reduzidas a números ou expressões matemáticas, o que, nem sempre, é possível.

A teoria matemática aplicada à administração é, na realidade, uma abordagem matemática para problemas administrativos.

**Teoria Neoclássica da Administração:** Teoria que trouxe uma nova visão da teoria clássica, pois atualizou conceitos, mostrou a necessidade de o administrador ser uma pessoa eclética (conhecimentos diversos) e pragmática, dando ênfase aos resultados e objetivos.

**Teoria Política:** Teoria que encara a administração pública como um conjunto de políticas públicas, cujos modelos se assemelham, cada vez mais, aos modelos da administração privada.

**Teoria X:** Teoria em que as metas pessoais dos empregados são incompatíveis com os objetivos da empresa. Ela confia mais na utilização da autoridade como um instrumento de comando e controle. Esta teoria afirma que as pessoas têm muito a oferecer a uma empresa, se puderem ser persuadidas a aceitar seus objetivos. Ela tenta aproveitar o máximo de cada um.

Supõe-se que o emprego da autoridade impede o desenvolvimento deste potencial, embora a autoridade seja necessária no caso de as pessoas não cooperarem.

**Teoria Y:** Teoria que afirma: a colaboração humana é dosada muito mais pela sensibilidade do gerente do que pelos limites da natureza humana. Os postulados dessa teoria são congruentes com a necessidade de integração que o ser humano tem. McGregor ressalta que este enfoque reconhece que as pessoas desejam realizar trabalhos relevantes e que, se lhes forem dadas oportunidades, atuarão com responsabilidade, maturidade e criatividade, tornando significativo seu desempenho na organização.

**Teoria Z:** Teoria que procura apresentar a razão do sucesso das empresas a partir da aplicação de uma filosofia que privilegia valores, como: o processo decisório é consensual (colegiado), a produtividade é aumentada pela participação ativa de todos na empresa, o espírito de equipe é desenvolvido através de lideranças, a organização possui uma filosofia igualitária numa relação holística, a confiança é fator fundamental no sistema empresa.

As organizações Z conseguiram um alto nível de coerência em sua cultura organizacional. Os sentimentos de autonomia e liberdade fazem com que os empregados trabalhem com muito entusiasmo.

# Capítulo 9

# MODELO

*"Nenhuma parte substancial do universo é tão simples que possa ser aprendida e controlada sem abstração. Por isso utilizamos modelos".*

Norbert Wiener

## Objetivos do Capítulo

- Mostrar a vantagem de se ter conhecimento de modelos.
- Mostrar que, quando desenvolvemos procedimentos, criamos modelos.
- Mostrar tipos e exemplos de modelos.
- Mostrar como se constrói um modelo.

## 9.1 Modelo

O modelo é qualquer representação simplificada de um processo e/ou uma realidade em seu todo ou parte. Pelo modelo verifica-se a interligação entre informação, processo e decisão. O desenvolvimento de um modelo é fundamental porque ele é um pré-requisito para a análise de valor da informação e porque é a chave para se compreender que partes do processo podem ser apoiadas por sistemas automatizados.

Em geral, é uma abstração de uma realidade, de uma situação pretendida ou de uma solução, ajudando a economizar tempo, dinheiro, espaço e esforço. Pelo modelo verifica-se a interligação entre informação, processo e decisão.

Munidas de modelos, as pessoas correm menos riscos, tendo em vista que a construção dos mesmos se aplica, principalmente, a tomada de decisão, resolução de problemas e avaliação de desempenho. Também pode-se prever, através de sucessivas simulações, que fatia de mercado deverá caber a um produto antes mesmo de ele passar pelo crivo dos testes de mercado. Se houver indícios de fracasso, a empresa poderá recuar e desistir da implementação do produto, evitando assim investir num projeto sem futuro.

A utilização de modelos permite que os testes de mercado sejam reduzidos ou até eliminados, substituídos por pré-testes e simulações em laboratórios que reproduzem sigilosamente todas as condições externas diante de um número selecionado de consumidores. Permite ao ser humano errar menos, eliminar testes de campo, substituir referidos testes por simulações em laboratórios, utilizando o computador como ferramenta.

Antigamente, as empresas pensavam em mercados como algo homogêneo e agora pensam cada vez mais em segmentos. Por isso, fazem análises detalhadas, criam modelos de simulação e produzem bens diferenciados para pessoas cada vez mais diferentes. Modelos desempenham importante papel no processo de criação coletiva, pois nos ajudam a pensar e a comunicar nossas ideias.

Um modelo é a expressão de um raciocínio, de um encaminhamento lógico que parte dos dados de base, que são o resultado da observação da realidade, para a escolha de uma solução que possibilite uma ação. Não pode representar muitos aspectos de um contexto, porque, os modelos, além de serem muitos, mudam constantemente.

Se quisermos estudar o fluxo de materiais através de uma fábrica, nós podemos construir um desenho, em escala, num papel, mostrando o piso da fábrica, a posição das máquinas, equipamentos e homens, por exemplo. Os objetivos de um modelo são:

- Definir ou descrever alguma coisa.
- Assistir uma análise.
- Especificar relações e processos.
- Representar uma situação em termos de símbolos.
- Ajudar no processo de tomada de decisão.
- Minimizar custo e tempo.
- Permitir uma melhor visualização das alternativas.
- Aumentar e reforçar o conhecimento.

Há muito tempo utilizam-se modelos em diversas ciências, mas sua aplicação aos problemas de gestão de empresas é bem mais recente. Apesar das limitações que os modelos apresentam na caracterização de qualquer sistema, a grande vantagem de seu uso reside no fato de que eles propiciam um quadro de referências, a partir do qual se pode desenvolver uma análise e se ter uma visão abrangente do objeto de estudo.

Os analistas durante a modelagem (projetos, sistemas) sofrem a tentação de colocar as respostas de várias perguntas em um mesmo modelo, ou seja, desenhar um modelo eclético, fato que o torna confuso e inútil.

Joseph Schumpter, famoso economista, também se arvorou como modelo para seus alunos, através da seguinte frase: "Eu quero ser lembrado por ter sido o professor que converteu meia dúzia de alunos brilhantes em pessoas de primeira classe". Schumpter sempre se achou uma pessoa de primeira linha que devia ser copiada.

## 9.2 Elementos do Modelo

**Premissa** – Assunto já abordado.

**Forma** – Um modelo poderá assumir diversas formas, tais como: uma descrição, um desenho, um referencial cartesiano, um relatório, um escrito, um formulário, uma tabela, um quadro, uma fórmula, um sistema, um projeto, um plano, um programa, uma sinopse, um estatuto, um contrato, uma curva, um cronograma, um fluxograma; um diagrama, uma tabela, uma matriz, uma pessoa.

**Característica** – Assunto já abordado.

**Vantagem –** Muitas são as vantagens de se usar um modelo, tais como:

- O custo do produto resultante é minimizado.
- O tempo de análise de um problema é menor.
- Facilidade na troca de variáveis.
- Permite o cálculo do risco envolvido.
- Permite uma melhor visualização de alternativas.
- Aumenta e reforça o conhecimento.

**Desvantagem –** Embora as vantagens sejam muitas, podemos dizer que: O modelo centraliza muito poder em quem o construiu.

**Modelagem –** A modelagem é a configuração é a ordenação lógica do projeto. O que distingue a modelagem de projeto de outras modalidades de criação é seu caráter, eminentemente, técnico. O termo modelagem é uma tradução da expressão "project design" e foi adotado pela primeira vez em um texto sobre modelagem organizacional. Um projeto estará bem modelado, se e quando for administrável e passível de avaliação.

A modelagem do projeto é, em geral, uma atividade recorrente, com idas e vindas de retrabalho, porque quando elaboramos o projeto vemos que alguns dos fatores que idealizamos são irrealizáveis ou podem ser feitos de outra maneira, ainda, existem restrições legais ao que pretendíamos realizar.

## 9.3 Construção de Modelos

A dificuldade de construir modelos tem sido responsável pelo fato de muitos técnicos desistirem de usá-los, ou fazê-los, por questões burocráticas e não como um auxílio ao pensamento de como deve ser. Qualquer construção de modelos obedecerá às seguintes fases básicas: ensaio e erro; simulação; otimização (pesquisa operacional).

A construção de modelos, hoje, é, em geral, feita pela modelagem participativa, isto é, ao invés de entrevistas particulares, convocamos os usuários das áreas afetadas (envolvidas) para reuniões onde são formuladas as perguntas e desenhados os modelos que representem o pensamento do grupo, seguindo um esquema metodológico, é claro. Na construção de modelos devemos levar em consideração três elementos: certeza, incerteza e risco.

É comum que empresas de visão estratégica construam modelos de sucesso. Tais modelos são tirados da concorrência e ajudam a orientar a própria empresa. Se, por exemplo, uma editora de livros didáticos quiser montar um modelo de sucesso, ela deve buscar, através dos catálogos das editoras vitoriosas as seguintes variáveis: número de páginas, tamanho e formato da página, segmentação de assuntos, cosmetização do texto, elaboração da capa, gramatura e cor do papel, sumário, formação e experiência do autor, ilustrações, bibliografia, remissivo.

A construção de modelos sempre correrá o perigo de ter a "cara" do seu construtor, que utilizará ferramentas que lhe são familiares. Assim, é bom o leitor levar em consideração uma metodologia geral de construção para modelo:

- Identifique e formule a maneira de resolver o problema por escrito.
- Identifique constantes, parâmetros e variáveis envolvidas.
- Defina e estabeleça uma simbologia.
- Selecione as variáveis que mais influenciam o modelo, que deve ser tão simples quanto possível.
- Selecione as variáveis controláveis e as não controláveis.
- Estabeleça as relações entre as variáveis, baseando-se em princípios, dados coletados, intuição e reflexão.
- Construa o modelo combinando todas as relações dentro do sistema.
- Represente o que acontece no modelo, através de símbolos, equações e sistemas.
- Apresente soluções baseadas no modelo.
- Teste o modelo usando dados reais.
- Revise o modelo se necessário.

## 9.4 Tipos de Modelo

**Modelo Algébrico:** Modelo que representado por uma equação algébrica ou sistema de equações, mostra a solução para um determinado problema.

**Modelo Analógico:** Modelo criado pelo homem parecida com o que existe na natureza.

**Modelo Burocrático:** Modelo baseado nos elementos: hierarquia, estrutura, especificação, disciplina, delegação, norma, regulamento, procedimento, diretriz, política, formulário, documentação e arquivo. Pode-se dizer que a origem da burocracia está ligada ao desenvolvimento do capitalismo, pois a divisão do trabalho exige muita coordenação das funções, também devido às grandes transformações que acontecem no novo sistema econômico.

A burocracia se torna um modelo de racionalidade que permite a permanência de uma estrutura organizacional bem ajustada às normas e regulamentos, onde contam direitos e deveres dos funcionários.

**Modelo Capitalista Popular:** Modelo de empresa objetivando tornar o empregado sócio do empreendimento, a fim de ampliar as oportunidades de negócios e beneficiar as organizações e seus sócios. O trabalho é estruturado em pequenas equipes de menos de vinte pessoas com um líder.

Os líderes são treinados para falar em público e estimulados a manter diálogo com a força de trabalho.

**Modelo Cibernético:** Modelo universal, multidisciplinar, generalista, abstrata e comparativa de um sistema.

**Modelo Comportamental:** Modelo em que seus elementos básicos são: conduta, maneira de agir, uma reação, uma atitude diante de uma pessoa, organização ou ambiente. O comportamento de um indivíduo no grupo de trabalho é influenciado pelos motivos que levam o indivíduo a trabalhar ou ter gosto pelo trabalho.

**Modelo da Administração pela Qualidade:** Modelo de empresa onde os valores são pautados pela qualidade das pessoas. A avaliação de desempenho deve ceder espaço à educação e ao treinamento. A busca do zero defeito deve evitar o medo de errar e a vontade de mentir.

O gerente se responsabilizará pela educação dos funcionários, isto é, pelo seu desenvolvimento pessoal e profissional.

**Modelo da Cogestão:** Modelo de empresa resultado das lutas trabalhistas alemãs, desde o Século XIX. Seu objetivo não é apenas estimular a participação efetiva dos empregados nos resultados e nos destinos das empresas ou chamar os empresários às suas responsabilidades sociais para com os recursos humanos. Vai mais além, ao tentar despertar a consciência civil e o sentimento de cidadania.

**Modelo da Empresa Atomizada:** Modelo de empresa que troca o modelo piramidal por um dos três níveis de atividade: núcleo, franja contratual e mão de obra flexível, lembrando a estrutura de um átomo. O núcleo é formado por um número de pessoas superqualificadas, cujo trabalho é essencial para a organização, com grande flexibilidade e autonomia na forma de realizar o trabalho.

A franja é formada pela terceirização de funções não essenciais, pelo sistema de parcerias e pela prestação de serviços, que são atividades diretamente vinculadas ao negócio da empresa, só que realizadas por firmas externas e pessoas contratadas.

A mão de obra flexível está ligada à sazonalidade de mercado, ao melhor, ou pior, pique dos negócios, ao trabalho por tarefas, chegando a ter horários flexíveis e contratos por tempo determinado. Há participação e tomada de decisão por pessoas que atuam na ponta do negócio.

**Modelo da Hierarquia das Necessidades:** Modelo que declara que uma pessoa tem muitas razões que variam em importância e circunstância. Maslow propôs que existem cinco necessidades básicas e hierarquizadas e que são: fisiológica, segurança, relacionamento social, estima e autorrealização.

**Modelo de Análise:** Modelo apoiado nas seguintes teorias e métodos: Teoria dos Jogos, Teoria das Filas, Teoria da Decisão, Teoria dos Grafos, Programação Linear, Probabilidade, Estatística e Programação Dinâmica.

**Modelo de Árvore de Decisão:** Modelo que trabalha com riscos, valores, ganhos e perdas em cada alternativa.

**Modelo de Árvore de Probabilidade:** Modelo parecido com a árvore de decisão, onde se inclui a probabilidade de sucesso e falha do nosso projeto e do projeto competidor.

**Modelo de Avaliação:** Modelo que compara (avalia ou estima) o resultado alcançado com um padrão (referencial) de desempenho predeterminado.

**Modelo de Avaliação da Estratégia:** Modelo que corresponde à fase na qual o executivo verifica se a estratégia implementada está alcançando objetivos e desafios da empresa.

**Modelo de Avaliação da Oportunidade:** Modelo ligado ao mercado, em função dos objetivos e recursos da empresa. Veja a seguir um exemplo:

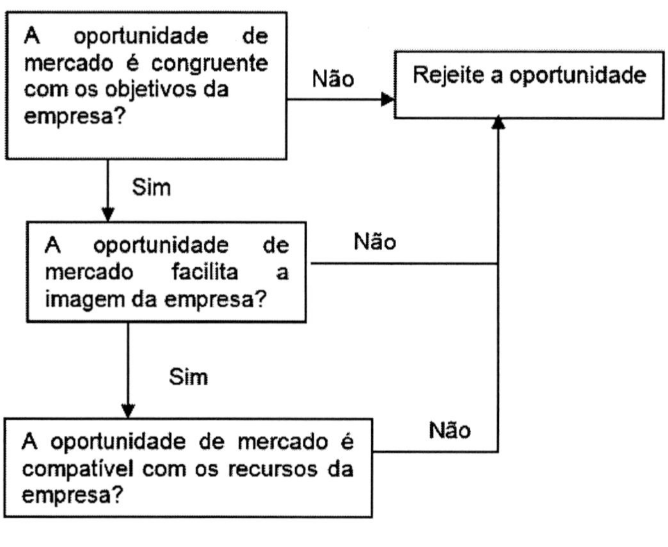

**Modelo de Cálculo:** Modelo em que são realizados cálculos, por exemplo, uma planilha.

**Modelo de Canal de Comunicação:** Modelo caracterizado pela figura, a seguir:

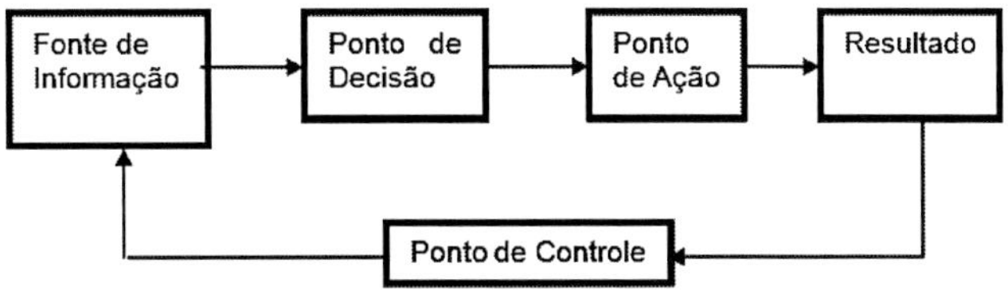


O canal de comunicação é uma via de mão dupla, tanto vai como vem, cuja importância é tão grande, porque, muitas vezes, determina a eficácia da comunicação.

**Modelo do Ciclo de Vida do Projeto:** Modelo cujas fases são:

- Concepção – Ideia inicial, conceituação, definições, finalidade, necessidades do usuário, levantamento de dados, estudo de viabilidade, orçamento provisório, cronograma inicial, proposta inicial, formação da equipe, projeto preliminar (sinopse, anteprojeto) e declaração de viabilidade.
- Desenvolvimento – Início da configuração, análise e reestudo da fase anterior, especificações, aprimoramento da documentação existente, designação de atividades e tarefas, estrutura organizacional da equipe, exigências de desempenho, especificações funcional e qualitativa, apropriação tecnológica, terminologia, diagrama do fluxo de dados, especificações dos processos, nomenclatura, reconfiguração, desenhos, protótipos, programa e plano.
- Execução – Análise de risco, aceitação pela equipe e pelo usuário/proprietário/consumidor, interação equipe-usuário, conclusão da documentação, implementação, instalação ou conversão do sistema antigo por um novo, teste de aceitação, monitoramento, treinamento do usuário, inserção do produto no mercado, implantação e revisão.
- Conclusão – Manual de procedimentos, entrega do produto final, relatório dos testes, manual de manutenção e conservação, entrega dos arquivos e documentos básicos, acompanhamento e desmonte da equipe.

**Modelo de Ciclo Motivacional:** Modelo que é um conjunto de etapas a serem percorridas para atingir a satisfação humana, como mostrado na figura, a seguir:

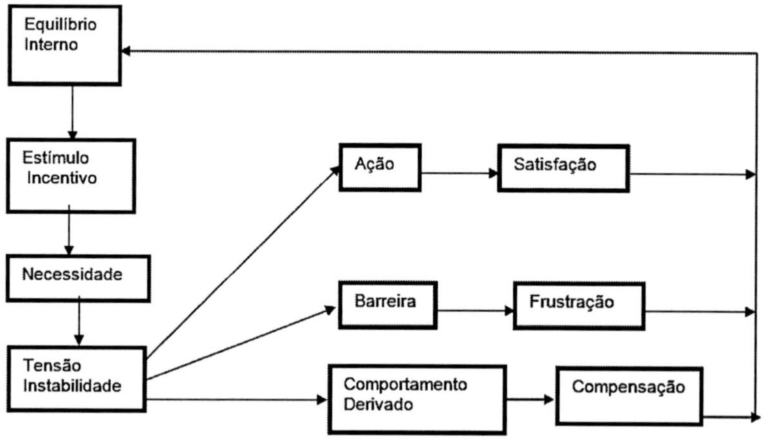


**Modelo de Comercialização:** Modelo que representa as transações entre os mercados: produtor, intermediário, governamental, de recursos e consumidor.

**Modelo de Compras:** Modelo para determinar as necessidades e motivações humanas para a compra de um produto.

**Modelo de Comunicação:** Modelo que questiona sobre: Quem é o comunicador? Que diz a mensagem? Quem é o receptor? Qual o meio utilizado? Que reação provoca a mensagem?

**Modelo de Conhecimento:** Modelo que reúne as análises básicas para que alguém conheça a situação (cenário); ver matriz de conhecimento.

**Modelo de Controle:** Modelo que verifica e compara os resultados alcançados com aquilo que foi estabelecido no planejamento (resultados esperados); ver controle.

**Modelo de Dados Corporativos:** Modelo que deverá conter todas as informações básicas necessárias para que o negócio da empresa seja levado a bom termo. Este modelo é fundamentado no delineamento dos dados que efetivamente são relevantes para a empresa

**Modelo de Decisão:** Modelo abstrato e simplificado de um processo de decisão, onde a escolha do caminho a ser seguido é facilitada. Tal modelo permite determinar que fluxo de informação é necessário para manter a ligação entre as informações e as alternativas de decisão.

Os modelos de decisão são projetados para avaliar os resultados alternativos, associados às diferentes decisões, e para encontrar a decisão "ideal". Os modelos para a decisão devem ser eficientes em tempo de operação, ter acesso imediato a dados atuais e serem estruturados de forma a facilitar suas alterações. A ênfase deve ser dada à simplicidade de construção.

**Modelo de Decisão Não Programada:** Modelo mostrado, a seguir:

| Decisões | Técnicas | Ferramentas |
|---|---|---|
| Não Programadas | Tradicionais | Julgamento em grupo, intuição, métodos empíricos, processamento eletrônico de dados, ensaio e erro. |
| | Modernas | Método heurístico, simulação por computadores, aproximação sucessivas, análise de sistemas, análise estruturada. |

**Modelos de Decisões Programadas:** Modelo mostrado, a seguir:

| Decisões | Técnicas | Ferramentas |
|---|---|---|
| Programadas | Tradicionais | Rotinas, regras, normas, diretrizes, políticas, reuniões, lista de prioridades, fluxogramas, redes, análise do ponto de equilíbrio, análise matemática. |
| | Modernas | Métodos quantitativos (estatística, e probabilidade), aplicativos em computadores, pesquisa operacional, matrizes, programação, árvore de decisão, sistemas de informação. |

**Modelo de Desenvolvimento de Novo Produto:** Modelo associado a um processo que analisa a viabilidade de uma ideia vir a se tornar um produto vendável. A seguir, um exemplo:

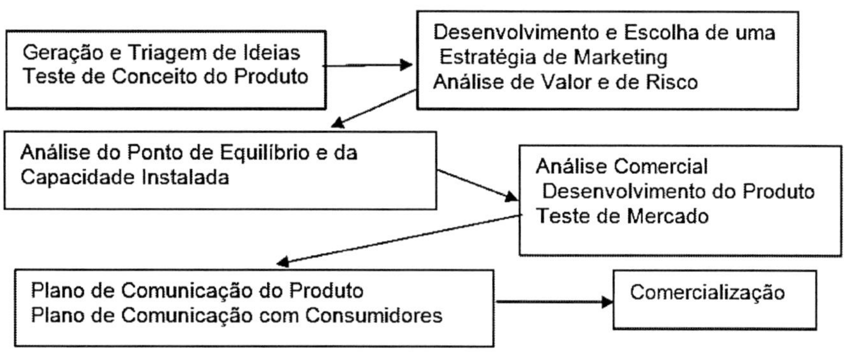


**Modelo de Desenvolvimento Organizacional:** Modelo que reconhece o processo de mudança como função de: interação, participação e comunicação humanas. Tal modelo é fundamentalmente antiautoritário e baseado nas alterações estruturais e comportamentais.

**Modelo de Direção:** Modelo que faz cumprir aquilo que foi planejado, conduzindo e orientando os recursos da organização.

**Modelo de Distribuição Física:** Modelo que estabelece medidas de controle, através de esquemas (sistemas) que buscam otimizar as atividades de movimentação e alocação de ativos.

**Modelo de Educação** – Modelo que tem como espelho seu sistema educacional. Educação é toda influência que o ser humano recebe do ambiente social, durante toda a sua existência, no sentido de adaptar-se às normas e valores vigentes e aceitos. Seja qual for a sua forma, a educação tem que se tornar rotina.

Todos precisam dispor de uma linguagem comum, talento para executar as tarefas e entendimento de sua função pessoal na manutenção da engrenagem da organização. Fazer certo, logo da primeira vez, é o que se quer de fato. No entanto, na vida, talvez as coisas só se ajustem depois da terceira tentativa.

Um modelo educacional clássico é o da implantação de um sistema de melhoria contínua, onde é preciso haver o envolvimento de todos, pois o papel de cada um na geração da qualidade deve ser compreendido por todas as pessoas que fazem parte da organização. Aqueles que estão envolvidos em funções específicas precisam ter uma educação especial.

**Modelo de Eficácia da Propaganda:** Modelo que relaciona os gastos de propaganda com a fatia de mercado obtida.

| Empresas | Gastos com Propaganda | Valor Relativo | Fatia do Mercado | Eficácia da Propaganda |
|---|---|---|---|---|
| A | 3.000,00 | 43% | 40% | 0,93 |
| B | 2.000,00 | 28% | 20% | 0,71 |
| C | 1.500,00 | 21% | 25% | 1,19 |
| D | 500,00 | 8% | 15% | 1,87 |
| Totais | 7.000,00 | 100% | 100% | |

Análise: Taxa abaixo de 1,00 significa que a propaganda é ineficaz. Taxa acima de 1,00 significa que a propaganda é eficaz. No caso acima, temos:

Empresa A – Relativamente ineficaz (40% / 43% = 0,93).
Empresa B – Ineficaz (20% / 28% = 0,71).
Empresa C – Relativamente eficaz (25% / 21% = 1,19).
Empresa D – Muito eficaz (15% / 8% = 1,87).

**Modelo de Empresa Aberta:** Modelo que vê a empresa como um dinâmico relacionamento com o seu ambiente, recebendo vários insumos (entradas), transformando-os em resultados na forma de bens, serviços e ideias (saídas).

**Modelo de Fatores Críticos de Sucesso:** Modelo onde são mostrados os dados que ajudam a empresa obter sucesso. A seguir, um exemplo:

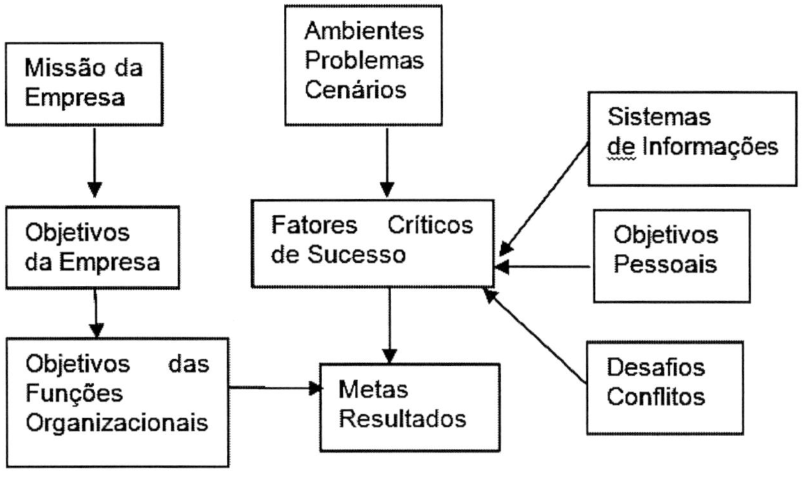


**Modelo de Flexibilização**: Modelo que busca novos métodos de flexibilizar a organização para vencer as barreiras impostas pelas concepções rígidas de estrutura que prevalecem tanto na teoria quanto na prática administrativa. Uma estrutura flexibilizada enfatiza a comunicação horizontal, a descentralização das decisões, a delegação de autoridade, a utilização intensa da coordenação, poucas regras, políticas e procedimentos, mas principalmente a economia de tempo.

**Modelo de Fluxograma de Fabricação:** Modelo representado por um gráfico de organização que representa de forma dinâmica as unidades de trabalho e a sequência de suas atividades (rotinas, relações), através dos fluxos das microestruturas que compõem o sistema de produção.

**Modelo de Gestão:** Modelo que busca com que a empresa (organização) aja na complexidade e na turbulência ambiental com dinamismo e rapidez.

**Modelo da Hierarquia da Organização:** Modelo da hierarquia da organização.

A seguir, um exemplo:

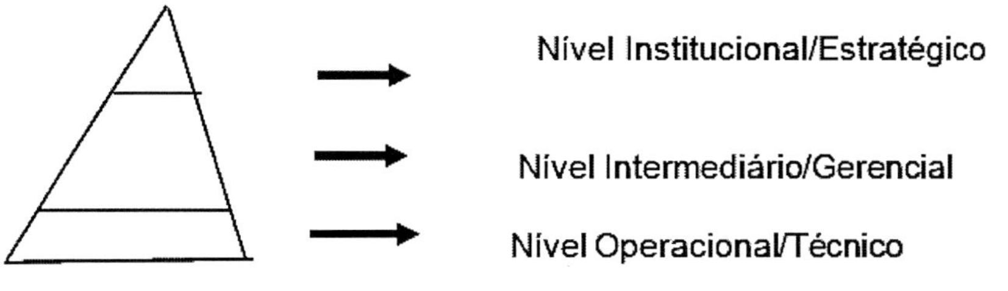

**Modelo de Logística:** Ver modelo de distribuição física.

**Modelo de Mudança:** Modelo que representa a dinâmica das forças que processam a mudança, tais como ambiente, organização e tecnologia.

**Modelo de Negociação:** Modelo que busca a interação humana para resolver diferenças através de acordo, troca, partilha, barganha, doação, às vezes, precisando persuadir, interessar, dissuadir.

**Modelo de Orçamento Integrado:** Modelo que serve para desenvolver e/ou atualizar programas, planos e políticas de: estoque de produto acabado, armazenamento, rotação de recursos humanos, nível adequado de estoque mínimo, investimentos, despesas de fabricação, despesas de marketing, despesas administrativas, necessidade de capital de giro, lucros e perdas, nível de caixa necessário, fluxo de entradas e saídas, movimentação de materiais e logística, por exemplo.

**Modelo de Organização:** Modelo que visa dar apoio às demais funções administrativas, no sentido de simplificar, melhorar, minimizar custos, otimizar a utilização e racionalização dos recursos organizacionais voltados ao desenvolvimento de processos, atividades e tarefas.

**Modelo de Otimização:** Modelo cuja finalidade é descobrir a melhor solução possível, em função dos recursos disponíveis.

**Modelo de Otimização do Lucro:** Modelo voltado a conseguir lucro máximo. A seguir, são colocados dois exemplos de estudo de otimização do lucro em um modelo matemático, onde são escolhidos fatores vinculantes, como: produção/hora e matéria-prima.

Exemplo para o fator Volume de Produção:

| Nº | Itens | Produto A | Produto B |
|---|---|---|---|
| 1 | Preço de venda | 70,00 | 56,00 |
| 2 | Custo variável unitário | 52,00 | 42,00 |
| 3 | Margem de contribuição (1 - 2) | 18,00 | 14,00 |
| 4 | Custo fixo unitário | 10,00 | 7,00 |
| 5 | Lucro unitário (3 - 4) | 8,00 | 7,00 |
| 6 | Valor da produção/hora | 20,00 | 30,00 |
| 7 | Lucro/hora (5 x 6) | 160,00 | 210,00 |
| 8 | Contribuição marginal/hora (3 x 6) | 360,00 | 420,00 |

Resposta: Embora o produto A tenha uma margem de contribuição maior, a contribuição do produto B, em função da produção/hora, é maior. Logo, o produto B deverá ter prioridade em produção e venda.

Exemplo para o fator Matéria-Prima:

| Produtos | Pv | Cvu | MC | MP (kg) | Contribuição da MP | % |
|---|---|---|---|---|---|---|
| A | 4,00 | 2,00 | 2,00 | 1,00 | 2,00 | 18 |
| B | 5,00 | 3,00 | 2,00 | 0,60 | 3,33 | 30 |
| C | 8,00 | 5,00 | 3,00 | 1,00 | 3,00 | 27 |
| D | 6,00 | 2,00 | 4,00 | 3,00 | 1,33 | 12 |
| E | 10,00 | 5,00 | 5,00 | 4,00 | 1,25 | 13 |
| | | | | | 10,91 | 100 |

Resposta: Embora o produto E tenha a maior margem de contribuição, a contribuição do produto B, em função da matéria-prima, é maior. Logo, a prioridade em produzir e vender é do produto B.

**Modelo de Pesquisa:** Modelo que estabelece procedimento reflexivo, sistemático, controlado e crítico para buscar descobrir novos dados, relações, leis, em qualquer campo do conhecimento.

**Modelo de Planejamento:** Modelo que envolve uma análise das potencialidades, oportunidades, fragilidades, restrições que darão respaldo para as decisões de hoje e que influenciarão o amanhã.

**Modelo de Planejamento de Marketing:** Modelo que envolve uma série de etapas para a consecução de um plano para atender um mercado.

**Modelo de Planejamento Estratégico:** Modelo que questiona a melhor estimativa que se pode fazer.

**Modelo de Procedimento:** Ver procedimento.

**Modelo de Processo Administrativo:** Modelo que mostra as etapas voltadas para a ação empresarial para atingir objetivos. A seguir, um exemplo:

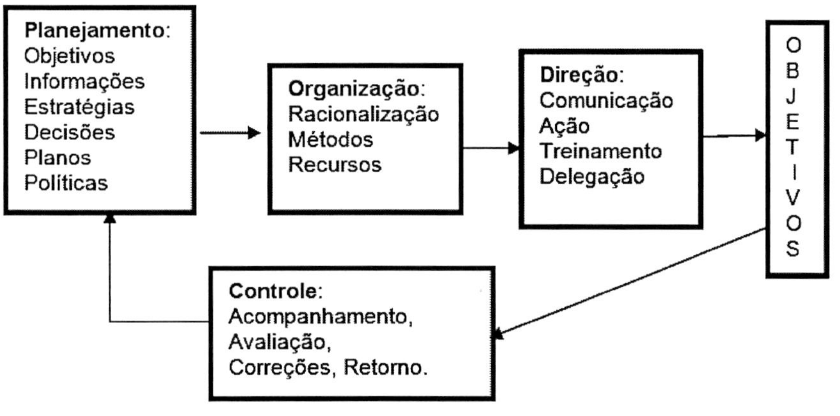

**Modelo de Processo de Comunicação:** Modelo que retrata como a comunicação se faz através de seus elementos básicos. A seguir, um exemplo:

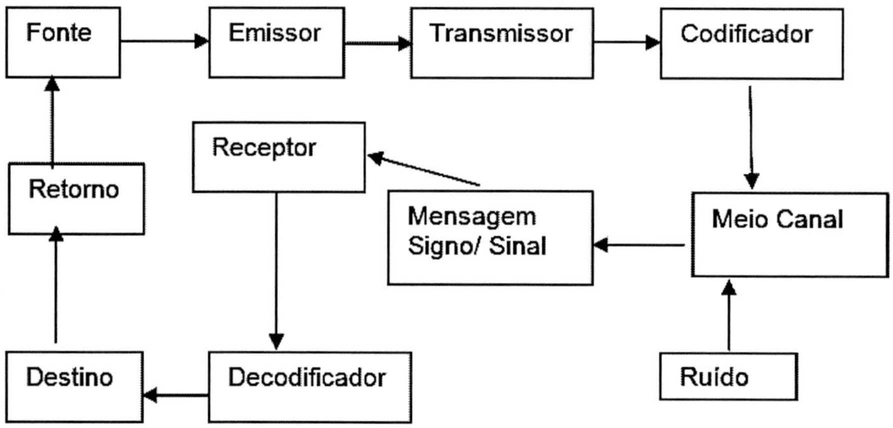


**Modelo de Produção:** Modelo representativo das atividades, procedimentos, operações e movimentos, usados para transformar a natureza em produtos. Combinação da engenharia de desenvolvimento do produto com racionalização de espaço, custo e operação.

A seguir, um modelo de produção na forma de fluxograma:

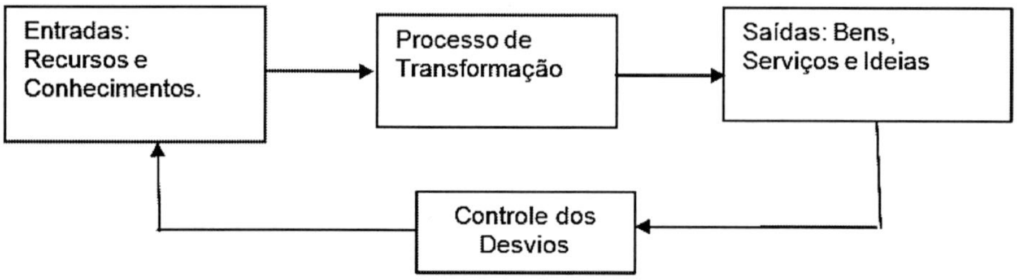


**Modelo de Qualidade:** Modelo que fornece meios às organizações para serem identificadas como comprometidas em melhoria e superação dos maiores e melhores patamares de qualidade do mundo.

**Modelo de Qualidade de Serviço**: Modelo que proporciona ao consumidor: confiabilidade, rapidez, segurança, atenção, atendimento eficiente, beleza, atendimento de expectativas e prestação de informações relevantes, por exemplo. Tal modelo deve buscar entender como o consumidor chegou até a empresa.

**Modelo de Realidade:** Modelo considerado válido pelo grupo. Os grupos resistirão a uma mudança na proporção em que ela ameaçar o seu poder, desrespeitar os valores e as normas, basear-se em informação considerada irrelevante.

**Modelo de Relatório:** Modelo cuja estrutura está configurada.

A seguir, um exemplo:

- Instituição: Nome da organização.
- Departamento: Produção
- Categoria: Rotina
- Data:
- Relator: Nome do relator e cargo que ocupa.
- Introdução: Relator caracteriza o problema e prepara o leitor para o raciocínio a ser desenvolvido no corpo do relatório. A introdução deve conter a finalidade do documento, seu escopo e a sequência de apresentação dos assuntos.
- Corpo do Relatório: O corpo do relatório e construído por um conjunto de itens. Neles o relator deve apresentar o desenvolvimento de todo seu raciocínio, preparando o leitor para a conclusão.
- Conclusão: A conclusão termina a investigação do problema ou fenômeno, apresentando uma solução ou explicação. Ela conduz o leitor a verificar se a diretriz, política, estratégia, procedimento, regulamento estão adequados à realidade atual ou se a solicitação foi fielmente atendida. A conclusão não é um resumo nem a repetição do abordado e contido no corpo do relatório.
- Assinatura:

**Modelo de Risco:** Modelo que ajuda a fornecer possíveis soluções para riscos.

**Modelo de Simulação:** Modelo matemática e/ou estatística que permite substituir testes de campo, porque são realizados em laboratório que reproduzem as condições externas. O modelo de simulação permite substituir o teste de campo ou mesmo reduzir e até eliminar para um novo produto a ser lançado no mercado.

Os dados se tornam uma arma mais potente, quando analisados por modelos simulatórios que permitem ao analista manipular diferentes variáveis, para determinar o quanto realmente ganham em cada produto. Esses modelos examinam fatores como qual o espaço ocupado na prateleira por um pacote quadrado, em comparação com um redondo e quais as cores numa embalagem que mais bem funcionam para determinados produtos.

Modelos simulatórios são cada vez mais usados, porque ajudam a economizar esforço, tempo e dinheiro. Mas, precisam ser aplicados cuidadosamente, e o melhor sinal de que funcionam bem é que estão sendo cada vez mais usados. Antes de sua introdução, o índice de fracasso dos lançamentos de novos produtos era bem mais alto. Avisam logo se há possibilidade de fracasso, dando chance às empresas de abandonarem, a tempo, iniciativas equivocadas.

**Modelo de Sistema:** Modelo que gera fluxos de informações para a empresa cumprir a sua missão.

**Modelo de Sistema Aberto:** Modelo de sistema que está em constante interação com o ambiente.

**Modelo de Sistema Cibernético de Gestão:** Modelo de sistema que é baseado na automação, comunicação e controle.

**Modelo de Sistema de Finanças:** Modelo de sistema que envolve o fluxo de caixa (dinheiro) que percorre a organização. A seguir, um exemplo:

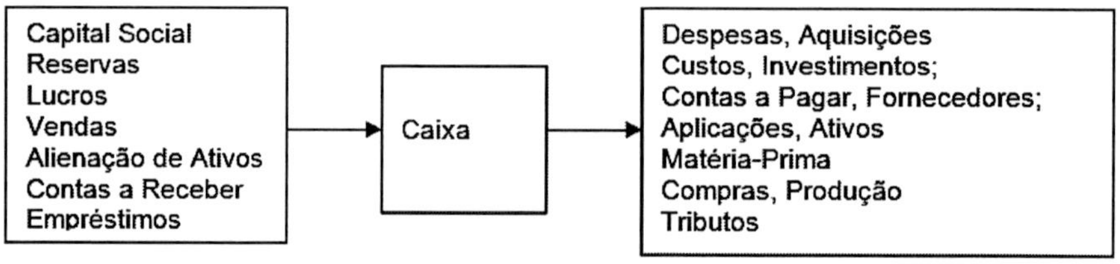


**Modelo de Sistema de Informações de Marketing:** Modelo que apoia o uso de computadores, para armazenar e processar dados de marketing, tendo as seguintes funções:

- Montagem (busca e coleta de dados).
- Processamento (edição, tabulação e resumo dos dados).
- Análise (verificação do valor dos dados).
- Armazenagem (indexação, arquivamento, recuperação e localização de dados).
- Avaliação (determina a relevância dos dados).
- Disseminação (encaminha informações úteis para os tomadores de decisão).

**Modelo de Sistema de Informações de Projeto:** Modelo projetado para gerar fluxos de informações para que o projeto cumpra a sua missão.

**Modelo de Sistema de Informações de Vendas:** Modelo que mostra início, meio e fim da transferência de propriedade de um bem ou serviço.

**Modelo de Sistema de Produção:** Modelo que cobre todas as atividades do planejamento ao controle de fabricação. A seguir, um exemplo:

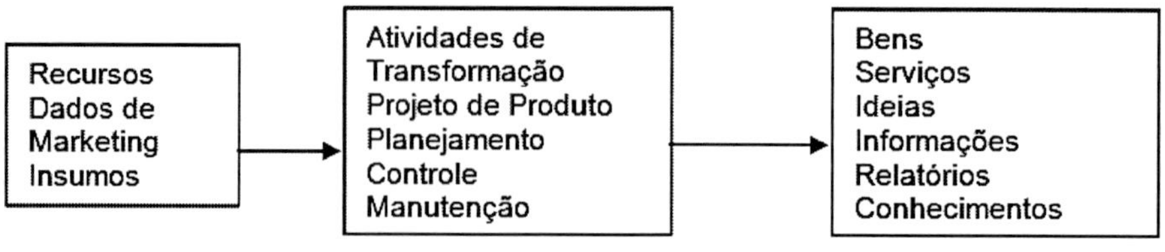

**Modelo de Sugestão:** Modelo que sugere ações baseadas em técnicas da Pesquisa Operacional.

**Modelo de Tabela de Decisão:** Modelo que mostra as várias possibilidades de resultado, em função das condições e dos critérios utilizados. A seguir, um exemplo:

| Condições | Alternativas | | | | | | | |
|---|---|---|---|---|---|---|---|---|
| Idade > 21 Anos | S | S | S | S | N | N | N | N |
| Sexo (M ou F) | M | M | F | F | F | M | F | F |
| Peso > 80 Kg | S | N | S | N | S | N | S | N |
| Medicação A | * | | | | * | | | * |
| Medicação B | | | | | | | * | |
| Medicação C | | | * | | | * | | * |
| Não Medicação | | * | | * | | | | |

**Modelo de Tomada de Decisão:** Ver modelo de decisão.

**Modelo de Treinamento:** Modelo em que, de maneira sistemática, as pessoas são preparadas a ter conhecimentos, deveres, responsabilidades, atitudes e habilidades direcionadas ao preenchimento de cargos e funções.

**Modelo de Varejo:** Modelo que abrange as atividades ligadas à venda ao consumidor final. Os modelos de varejo seguiram a seguinte evolução histórica: Bazar; Loja Comercial; Loja Especializada; Loja de Departamentos; Supermercado; Hipermercado; Superloja; Shopping Center; Loja de Conveniência; Loja de Desconto; Varejo de Fábrica; Varejo de Liquidação; Varejo sem Loja, Loja Virtual (Internet) e Varejo com Visual de Depósito.

**Modelo Descritivo:** Modelo escrita de um fato, objeto, acontecimento, situação, evento, coisa, lugar, resultado. Geralmente se apresentam na forma de um relatório com as devidas explicações.

**Modelo Determinístico:** Modelo dos relacionamentos exatos, em que a probabilidade não tem influência.

**Modelo Dinâmico:** Modelo que permite observar o movimento do estado do sistema (mudança, solução, decisão, estratégia, política, comportamento), através do tempo. Os modelos mais dinâmicos que conhecemos, devido à concorrência, são modelos de mercado.

**Modelo do Ciclo de Vida do Produto:** Modelo caracterizado por uma curva que cresce, se mantém e depois entra em declínio. É comum caracterizar o ciclo de vida de um produto em estágios: Introdução (produto é levado ao mercado pela primeira vez); Crescimento (demanda pelo produto aumenta); Maturidade (demanda nivela-se e as vendas são para reposição) e Declínio (produto começa a perder atração para o consumidor e as vendas despencam).

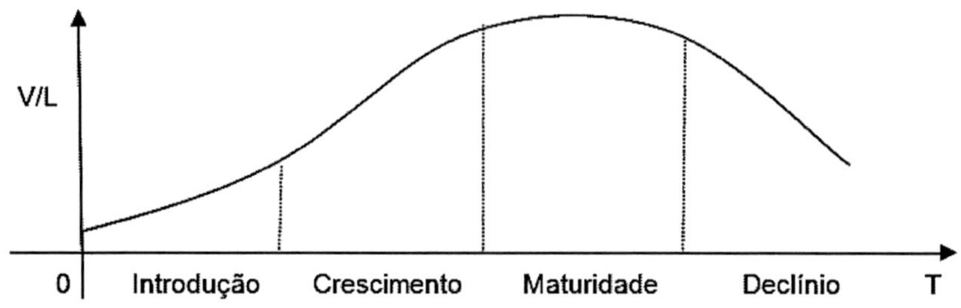


0 Introdução Crescimento Maturidade Declínio T

Onde: V/L = Vendas/Lucros; T = Período de tempo

**Modelo do Ciclo Mercadológico do Produto:** Modelo composto das seguintes fases: planejamento da produção e da venda, período de vendas, compra de matéria-prima e insumo, pagamento a fornecedores, produção, distribuição dos produtos e recebíveis, sendo que estas fases se superpõem, em função dos períodos de tempo preestabelecidos.

A figura, a seguir, mostra este ciclo:

Planejamento

//////////////////

Período de Vendas

//////////////////////////////

Compra MP e Insumos

////////////////////////////////

Fornecedores

////////////////////////////

Produção

/////////////////////////////////////////

Distribuição

//////////////////////////////////////////////

Contas a Receber

/////////////////////////////////////////////////

Ciclo Financeiro

///////////////////////////////////////////////////////////

Ciclo Operacional

//////////////////////////////////////////////////////////////////////////////////////////////

**Modelo do Fluxograma de Risco:** Modelo que ajuda a tomar decisões relativas ao risco. A seguir, um exemplo:

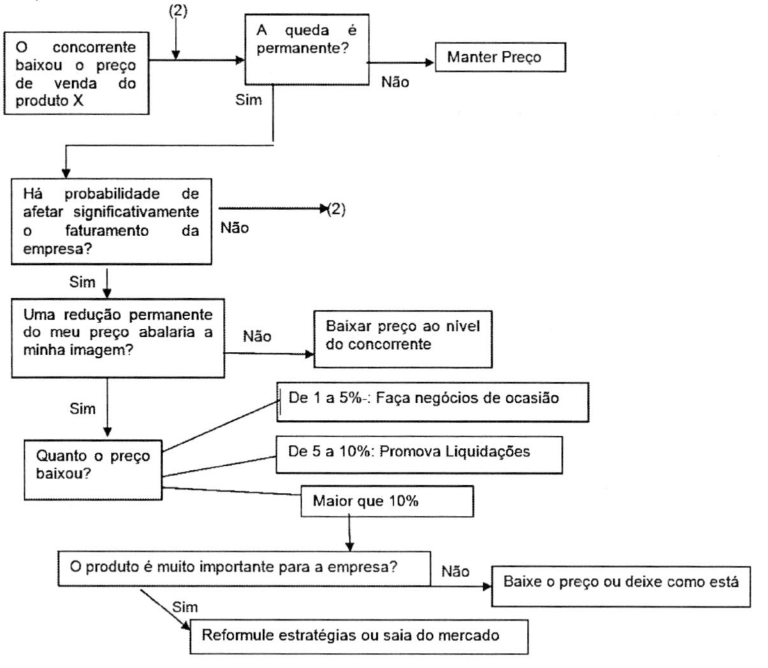


**Modelo do Processo de Fabricação de Produto:** Modelo que mostra o caminho que um produto precisa fazer antes de ser posto à disposição da força de vendas.

**Modelo do Processo Decisório:** Modelo que escolhe o caminho que irá identificar o problema e buscar uma solução para o mesmo. A seguir, um exemplo:

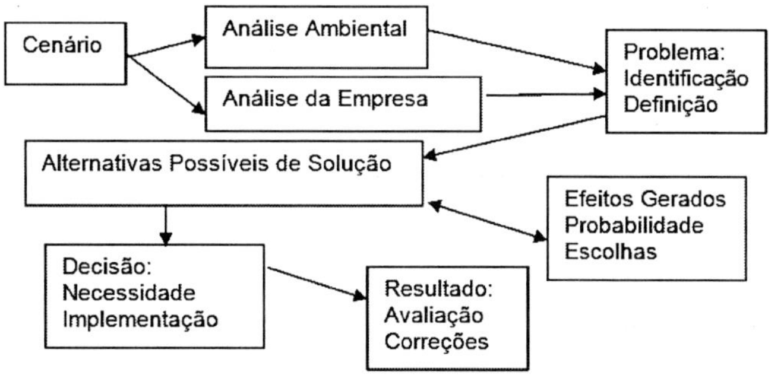


**Modelo Econômico de Compra:** Modelo em que os economistas preferem ignorar as questões de como as necessidades humanas se formam ou se modificam. Declaram que o consumidor segue o princípio da utilidade máxima e agirá a fim de maximizar sua satisfação e minimizar seus gastos.

**Modelo Essencial:** Modelo composto pelos modelos ambiental e comportamental, onde o primeiro define a fronteira entre o sistema e o resto do mundo e o segundo descreve o comportamento do interior do sistema necessário para interagir com o ambiente, tendo sucesso.

**Modelo Estático:** Modelo do último estado (resultado, solução, estrutura) de um sistema independentemente do tempo.

**Modelo Físico:** Modelo de um protótipo ou de um produto piloto.

**Modelo Geométrico de Previsão de Vendas:** Modelo é baseado na série histórica. O gráfico (curva) é construído utilizando-se os valores da série estudada. A plotagem (colocação dos pontos no gráfico) poderá ser simples, aleatória, sazonal ou função de médias. Considere-se a seguinte série histórica de vendas num determinado ano: J = 340; F = 480; M = 350; A = 300; M = 320; J = 250; J = 200; A = 170; S = 280; O = 310; N = 380; D = 450

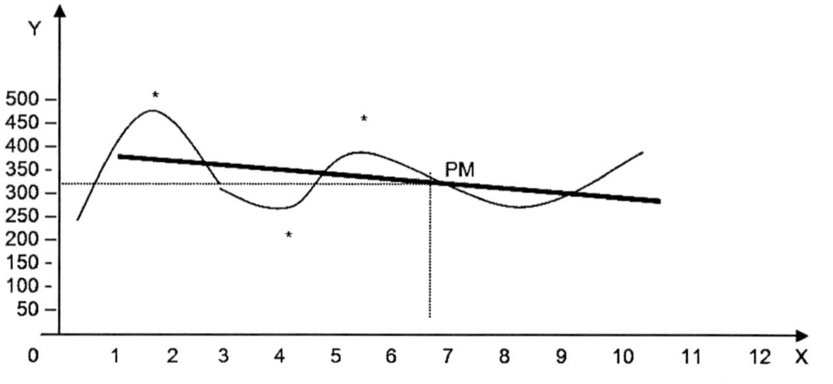


Simbologia:

Y = Eixo dos Y (indica o faturamento ou quantidade vendida)
X = Eixo dos X (indica o tempo em meses, por exemplo)
PM = Ponto médio da série
* = Ponto de inflexão

Após o término do gráfico você determina a melhor reta (curva) que fique mais próxima dos pontos colocados no gráfico, incluindo o ponto médio da série. Muitas vezes desconsideramos pontos de inflexão para encontrar o caminho (reta). Devem existir tantos pontos de inflexão acima quanto abaixo da reta, se possível. A inclinação da reta mostrará a tendência.

**Modelo Geométrico do Ponto de Equilíbrio:** Modelo que relaciona receitas com custos. O volume de produção pode ser indicado em termos de valor das unidades produzidas ou em termos de capacidade instalada (utilizada). A seguir, um exemplo:

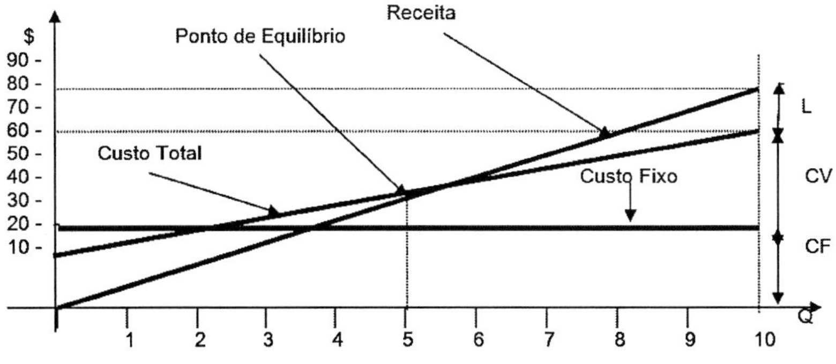


Onde:

L = Lucro

CV = Custo Variável

CF = Custo Fixo

**Modelo Gráfico:** Modelo geométrica que permite, com razoável rapidez, chegar-se à conclusão sobre a evolução da situação, bem como estabelecer relações entre os dados apontados, suas relações entre si e com o todo.

**Modelo Heurístico:** Modelo onde se busca a solução através de tentativas ao acaso, examinando cada uma até onde ela constitui uma resposta ao problema existente, oferecendo uma solução, pois cada tentativa permite corrigir os erros e melhor caminhar em direção ao objetivo, tendo a desvantagem de ser mais dispendioso. Como os computadores têm muita velocidade e podem testar muitas alternativas, o método heurístico tem sido usado com êxito.

O caminho heurístico contém uma forte dose de experiência geral diversificada, baseia-se no emprego maciço do senso comum e faz com que o analista mergulhe, completamente, no problema a ser resolvido. O heurística pode dispensar uma definição precisa do problema, antes de iniciar a investigação. Poderá, ou não, apresentar uma conclusão que constitua solução dominantemente favorável.

**Modelo Integrado de Gestão:** Modelo que mostra a harmonização dos grupos de gestão de uma empresa.

**Modelo Matemático:** Modelo simbólica da realidade através de variáveis numéricas e/ou quantitativas. O modelo matemático é uma construção lógica e simples do problema.

**Modelo Neoliberal:** Modelo considerado pelos economistas como o grande responsável pela situação econômica do país, isto é, contra as forças do mercado é inútil lutar.

**Modelo Pedagógico:** Modelo que mostra um método prático de ensinar e educar. Um plano de aula pode ser um modelo pedagógico.

**Modelo Preditivo:** Modelo de uma previsão do cenário, ambiente, comportamento ou vendas. Os modelos preditivos são baseados em leis e métodos de pesquisa e análise. Tais métodos são fundamentados na matemática e na pesquisa operacional.

**Modelo Prescritivo:** Modelo para determinar, limitar, regular, ordenar aquilo que precisa ser feito. São exemplos: programas, políticas, planos, estratégias, regulamentos, procedimentos. Também são conhecidos como modelos normativos.

**Modelo Probabilístico:** Modelo da ocorrência de um evento que pode acontecer de diversas maneiras diferentes, para diversos modos possíveis e igualmente prováveis, fundamentados em variáveis introduzidas explicitamente. Este modelo também é chamado de modelo de sucesso ou modelo aleatório.

**Modelo Psicanalítico de Compra:** Modelo onde é declarado que as necessidades humanas operam em vários níveis de consciência que não são totalmente observados e que só podem ser identificadas por meios de métodos especiais de pesquisa.

**Modelo Psicológico de Compra:** Modelo em que psicólogos interpretam as necessidades de compra do homem por meio da interpretação de impulsos, estímulos, sugestões, reações, reforços, interações e integrações.

**Modelo Racional:** Modelo em que todas as variáveis humanas (motivação, cooperação, interação, conflito, integração, personalidade), variáveis políticas (autoridade, liderança, poder) ou variáveis sociais (referências, valores) são tratadas como restrições ao alcance dos objetivos.

**Modelo Racionalista:** Modelo que procura justificação analítica, racional e imparcial para todas as tomadas de decisão.

**Modelo Simbólico:** Modelo observável de uma ideia (tangível ou intangível), através de símbolos que são sinais que têm uma relação gratuita com o que eles representam.

**Modelo Simplificado de Produção:** Modelo que apenas considera as entradas de recursos, o processamento e transformação dos recursos, os produtos resultantes e o controle de desvios.

**Modelo Simplificado do Caixa:** Ver modelo de sistema de finanças.

**Modelo Sociológico de Compra:** Modelo onde o sociólogo postula que as necessidades e o comportamento do homem são fortemente moldados pelos grupos e forças sociais.

**Modelo Sociotécnico de Tavistock:** Modelo proposto por sociólogos e psicólogos do Instituto de Relações Humanas de Tavistock, com base em resultados de pesquisas por eles efetuadas em minas de carvão inglesas e empresas têxteis indianas, onde a organização é vista como dois subsistemas: Técnico e Social.

Antes que uma empresa (organização) seja pensada como um conjunto de recursos e/ou uma estrutura formal que distribui funções ou procedimentos, atividades, sistemas e computadores, por exemplo, talvez deva ser pensada como organização social e humana.

# Referências Bibliográficas


ACKOFF, Russel L. *Planejamento empresarial*. Rio de Janeiro: LTC, 1979.

ADDISON, M. E. *Fundamentos de organização e métodos*. Rio de Janeiro: Zahar, 1979.

ADIZES, Ichak. *Os ciclos de vida das organizações*. São Paulo: Pioneira, 1990.

ALBERS, H. e Schoer L. *Princípios de organização e administração*. Rio de Janeiro: Renes, 1970.

ALBERS, Henry H. *Princípios de administração*. Rio de Janeiro: LTC, 1971.

ARAÚJO, Luiz César. *Organização e métodos*. São Paulo: Atlas, 1994.

ARGYRIS, Cris. *Personalidade e organização: o conflito entre o sistema e o indivíduo*. Rio de Janeiro: Renes, 1969.

BACÃO, Yolanda Ferreira e L. Leite Cordeiro. *O comportamento humano na empresa: uma antologia*. Rio de Janeiro: FGV, 1977.

BACKER, Paul de. *Gestão ambiental: a administração verde*. Rio de Janeiro: Qualitymark, 1995.

BARKI, Roger e Josy Alzogaray. *Guia completo do funcionamento de uma empresa*. Petrópolis: Vozes, 1985.

BARNARD, Chester I. *As funções do executivo*. São Paulo: Atlas, 1971.

BARNES, R. M. *Estudo de movimentos e tempos*. São Paulo: Edgar Blücher, 1969.

BAUER, Ruben. *Gestão da mudança: caos e complexidade nas organizações*. São Paulo: Atlas, 1999.

BENNIS, Warren G. *Desenvolvimento organizacional: sua natureza, origens e perspectivas*. São Paulo: Edgard Blücher, 1969.

BENNIS, Warren. *Formação do líder*. São Paulo: Atlas, 1996.

BERGANINI, Cecília Whitaker. *Motivação nas organizações*. São Paulo: Atlas, 1997.

CASTILHO, Áurea. *Liderando grupos: um enfoque gerencial*. Rio de Janeiro: Qualitymark, 1999.

CHIAVENATO, Idalberto. *Administração: teoria, processo e prática*. São Paulo: Makron Books, 1987.

CHIAVENATO, Idalberto. *Introdução à teoria geral da administração*. Rio de Janeiro: Campus, 2000.

CHURCHUMANN, C. West. *Introdução à teoria dos sistemas*. Petrópolis: Vozes, 1972.

COSTA, Nelson P. *Análise do resultado empresarial*. Rio de Janeiro: Ciência Moderna, 2010.

COSTA, Nelson P. *Básico de administração*. Rio de Janeiro: Pecos, 2005.

COSTA, Nelson P. *Comunicação empresarial* – 2ª Edição. Rio de Janeiro: Ciência Moderna, 2008.

COSTA, Nelson P. *Documentos empresariais*. Rio de Janeiro: Ciência Moderna, 2012.

COSTA, Nelson P. Gestão de restaurante. Rio de Janeiro: Ciência Moderna, 2016.

COSTA, Nelson P. *Marketing para empreendedores*. Rio de Janeiro: Qualitymark 2003.

COSTA, Nelson P. *Tempo: aprenda a administrar*. Rio de Janeiro: Ciência Moderna, 2008.

COSTA, Nelson P. *Administração para empreendedores*. Rio de Janeiro: Ciência Moderna, 2018.

COSTA, Nelson P. *Antologia do empreendedor*. Rio de Janeiro: Ciência Moderna, 2018.

COSTA, Nelson P. *Glossário do empreendedor*. Rio de Janeiro: Ciência Moderna, 2019.

COSTA, Nelson P. *Marketing para empreendedores*. Rio de Janeiro: Ciência Moderna, 2020.

COSTA, Nelson P. *Oficina do livro*. Rio de Janeiro: Ciência Moderna, 2021.

COSTA, Nelson P. *Sistemas de informação*. Rio de Janeiro. Ciência Moderna, 2022.

COSTA , Nelson P. *Estudo de caso*. Rio de Janeiro. Ciência Moderna, 2023.

COSTA, Nelson P. Problemas do empreendedor. Rio de Janeiro. Ciência Moderna, 2023.

COSTA, Nelson P. Empresa de alimentos. Rio de Janeiro. Ciência Moderna, 2024.

CULLIGAN, Matthew J. *Administração de volta às origens*. São Paulo: Editora Abril, 1987.

CURY, Antônio. *Organização e métodos: uma perspectiva comportamental*. São Paulo: Atlas, 1981.

D'ARAUJO, A. Luiz. *Princípios de organização*. Rio de Janeiro: Fórum, 1974.

DEMING, W. Edwards. *A nova economia*. Rio de Janeiro: Qualitymark, 1997.

DEMING, W. Edwards. *Qualidade; a revolução da administração*. Rio de janeiro: Saraiva, 1989.

DRUCKER, Peter F. *Inovação e espírito empreendedor*. São Paulo: Pioneira, 1990.

DRUCKER, Peter F. *Introdução à administração*. São Paulo: Pioneira, 1991.

DRUCKER, Peter F. *O gerente eficaz*. Rio de Janeiro: Zahar, 1981.

DRUCKER, Peter F. *Prática de administração de empresas*. Rio de Janeiro: Zahar, 1959.

DRUCKER, Peter F. *Uma era de descontinuidade*. Rio de Janeiro: Zahar, 1974.

ENRICK, Norbert L. *Planejamento administrativo*. São Paulo: Atlas, 1972.

ETIZIONI, Amitai. *Organizações modernas*. São Paulo: Pioneira, 1969.

FARIA, A. Nogueira. *A comunicação na administração*. Rio de Janeiro: LTC, 1982.

FARIA, A. Nogueira. *Chefia e liderança*. Rio de Janeiro: LTC, 1982.

FARIA, A. Nogueira. *Dinâmica da administração: perspectivas e projeções*. Rio de Janeiro: LTC, 1978.

FARIA, A. Nogueira. *Organização de empresas*. Rio de Janeiro: LTC, 1974.

FARIA, Nivaldo Maranhão. *Organização do trabalho*. São Paulo: Atlas, 1984.

FAYOL, Henri. *Administração industrial e geral*. São Paulo: Atlas, 1981.

FRANCAROLLI, Luiz Machado. *Pequena e média empresa*. São Paulo: Pioneira, 1975.

GARCIA, Volnei Pereira. *Desenvolvimento das famílias empresariais*. Rio de Janeiro: Qualitymark, 2001.

GARVIN, David A. *Gerenciando a qualidade: a visão estratégica e competitiva*. Rio de Janeiro: Qualitymark, 1998.

GATES, Bill. *A empresa na velocidade do pensamento*. São Paulo: Companhia das Letras, 2000.

GIL, Antonio de Loureiro. *Sistemas de informações contábil e financeira*. São Paulo: Atlas, 1992.

GRAHAM, Pauline. *Mary Parket Follet: profeta do gerenciamento*. Rio de Janeiro: Qualitymark, 1996.

HAMPTON, David R. *Administração contemporânea*. São Paulo: McGraw-Hill, 1983.

HAMPTON, David R. *Conceitos de comportamento na administração*. São Paulo: EPV, 1973.

HANKS, Kurt. *O navegador de mudanças*. Rio de Janeiro: Qualitymark, 1998.

IUDICIBUS, Sergio de. *Contabilidade gerencial*. São Paulo: Atlas, 1987.

JUCIUS, Michael J. e Willian E. Schlender. *Introdução à administração*. São Paulo: Atlas, 1988.

KANAANE, Robert. *Comportamento humano nas organizações*. São Paulo: Atlas, 1999.

KATZ, Daniel e Robert Kanh. *Psicologia social das organizações*. São Paulo: Atlas, 1976.

KEIN, David A. *A gestão estratégica do capital intelectual*. Rio de Janeiro: Qualitymark, 1998.

KOONTZ, Harold e Cyril O' Donnel. *Princípios de administração*. São Paulo: Pioneira, 1974.

LAWRENCE, Paul e Jay Lorsch. *As empresas e o ambiente*. Petrópolis: Vozes, 1973.

LEONE, George S. Guerra. *Custos: um enfoque administrativo*. São Paulo: Atlas, 1983.

LERNER, Walter. *Organização, sistemas e métodos*. São Paulo: Atlas, 1982.

LIKERT, Rensis. *Novos padrões de administração*. São Paulo: Pioneira, 1971.

LODI, J. G. *A crise da organização*. São Paulo: Atlas, 1986.

LODI, João Bosco. *A diretoria da empresa: estratégia e estrutura*. Petrópolis: Vozes, 1972.

LODI, João Bosco. *A presidência da empresa*. São Paulo: Pioneira, 1985.

LODI, João Bosco. *História da administração*. São Paulo: Pioneira, 1980.

LOEN, Raymundo. *Administração eficaz*. Rio de Janeiro: FGV, 1985.

LUCENA, Maria D. Salete. *Avaliação de desempenho*. São Paulo: Atlas, 1992.

MACHIAVEL, Nicolo de. *O príncipe*. Rio de Janeiro: Civilização, 1976.

MASLOW, Abraham H. *Maslow no gerenciamento*. Rio de Janeiro: Qualitymark, 2000.

MAXIMIANO, Antonio C. Amaru. *Teoria geral da administração*. São Paulo: Atlas, 2000.

Mc GREGOR, Douglas. *O lado humano da empresa*. São Paulo: Martins Fontes, 1980.

MINTZBERG, Henry. *Criando organizações eficazes*. São Paulo: Atlas, 1995.

MORAIS, Carmem. *Atitudes de empreendedores*. Rio de Janeiro: Qualitymark, 2000.

MOTTA, Paulo Roberto. *Gestão contemporânea: a ciência e a arte de ser dirigente*. Rio de Janeiro: Record, 1991.

MOTTA, Paulo Roberto. *Planejamento Organizacional*. Rio de Janeiro: FGV, 1988.

NASBIT, John e P. Adurdene. *Megatrens*. São Paulo: Amana-Key, 1990.

OUCHI, Willian. *Teoria Z*. São Paulo: Nobel, 1988.

PARKER, S. R. *Sociologia da indústria*. São Paulo: Atlas, 1988.

PARKINSON, C. Northcote. *A lei de Parkinson*. São Paulo: Pioneira, 1967.

PAULA, Ieda de. *Do chão de fábrica à presidência*. Rio de Janeiro: Qualitymark, 1999.

PERROW, Charles. *Análise organizacional: um enfoque sociológico*. São Paulo: Atlas, 1976.

PETERS, Thomas e Robert Watermann Jr. *Vencendo a crise*. São Paulo: Harbra, 1991.

RAMOS, A. e Materko R. *Comunicação administrativa eficaz*. São Paulo: Alhambra, 1985.

RESNIK, Paul. *A bíblia da pequena empresa*. São Paulo: McGraw-Hill, 1991.

RONCHI, Luciano. *Organização, métodos e mecanização*. São Paulo: Atlas, 1973.

SILVA, Adelphino Teixeira. *Administração básica*. São Paulo: Atlas, 2000.

SIMON, Herbert A. e James G. March. *Teoria das organizações*. Rio de Janeiro: FGV, 1970.

SIMON, Herbert. *Comportamento administrativo*. Rio de Janeiro: FGV, 1964.

TAVARES, Maria das Graças de Pinho. *Cultura organizacional*. Rio de Janeiro: Qualitymark, 1999.

TAYLOR, Frederick Winslow. *Princípios de administração científica*. São Paulo: Atlas, 1966.

THUROW, Lester C. *A construção da riqueza*. Rio de Janeiro: Rocco, 2001.

TOFFLER, Alvin. *A empresa flexível*. Rio de Janeiro: Record, 1985.

TOFFLER, Alvin. *O choque do futuro*. Rio de Janeiro: Artenova, 1972.

TZU, Sun. *A arte da guerra*. São Paulo: Record, 1990.

WARLICH, Beatriz M. S. *Uma análise das teorias de organização*. Rio de Janeiro: FGV, 1974.

WEIL, Pierre. *Relações humanas na família e no trabalho*. Rio de Janeiro: FGV, 1976.

WOODWARD, Joan. *Organização industrial: teoria e prática*. São Paulo: Atlas, 1977.

Impressão e acabamento
Gráfica da Editora Ciência Moderna Ltda.
Tel: (21) 2201-6662